名企HR经典管理案例 系列丛书

HR企业文化

经典管理案例

夏楠◎著

中国法制出版社
CHINA LEGAL PUBLISHING HOUSE

序一

企业文化是企业持续发展的内在动力，是企业核心竞争力的重要内容，也是企业境界与格局的体现。一个优秀企业，其使命和愿景往往是CEO从组织视角直接关注和思考的重要内容，这就使企业文化的管理要提高到顶层治理的范畴来思考，企业文化也因此成为企业管理的最高境界。

面对当今充满不确定性的大变革时代，我们比以往任何时候都更需要通过企业文化的力量来支持组织变革和转型升级，从价值观层面塑造与战略共生、管理协作的企业文化生态体系，使企业持续保持核心竞争能力，使全体成员拥有共同的愿景并愿意为之付出努力，推动企业不断发展、基业长青。

企业文化管理是动态过程，需要通过高境界的理念识别与提炼、有效的体系建设与推进、务实的行为管理与规范，塑造既有系统理论，又具有可操作性的企业文化体系，使之从精神层面、制度层面、行为层面和表象层面达到高度统一，为企业发展提供生生不息的内驱力。

在多年管理实践中，我有个体会，删繁就简地说，企业文化就是一个企业的创造者或掌舵人，再加上最核心的三四个团队成员的文化，他们的价值观、经营哲学和管理理念，决定了企业文化的特点与个性。正如每个人都有不同的性格一样，企业文化也有属于自己的特性，这个特性就是由“1+3”或“1+4”的最核心团队成员的文化决定的，它来源于深层的价值观层面，最稳定也最难以改变，并且与企业的经营管理决策息息相关，这就是企业的秉性使然。因此，人力资源管理各个专业职能模块的工作，都可以找到外部的专业机构提供有效帮助，唯有企业文化，必须企业的创始者或掌舵人高度重视，并身体力行地塑造和推动，才能够真正建设出符合企业实际、满足企业要求、体现企业特性的优秀而独特的企业文化实践。

彼得·德鲁克精辟地阐述了管理的本质："管理是一种实践，其本质不在于知，而在于行；其验证不在于逻辑，而在于成果。管理的唯一权威性就是成就。"管理经典正源于对管理实践的关注和洞察，通过与实践的互动不断指导实践。因此，通过对企业文化经典案例的研究，能够帮助我们从优秀企业的发展过程中，提炼管理的本质规律和关键要素，找到有效的借鉴方法，指导新的管理实践，不断提升管理效果，使企业不断发展进步。

理论发源于实践，成长于实践。没有管理实践的成效，管理就无法真正起到务实有效的落实效果。基于实践的企业文化管理，就是要使企业的人力资源管理从战略的高度、以 CEO 视角，在完成执行性或运营性工作的基础上，深入提炼组织价值观最本质的内容，通过对企业价值观的提炼，塑造有担当的企业使命，推动组织战略与愿景、人才战略和组织环境的融合互动，通过企业文化体系的塑造与建设，为企业管理提供明确的方向、清晰的思路，最重要的一点是要坚决行动并给组织带来公认的结果。

企业文化作为企业顶层管理的范畴，其管理建设过程中的思路清晰与务实落地，既是难点，更是重点。本书正是从"知行合一"的理论与实践的互动中，通过分析优秀企业文化的经典案例，梳理了企业文化管理的理论，对企业文化的管理实践进行总结，从道、法、术、器四个层面，对企业文化建设与推进的关键要素进行解读：从价值观与战略的高度总结了企业文化的管理之道，从发展与策略层面解析了企业文化管理之法，从建设与设计的实践中明确了企业文化管理之术，从载体与工具的对接中提供了企业文化管理之器。这些案例既强化了体系理论与系统流程的重要性，又分析了务实的实践操作经验，使企业文化从有效的理念到有效的执行形成了高度的统一，提供了务实、系统和可借鉴的方法。

这本《HR 企业文化经典管理案例》是基于对优秀企业文化管理经典案例的深入分析和总结而成的，具有明确实践导向的价值理念、务实全面的操作规程与方法，将会为企业文化的建设与管理实践提供有效帮助。

北大方正集团总裁兼 CEO

谢克海

序二

应邀为企业文化领域的著作写过几个序言了，相比之下，夏楠女士这本《HR企业文化经典管理案例》颇具特色。我认为，做企业管理，与其理论联系实际，不如从实践中提炼理论。前者最多是应用，后者才可能有创造。关键看这些有着丰富经验和想法的企业管理者是否愿意抽出时间来做这件事情。本书作者基于深厚、丰富的人力资源管理和企业文化建设的实际经验，通过对优秀企业的经典案例进行分析，阐述了如何建立内化于心、外化于行的企业文化体系；如何通过企业文化引导和驱动组织战略；如何建立有效的企业文化发展策略；如何有效推进企业文化建设实务等方面的内容，观点独到、分析深入、案例经典、方法务实。

企业文化，虽然叫文化，但并非仅仅从文献中找一些名词、理念并应用到企业中就万事大吉了。记得当年在帮助华为公司制定《华为公司基本法》时，就主要研究和参考了世界和中国知名企业的提法和做法，因而这部基本法具有较强的实践性、普适性和实效性，为华为公司后来的发展壮大提供了统一的思想、有效的政策和持续的动力。本书以研究介绍知名企业的企业文化案例为主要内容，我认为这个思路是非常对的。企业文化是手段不是目的，企业文化建设不是为了特立独行，不是为了名词创新，而是为了提高企业活力和竞争力，为了效益的达成。

本书研究了大量知名企业的案例，包括110多个案例，涉及50多家企业，如此丰富的资料，足见作者对企业文化实践参与的深度和涉猎的广度，可以使人们从本书系统高效地了解知名企业在企业文化建设方面的提法和做法。并且，本书是从企业文化建设的经验和教训两个方面入手，对中国知名企业如华为、中粮、海尔、上汽、腾讯、万达、万科、中国移动、加多宝、阿里巴巴、美的、京东、新奥、科龙、巨石以及联想、创维、南德、三鹿等具有典型事件的企业的文化进行了全面的、详尽的分析。

中国企业的文化管理，由于起步较晚，一般认为其内容有三个源泉：一是学习西方现代企业和市场经济的基本理念，二是传承中国传统社会文化，三是深受现代中国体制和组织的影响。在中国优秀企业的成长过程中，对这些企业文化要素不断地模仿学习，博采众长，兼容并蓄，形成“三位一体”的中国企业文化内涵和模式。从近几十年中国企业成长的卓越成果来看，这个具有独特内涵的企业文化，具有很强的活力和竞争力。

总结和研究中国知名企业的做法，就像过去美国企业、日本企业一样，可以为世界范围内的企业文化建设提供中国范式，为外资企业走进来和中国企业走出去，提供企业文化交流、融合和有效管理的借鉴和参考，也一定程度上为企业文化管理理论领域做出中国的贡献。本书系统分析中外知名企业的文化案例，为这项工作提供了非常有益的推进。

从企业现实来看，优秀的企业文化是决定企业发展兴衰的关键因素，更是支持企业持续发展的内在动力。在全球商业环境发生巨变的今天，我们面临着更为复杂的不确定性，新技术革命给传统组织形态带来了巨大挑战和机遇，中国企业正在步入全球化发展的新阶段。面对巨变，中国企业要想发挥更大的国际经济影响力，就必须直面文化与价值观的差异与冲突，重视企业文化的构建与融合，深刻推动价值观与组织文化的认同，企业才能走得更高、更远。

每个企业都有属于自己的企业文化，而优秀的企业一定拥有优秀的企业文化。简言之，管理学的基本假设是：环境决定战略、战略决定组织、组织决定人事、人事决定效益。但我们不能忽视文化的决定性作用，就是文化和环境一样决定着战略，是一个企业生存和发展的基本动力。在企业发展过程中，企业文化引领战略方向，推进战略实施，在组织内部塑造统一的价值观与目标，使组织成员拥有共同的使命和愿景，在管理理念、制度体系和工作行为等各个层面达成高度共识，遵循统一规范，实现企业成员的自我管理和激励，成为企业不断发展和前进的动力。

企业文化是权威性的，是从上到下的。众多优秀企业的CEO，均高度重视企业文化管理并有着独到的见解。尤其是当企业面临变革时，优秀的企业家首先高度关注的往往是企业文化的引领，以及企业文化与干部管理、政策导向的整合。传承优秀企业文化基因，建立共同统一的价值观，高度凝合使命与愿景，使企业文化成为价值理念和行为规范的有机统一体，达到“心”与“行”的完美结合，这正是企业文化建设的重要任务和责任。

这本《HR企业文化经典管理案例》，以经典的企业文化管理案例为线索，系统梳理了国内外企业文化管理理论框架及应用，清晰地剖析了企业文化的结构与层次，从使命、愿景、价值观与战略的对接、企业经营哲学与管理理念的共生，到制度体系与工作行为的互动、建设策略与实务工具的结合等方面进行整合与分析，总结了复杂环境下优秀企业成功的文化管理经验，丰富和启发了企业文化管理的思路，从而避免文化建设出现错误或陷入误区，具有很高的实践价值和借鉴意义。

相信这本书能够为企业文化建设与人力资源管理带来帮助。

中国人民大学商学院教授、博士生导师

杨杜

目录

CONTENTS

第二篇 企业文化管理之法：发展与策略

第三篇 企业文化管理之术：建设与实施

第四篇 企业文化管理之器：载体与必备的工具

第一篇

企业文化管理之道：价值观和战略构建

- 构筑内化于心、外化于行的文化体系
- 打造具有使命感的企业愿景和价值观
- 建立协作共生的企业文化与战略支撑
- 塑造与企业文化互动共融的管理理念

1 第一章 企业文化体系：从使命和愿景出发

文化不是纸面上怎么宣传，而是信仰什么，如何思考，如何做事。

——乔布斯（苹果公司创始人）

1.1 引言：企业文化是什么

优秀的企业一定拥有优秀的企业文化，企业最核心的竞争能力就是文化塑造能力，这是企业最内在的精神特质，也是企业管理的最高境界。

企业文化是组织价值观、信念、特定的文化符号和行为共识等一系列要素的总和，影响着企业从战略到日常运营的各方面，对企业发展起着至关重要的影响。企业文化传承，也塑造了独一无二的企业性格和魅力。

企业文化建设是优秀企业的重要管理之道，它能使企业始终保持目标明确、管理有效，并在复杂多变的环境中保持清醒和变革的勇气，具有核心竞争力。

【经典案例 1】

通用电气公司（GE）是世界级优秀企业，曾连续数年被英国《金融时报》评为“世界最受尊敬的公司”。杰克·韦尔奇担任 GE 总裁期间，为 GE 塑造了优秀的企业文化，使历史悠久的 GE 成为富有活力和巨大发展潜力的创新企业楷模。韦尔奇最大的贡献之一，就是使 GE 成为优秀企业文化的典范，重新定义了现代企业的管理实践。

韦尔奇认为：企业的根本是战略，而战略的本质就是企业文化。因而企业成功最重要的因素就是企业文化。

GE 推崇三个传统，即坚持诚信、注重业绩、渴望变革。诚信是企业立身之本，业绩是企业发展之道，而变革则是企业发展之源。GE 不因为规模而抗拒变革，而是主动利用企业规模优势拥抱变革，这也成为 GE 优秀文化的精髓。韦尔奇最核心的经营理念是：竞争、竞争、再竞争；沟通、沟通、再沟通。因此，通用电气公司的变革都是围绕着“竞争”与“沟通”展开。

推动 GE 不断高速发展的两大法宝就是其独特的价值观和营运系统，是 GE 文化的实际体现。

成功只代表过去。GE 永远不会满足过去的成功，而总是勇于变革，大胆抓住每个机会应对挑战，不懈追求更快、更好，这些都是 GE 的文化精髓。

1.2 企业文化体系构建：内化于心、外化于行

企业文化必须落地生根，才能展现其生命力、发挥其影响力。要想真正落地，就要通过体系建设来搭建落地和实施推进，体现出企业经营哲学的内在逻辑，让文化价值观真正内化为员工的思维模式、外化为有鲜明特点的行为特征。正所谓“内化于心、外化于形”。

许多优秀企业都形成了层次清晰的企业文化体系，这个体系并非一蹴而就，而是经过多年积累逐渐总结提炼而成。

【经典案例 2】

联想集团企业文化体系具有清晰的逻辑层次：从高瞻远瞩的使命愿景，聚焦到企业内在核心价值观，力求把文化核心在员工中内化于心，又推演出相应的方法论作为实施推进和落地的阶梯，最后外显为企业文化的具体表现形式。

这是典型的自上而下、由内至外的体系。在收购了多家世界级巨头公司之后，联想仍然能够保持原有文化特质、主导所兼并的企业文化建设和管理

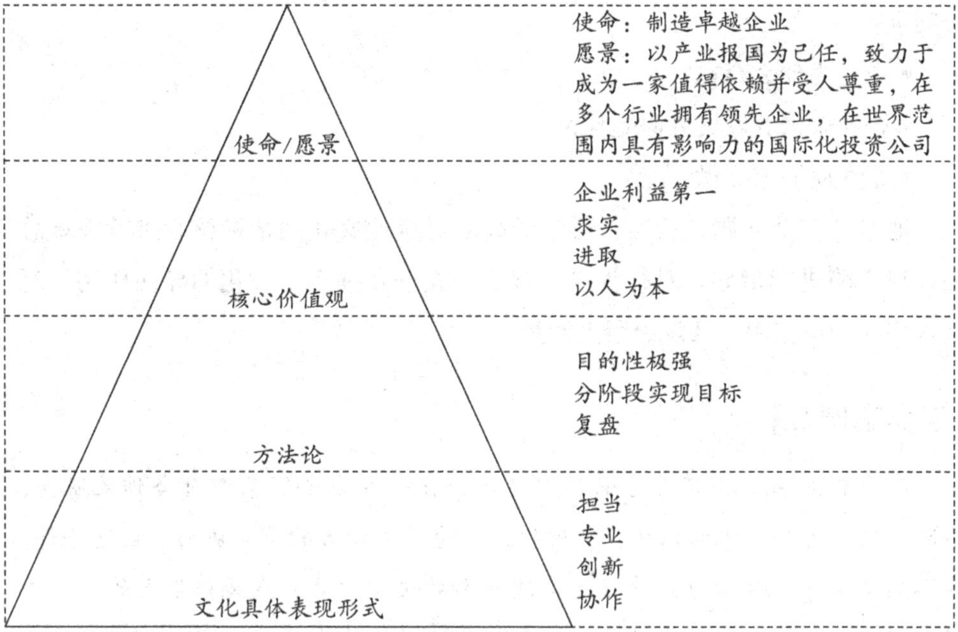

图 1-1　联想集团企业文化体系

体系建设，而且使每个在联想工作过的员工的行为上都留下鲜明的联想特征烙印，这其中企业文化的作用功不可没。

企业文化所反映出的经营哲学的逻辑是否清晰，决定了其自身是否具有强大稳固的生命力，能否在企业经营和管理体系中发挥作用，让企业持续发展。所以优秀的企业都会拥有自成体系的文化系统，在发展经营中起着深远持久的作用。

1.2.1　从使命、愿景到行为标准的文化体系构建

企业文化是随着企业的发展与成功，从精神和行为的历史积淀中提炼出最精华部分后形成的完整、有层次的文化体系，能对企业战略、经营起到巨大推动作用，指导运营管理理念，约束员工行为。而企业经营管理的不断成功，又为企业文化的变革和进步再次积蓄力量。这种良性循环使企业文化具备了自我更新的能力，不断地完善和提升。

企业文化体系的建立，首先是要解决企业生存与发展过程中最重要的三

个问题：

- 企业为什么存在？
- 企业未来的发展方向是什么？
- 企业应该怎么做？

通过这三个问题，从经营哲学的高度对企业文化的精神核心进行提炼总结，对策略进行指导，对行为进行规范，充分发挥企业文化的导向作用、凝聚作用、约束作用，焕发出巨大能量。

【经典案例 3】

享有世界第一品牌美誉的可口可乐，在一百多个国家都有合作装瓶商，不断复制品牌和文化的内核，与时俱进，为“持续性的重复成功”创造条件。在不断发展中，可口可乐建立了层次清晰的文化体系，表现出强大的文化力量，新员工一入职，首先就会被强大的品牌荣誉感所感染，成为其日后职业发展和奋斗的动力。

2012 年，可口可乐是这样描述自己的企业文化体系的：

使命、愿景与价值观

世界正在我们身边发生着日新月异的变化。为使我们的业务在未来十年以及更长远的时间内持续蓬勃发展，我们必须高瞻远瞩，了解发展趋势，并采取积极行动。我们必须从现在开始，为将来做好准备——这是我们 2020 愿景所关注的，它将为我们的事业设立一个长远目标，并为实现我们与瓶装伙伴的共同成功，创建宏伟蓝图。

我们的使命

公司的宏伟蓝图源于我们的使命，并持久不衰。它体现了我们作为一个公司的宗旨，也是衡量我们行动与决策的准则。

- 令全球人们更怡神畅爽；
- 不断激励人们保持乐观向上；
- 让我们所触及的一切更具价值。

我们的愿景

我们的愿景为蓝图搭建了框架，引导我们业务的各个方面朝着可持续、高质量增长的方向迈进。

- 员工：公司是激励人才发挥自身潜能最佳的地方；
- 产品：为全球提供推陈出新的产品，不断满足市场以及消费者需求；
- 合作伙伴：建立双赢的合作模式，坚定伙伴关系；
- 地球：一个负责任的全球企业公民，通过建立和支持社区的可持续发展，让世界更美好；
- 利润：让股东有长期满意的回报，同时不会忽略我们应有的责任；
- 效率：成为一个高效、精干和迅速发展的企业。

我们的制胜文化

我们的制胜文化明确了实现2020愿景所必需的态度和行为。

践行我们的价值观

可口可乐的价值观为我们提供了行动指南，同时也体现了我们的行为方式。

- 领导力：敢于决策、塑造美好未来；
- 同心协作：利用集体智慧；
- 诚信：实事求是、身体力行；
- 承担责任：实现目标，从我做起；
- 激情：全心全意投入；
- 多样性：像我们品牌那样多元化；
- 品质：做好每一件事。

关注市场

- 立足于消费者、客户、合作伙伴需求；
- 深入市场，倾听、观察和学习；
- 具有全球眼光；
- 每天关注市场的运作；
- 充满好奇。

注重方法

- 及时行动；
- 对变化做出迅速反应；
- 在必要时，勇于改变既定方针；

• 提出建设性意见及建议；
• 高效工作。

具有主人翁精神

• 为我们的行为和行动承担责任；
• 保护系统资产，致力于创造价值；
• 奖励勇于承担风险和发现最佳解决途径的员工；
• 善于总结、取其精髓。

共创品牌

• 激发创造力、激情、乐观与乐趣。

可口可乐在130多年的发展中，构建了从使命到行为的层次清晰的企业文化体系。

使命：公司的宏伟蓝图源于公司的使命，并持久不衰。它体现了可口可乐作为一家企业的宗旨，也是衡量其行动与决策的准则。

愿景：愿景为蓝图搭建了框架，引导业务各方面朝着可持续、高质量增长的方向迈进。

制胜文化：明确了实现愿景所必需的态度和行为。

价值观：提供了行动指南，同时也体现了行为方式。

通过这些，把品牌荣誉和自豪感，内化成员工心中的自豪感，然后再通过行为表现回归到品牌美誉的建设上来。

可口可乐要在飞速变化的市场中赢得长远的、持续的发展，就必须面对和拥抱变革，建立长远的目标，思考未来、行动当下，创建一个与合作装瓶商伙伴共同成功的蓝图。

围绕着这个蓝图，可口可乐从使命、愿景、态度、价值观、内化的荣誉感、关键行为等几个方面构建了企业文化体系。其中，使命和愿景直接与公司的蓝图对接，引导了整个文化体系的方向。同时又从个体态度、行为的层面，使整个企业文化具有可操作性、可执行性。

1.2.2 从精神到表象的企业文化体系

企业文化之所以重要，是因为位于文化顶端的使命、愿景，都源于企业和员工核心价值观。价值观一旦形成，就非常稳定，不易改变，起到强大持久的作用。

企业文化管理大师埃德加·沙因认为企业文化系统从外到内可以分为三个层次：

1. 人工外在的表象

这是企业文化中最外显的部分，涵盖了在组织中可以看到或感受到的一切现象，包括工作环境、团队成员的沟通方式、产品、企业历史、文化口号、培训、会议形式以及在企业中所有见到和感受到的一切行为和特征等。这一层次的内容让人直观地感觉到企业文化的存在和作用，但却无法判断其真伪，所以当表象阐述与企业实际出现矛盾时，就要反思表象与内在的价值观、信念是否一致。

2. 价值观与信念

这是战略、目标、信念、指导哲学等深层次内容的总和，表现在企业的管理风格和管理行为上。审视价值观是否与行为表现一致，往往是判断文化理念是否真实的线索。当价值观和信念与行为层面出现矛盾，就可能导致员工出现信任危机。

3. 基本假设

这是文化体系中最深层面的潜意识内容，是对事物的看法和判断，也是价值观与信念的终极来源。企业发展中面对各种问题的突破途径和解决办法，都会被理所当然地视为成功经验，逐渐固化成基本假设，成为价值观和信念的影响来源。这一层次是企业文化中最稳定的部分，也是最不容易发现和改变的部分。基本假设一旦遭受质疑，就会产生很大的文化焦虑，使文化体系失去根基。

基本假设直接决定了企业文化的境界水平。崇高的文化价值观，在企业发展过程中后劲巨大，能在危机来临时产生强大的定力，推动企业不断发展。

这三个层次互相作用，互相影响，最终形成循环互动的稳定而动态的体系。

【经典案例 4】

中粮可口可乐作为可口可乐在中国发展最快的装瓶商，具有先天优势。

股东分别为中粮集团和可口可乐。站在两个巨人肩膀上的中粮可口可乐，在其 17 年的发展历程中，形成了目标明确、敬业投入、阳光积极、精准执行的文化氛围，在企业发展中产生巨大作用。

在中粮可口可乐的企业文化手册中有这样的描述：

“企业核心竞争力是一个企业所特有的、难以模仿的竞争优势。从这个意义上看，把企业文化作为企业核心竞争力的一部分是有道理的。在中粮可口可乐 17 年的发展历程中，逐渐形成了自己的企业文化体系，营造了崇尚专业、提倡敬业、鼓励创新、追求共赢的文化氛围。这种阳光、激情、活力、自信的企业文化，成就了我们过往数十年的辉煌业绩，为未来发展打下了坚实的基础。”

这种力量，正是源自中粮可口可乐层次清晰的企业文化体系。

中粮可口可乐的企业文化体系包含了使命、愿景、核心竞争力、组织能力、个人能力要求、核心价值观六个层面：

- 通过使命明确企业存在的意义和价值；
- 通过愿景指明企业发展方向和目标；
- 通过核心竞争力明确企业竞争优势；
- 通过组织能力提出了对团队的组织能力要求；
- 通过个人能力要求和核心价值观定义了每个人的行为标准和岗位任职要求。

通过这种层层聚焦的文化体系，中粮可口可乐把企业的使命、愿景与员工发展的要素相结合，使之成为员工为之奋斗的标准和内在动力。在不断传承的过程中，让文化的氛围不断积累、沉淀，最终形成企业所期望的、员工所共同遵守的行为准则，形成特有的文化性格。

如同在一个人性格形成中，价值观会起到深入长久、不易改变的作用一样，企业文化体系中，使命和愿景的建立就是最根本的管理之道，对企业文化的塑造、养成、积累和传承，起着深远的作用。

1.3　使命：企业发展根本的动力和方向

使命，也被称为宗旨或目的，它明确了企业存在的目的和价值，为组织指明发展方向，是企业长久发展的不竭动力。

1.3.1　使命承载的内容和重要性

企业文化体系中，使命是指企业承担社会责任、义务或由自身发展所规定的任务和企业形象的直接主观描述，反映了企业生产经营的哲学定位、指导思想，也是对市场、顾客、员工、伙伴以及竞争对手的综合态度，是企业原力觉醒的根本出发点。

确定了使命，就确立了企业经营的基本指导思想和原则、方向，切实影响着经营者的决策和思维。它代表着企业的价值、目的和责任，决定着公司发展的方向和原则。

【经典案例 5】

列举一些著名企业有关其企业使命的阐述。

可口可乐：公司的宏伟蓝图源于我们的使命，并持久不衰。它体现了我们作为一个公司的宗旨，也是衡量我们行动与决策的准则。

- 令全球人们更怡神畅爽；
- 不断激励人们保持乐观向上；
- 让我们所触及的一切更具价值。

中粮可口可乐：奉献时尚饮品，共创永恒价值。

具体诠释：通过提供时尚、高品质饮料，与客户缔结长期友好的利益联盟，为消费者带来舒畅、怡神与活力，使员工的自身价值得以实现和提升，为股东创造持续满意的投资回报，成为所在社区的模范企业公民，从而形成股东、员工、客户与社会之间的循环共荣、不断改善的和谐状态。

迪士尼公司：使人们过得快活。

荷兰银行：透过长期的往来关系，为选定的客层提供投资理财方面的金融服务，进而使荷兰银行成为股东最乐意投资的标的及员工最佳的职业生涯发展场所。

微软公司：致力于提供使工作、学习、生活更加方便、丰富的个人电脑软件。

索尼公司：体验发展技术造福大众的快乐。

1.3.2　使命的力量源自合理与真诚

合理、真诚的使命是企业发展的正向动力。所谓合理，就是要务实、可实现；所谓真诚，就是要对社会有益、要身体力行。

优秀的企业文化中，使命是灵魂，规划着公司的发展目的、发展方向、奋斗目标、基本任务和指导原则。指导企业的整个管理过程和管理体系。

管理大师彼得·德鲁克曾说："管理就是界定企业的使命，并激励和组织人力资源去实现这个使命。界定使命是企业家的任务，而激励与组织人力资源是领导力的范畴，二者的结合就是管理。"使命感和责任感是个人和组织建功立业的强大动力，也是古往今来能成就伟大事业的共同特征。

几乎每一个公司都会设定自己的使命陈述，要把这些转化为公司的自觉行为、凝聚全体成员的力量，就需要提炼合理的使命，真诚践行使命。

1.3.3　提炼合理的企业使命

使命是从企业发展历史中提炼、从成功中总结而来。构建和提炼合理正确的使命至关重要。所谓合理性，就是要在企业发展的主观意愿和客观环境中找到平衡，厘清最关键的冲突和平衡点，从实现使命目标的可能性中，找到机会和实施方法。

在使命的提炼和构建中，要考虑环境的复杂、利益的需要、未来的变化、可能出现的危机。还要针对不同的发展阶段，分析最符合客观环境的核心条件。使命只有具备了有可利用的物质条件，又有可发挥的能动性时，才能聚焦核心力量，真正具有生命力。

企业的使命一般涉及多方利益，所以各方利益的主次轻重必须在使命陈述中明确，同时还要反映企业应该担当的重大社会责任。只有那些既能被企业承担又能被环境所接纳的重大社会责任才有形成组织使命的可能。

【经典案例 6】

可口可乐中国公司在其文化体系建设中，高度关注中国市场和消费者的社会要求，与中国传统民族文化及环境密切结合，发挥自身优势，建立了一套基于可口可乐整体价值观，又与中国发展实际相结合的使命诠释：

- 令全球人们更怡神畅爽；
- 不断激励人们保持乐观向上；
- 让我们所触及的一切更具价值。

这三句话体现了可口可乐积极改变世界的承诺，通过改进公司员工的生活与工作方式，在每件事情、每个细节中均融入可持续发展的理念，显示了坚定不移的信念。

使命的组成：为消费者奉献怡神畅爽的饮料，创造积极健康的生活，为社区做贡献，良好的工作场所、水资源管理与环境保护等。

使命在战略中的体现：通过分区域的战略规划，加强与本地区消费者的情感沟通，在保持核心理念不变的基础上，推进本土化的进程。

使命的具象符号：设计独具匠心的身穿可乐红色小肚兜的小阿福形象，与父母和其他亲人分享新年第一瓶可口可乐等品牌推广，使品牌文化与企业文化的传承浑然天成，并在无形中传递了企业使命的内涵。

可以看出，可口可乐使命的提炼，恰恰吻合了彼得·德鲁克关于经营理论的论述：

第一，有关组织环境的假设，即有关社会、社会结构、市场、顾客及技术的假设，这用来定义一个组织的收入来源。

第二，有关组织特殊使命的假设。用来定义一个组织所做的有意义的结果，换言之就是，使命不但能凸显组织在经济领域的价值，甚至也能凸显其社会价值。

第三，有关完成组织使命所需的核心能力的假设。用来定义一个组织若想要保持领先地位，需要哪些方面的卓越表现。

因此，企业文化关于使命的提炼和对环境及自身核心能力的假设，必须符合客观实际，被整个组织理解，形成最稳定的意识形态。

在面对不断变化的世界，企业要想让使命真正成为整个文化体系和经营体系的指导，就需要随时准备重新思考和行动，跟上时代步伐。

1.3.4 真诚践行企业使命

使命只有源自企业家或管理者的自觉意识时，才是自觉的、真诚的。当使命符合所选择事业发展的趋势，其本身源于自觉、真诚的意愿，并且公司所有行为都是围绕使命进行的时候，才能被客户、员工和社会认可接纳，激励员工为实现使命而奋斗。

【经典案例 7】

任正非就将“成为世界级领先企业”作为华为的发展目标，并以此确立了华为的使命：

“华为的追求是在电子信息领域实现顾客的梦想，并依靠点点滴滴、锲而不舍的艰苦追求，使我们成为世界级的领先企业。为了使华为成为世界一流的设备供应商，我们将永不进入信息服务业。通过无依赖的市场压力传递，使内部机制永远处于激活状态。”

当社会上众多企业都在追求企业利润最大化的时候，华为公司只追求将利润保持在合理的空间。在这个“合理”的使命引导下，任正非带着华为人真诚地为实现企业使命而不懈努力。

任正非认为：“我们若不树立一个企业发展的目标和导向，就建立不起客户对我们的信赖，也建立不起员工的远大奋斗目标和脚踏实地的精神。华为公司若不想消亡，就一定要有世界领先的概念。我们最近制订了要在短期内将接入网产品达到世界级领先水平的计划，使我们成为第一流的接入网设备供应商。这是公司发展的一个战略转折点。经历了 10 年的卧薪尝胆，开始向高目标冲击。”

为了向这个富有使命感的高目标冲击，任正非在著名的《华为的红旗还能打多久》中提出：

（1）以客户价值为导向，将客户满意度作为评价标准。

（2）坚持按大于10%的销售收入拨付研究经费。追求在一定利润水平上的成长最大化。达到和保持高于行业平均的增长速度和行业中主要竞争对手的增长速度，以增强公司的活力，吸引最优秀的人才和实现公司各种经营资源的最佳配置。

（3）在设计中构建技术、质量、成本和服务优势，是华为竞争力的基础。建立产品线管理制度，贯彻产品经理对产品负责，而不是对研究成果负责的制度。

（4）贯彻小改进大奖励、大建议只鼓励的制度。不提倡一般员工提大建议，因为每个员工要做好本职工作。大的经营决策要有阶段的稳定性，员工不停地提意见易引起经营混乱。鼓励员工做小改进，将每个缺憾都弥补起来，使公司进步。鼓励和提倡务实，不断地做实就会让公司产生沉淀。

（5）破釜沉舟，把危机意识和压力传递到每一个员工。使内部机制永远处于激活状态。

优秀的企业文化，能够把使命转化为内部真诚的共鸣，成为全体成员之间认同、聚合的基础，从而付诸行动，不断推进与实践，最终实现目标。

这也同样验证了韦尔奇在GE企业价值观中提出的六大准则：

- 掌握自己的命运，否则将被人掌握；
- 面对现实，不要生活在过去或幻想中；
- 坦诚待人；
- 别只是管理，要学习领导；
- 在被迫改革之前就进行改革；
- 若无竞争优势，切勿与之竞争。

1.4　愿景：明确企业的中长期奋斗目标

使命与愿景，是构筑企业发展战略规划的重要支点和强大动力。在保持使命感的同时，坚守长远的愿景目标。

使命回答了“我们是谁”的问题，阐明了企业存在的理由和价值；愿景则回答了“我们要往哪里去、未来的目标是什么”的问题，是对未来发展的期望和描述。

愿景在使命的指引下，设定前瞻性和挑战性目标，描绘蓝图，调动潜能，激发员工为实现目标而努力。清晰的愿景，会让员工、公众、消费者以及合作伙伴更深入地了解企业中长期发展目标，激发感召力、凝聚力和向心力。

1.4.1 愿景中的社会责任承诺与自信

愿景不仅包括长期目标和发展蓝图，还包括员工及利益相关方的愿景。这些团体的小愿望与组织的大愿望结合，构成了企业文化的愿景体系。

愿景通常包含四个方面的内容。

社会价值：通过企业经营发展使社会受惠受益，是企业存在的更高境界的意义和要为社会创造的价值。

经营价值：通过健康经营，让企业发展，拥有合理的经济效益。谋求企业繁荣发展。

员工价值：员工敬业乐业，与企业共同发展和成长。通过满足员工个体需求，促进所在社区进步。

客户价值：通过不断提高产品和服务，满足客户需求，这是最基础的愿景。

企业的社会价值处在最高层，为企业决策提供了清晰的方向，并帮助企业从员工、经营与产品、客户等各层面提供决策依据和标准。企业不仅是企业领导者的企业，也是员工、合作伙伴和社会的企业，因此，社会化视角应该在企业愿景中占据重要地位。

基于这个观点，设定企业愿景要从下面两个方面入手：

一是从使命中确认经营目的。有什么样的经营目的，就有什么样的经营理念。正确的目的会产生良好的理念识别，并引导经营走上持续成功之路。

二是从使命中明确发展宗旨，在经营理念指导下，表达了企业的社会态度和行为准则，使抽象的经营哲学成为具体的操作目标、任务和准则。

优秀的企业愿景必须具有高度的社会责任感，不仅考虑自身利益，而且要承担社会责任。企业的社会责任如果能够明确、有力地融入文化体系中，愿景的描述就会具有高度的责任感和社会承诺自信，为企业成长提供经久不衰的推动力。

【经典案例 8】

一些优秀企业的愿景：

苹果公司——让每人拥有一台计算机；

腾讯——成为最受尊敬的互联网企业；

索尼公司——成为最知名的企业，改变日本产品在世界上的劣质形象；

华为公司——丰富人们的沟通和生活；

迪士尼公司——成为全球的超级娱乐公司；

戴尔公司——在市场份额、股东回报和客户满意度三个方面成为世界领先的基于开放标准的计算机公司；

鹰腾咨询——成为具有专业品质和职业精神的全球化专业智囊机构；

联想公司——未来的联想应该是高科技的联想、服务的联想、国际化的联想。

这些愿景把企业自身的经营与社会贡献相结合，通过贡献自身的优秀产品，为社会和大众提供独特的服务，满足社会与大众的需求。

【经典案例 9】

中粮可口可乐在企业文化愿景描述中，分别从团队、营销网络、经营效益等方面，对企业中长期的目标进行了明确和诠释：

拥有最受赞赏的专业团队

关键词：诚实守信、训练有素、热情敬业、创新进取

诠释：员工以企业文化为指引，凝结成高效互动的合作团队，充分展现诚实守信优秀品质、热情敬业的职业素养、训练有素的职业行为和创新进取的工作方式，获得系统内、行业内、合作伙伴、股东的认同、欣赏和尊重。

建设最有价值的营销网络

关键词：销售收入、活跃客户数量、单箱配送成本、网络增值

诠释：以最高覆盖率向区域内客户提供持续稳定的优质服务，促成活跃客户数量的不断增长和持续活跃，保持销售收入的高速良性增长；同时持续提高配销效率，降低单箱配销成本；不断提升网络的产出能力和适应能力。

成为最佳效益的饮料集团

关键词：利润、净现金流、股东权益回报率、社会效益

诠释：保持集团利润持续增长，并且增长率高于系统平均水平；经营活动和投资活动所创造的净现金流持续增长，并形成其增长率高于利润增长率，股东权益回报率（ROE）高于系统平均水平，以税务贡献、就业机会以及公益投入等回报社会，并通过员工个人价值与企业发展的同步实现与员工分享企业的成功。

这其中，发展战略与愿景紧密融合，清晰地从团队、营销网络和经营效益三个层面对战略方向进行定位，指出了要完成使命所必须达到的目标。通过团队打造、营销网络建设，提升经营效益，回报股东和社会、分享企业成功。最终又回归到对社会的贡献和责任感。这个愿景既指明了企业为之努力的经营任务和目标，又兼具高度的责任感和务实精神。

1.4.2 企业经营哲学框架中的愿景力量

管理大师彼得·德鲁克认为企业要思考三个问题：①我们的企业是什么？②要向什么方向发展？③应该怎么做？这是企业文化思考的三个原点，也是构建企业文化的哲学基础，企业愿景就是要以企业经营哲学为核心，解决企业是什么、要怎么做的重要问题。

企业愿景的高度社会责任感会体现在经营哲学框架中，从而不断审视自身存在的价值、目标和方法，在使命感召之下，通过明确的责任与目标，体现出强大的愿景力量。

【经典案例 10】

世界隐形冠军理论之父、哈佛商学院教授赫尔曼·西蒙把那些名不见经传，却在某个小众行业里做到顶峰的企业称为“隐形冠军企业”。因为它们具有不可

动摇的行业领导地位、优秀的团队、高度的创新精神和丰厚的利润回报。

西蒙认为，世界隐形冠军的成功之道在于：

第一，奋斗目标是要在所从事的领域中成为领袖，并孜孜不倦地为之努力。

第二，把市场看作战略的一部分。观察顾客需求和相关技术，高度专注。

第三，把自己在产品和专有技术方面的独到造诣与全球化营销结合。通过自己业务发展服务广泛的目标市场，客户关系至上，直接对客户负责。

第四，不是单靠技术或者市场取胜，而是通过技术与市场共同驱动取胜。

第五，高度创新，而且创新活动是全球导向和持续不断的。

第六，努力在产品质量和服务方面创造战略竞争优势。主动与最强大的对手"亲密接触"主动出击，从而保持企业活力，不惜一切代价维护行业地位。

第七，依靠自己的力量，不做业务外包。

第八，拥有非常强大的企业文化和卓越的员工认同感与积极性。

作为中国隐形冠军企业中的一员，中国巨石集团以"成为全球玻璃纤维工业的领导者"的强大愿景力量，从"中国制造"走向"中国创造"，成为全球杰出的玻璃纤维制造商，为中国的复合材料发展做出了巨大贡献。

玻璃纤维是建筑、交通、电子、电气、国防等行业必不可少的原材料，一直被美国人占据世界最大份额。

而自2008年起，中国巨石集团打破了美国70年的垄断，成为全球最大的玻璃纤维生产商，2016年玻璃纤维产量超过全球份额的20%，而且主要用于出口美国。

巨石集团自主研发玻璃纤维生产技术一直保持行业领先地位。

在发展过程中，巨石集团始终聚焦愿景，进行全球调研，成为全球玻璃纤维工业的领导者；设立高标准的技术研发中心；与行业中世界先进企业合作，不断提升全球化影响力，勇于参与世界市场竞争，打造全球第一品牌。目前巨石集团已成为行业标准的制定者和领导者。这是企业愿景在经营哲学框架中强大力量的鲜明体现。

愿景的本质功能是从感性上激励企业长期努力和奋斗的决心，形成聚焦目标的驱动力，建立承担社会责任的勇气；对未来有客观清醒的理解，对社会责任和经营价值有清晰的定义，在面对不确定性时，能够理性分析、克服障碍、不断前行。

1.4.3 愿景在企业经营中的信念作用

愿景和使命一样，都应自上而下推进，最直接的责任者是企业领导者。企业领导者不仅要定义符合企业使命和经营哲学的愿景，更需要承担宣导践行愿景的责任，不断完善管理体系，使之符合愿景的方向和要求。

只有具备全体员工共同拥有的企业愿景，才有了成长为优秀企业的基础。企业文化愿景所起到的信念效用体现在以下几个方面：

1. 提升企业的价值目标，建立坚定信念

要将企业的存在价值转变成目标，并提升到极限高度，让企业全体人员具有达成共识的坚定信念。信念越坚定，力量则越强大。

2. 协调各方利益相关者

企业运营过程中，所有与企业相关的内部或外部的人或群体都是利益相关者，如果忽略了任何一方利益相关者，都有可能导致出现危机。

愿景首先要清楚识别利益相关者，界定各方利益诉求，通过共创多赢的策略使各方利益与诉求得到尊重和体现，使之支持企业的发展。

3. 整合个人愿景，形成合力

通过愿景整合员工个人愿景，使员工自觉、积极地投入。相对于经济利益，员工对自我价值的实现和个人能力的提升同样值得关注。

企业愿景应当激发员工自觉参与意识，理解和尊重员工的个人愿景并将其恰当地融入共同愿景中，当企业愿景融合了员工个人愿景，个人利益和企业利益就能形成长期一致的协同，企业就能够成为员工实现自我价值的平台，从而发挥激励作用和行为约束作用。

4. 应对企业危机

愿景依托使命，具有前瞻性和长远性，从而对企业的长远目标具有指导意义，使企业在经营过程中不致因迷失方向而产生危机。

当危机突然出现时，由于愿景指导的清晰方向，企业就能够在处理危机时努力遵循环境与社会道德的要求，将采取的行动与承担的社会责任保持一致，从而获得面对问题的能力和自信，保证企业的长远利益和社会认同。

良好而高境界的企业愿景还可以将危机转化为机遇，危机的出现，会使企业感受到必须处理好与社会、环境的关系的压力，保证企业形象不受损害。危机如果处理得当，就可能转变为机遇。成功的企业在面对危机时，往往为了保证愿景实现而牺牲眼前利益，这些负责任的举动赢得了社会尊重，提升了企业形象和在消费者心目中的地位，为以后的市场发展提供了机遇。

5. 积累成功经验，提高应变能力

企业的成功是长期努力和积累的结果，愿景就是有选择地、高效地累积这些努力的关键。企业有了共同愿景，就可以一直朝相同的方向前进，在追求短期目标的同时，也为中、长期目标的实现奠定基础，让每一个人的努力不断累积、产生效果。

在复杂多变的动态竞争中，长远的愿景可以使企业具有前瞻性规划，一旦机会出现，就能够快速占据竞争的主动。

明确而稳定的愿景，可以保持战略的稳定性和连续性，使战术行动聚焦，有利于长期的战略积淀，增强对手模仿的难度。

组织取决于战略，战略的张力和柔性决定着组织的灵活程度和应变能力。科学明确的愿景决定企业战略的选择范围，在保证方向正确性的同时留有回旋的余地，提升企业的应变能力。

【经典案例 11】

联想集团的企业文化已形成较为全面的体系，其核心包括以下方面。

使命：制造卓越企业。

愿景：以产业报国为己任，致力于成为一家值得依赖并受人尊重、在多种行业拥有领先企业，在世界范围内具有影响力的国际化投资控股公司。

核心价值观：

- 企业利益第一。企业利益是其他利益实现的前提，在价值判断和利益取舍时，把企业利益放在第一位，个人服从组织，局部服从整体。
- 求实。实事求是，不骗自己；诚信负责，说到做到。求实是一种态度，也是一种能力。

- 进取。超越眼前利益，立意高远；超越固有经验，有想象力和创造力；超越自我局限，将 5% 的希望变成 100% 的现实。
- 以人为本。办公司就是办人，重视人的作用，尊重人的需求，为人的发展创造条件，搭建没有天花板的舞台。

方法论：“目的性极强、分阶段实现目标、复盘”是联想的方法论，是联想文化的重要组成部分。联想的方法论有其内在的逻辑。目的性极强是说凡事先厘清目的，保证做的是正确的事；然后，将目标进行分解，变得可执行，分阶段推进；在过程中，还要注意不断复盘，及时调整，并为更长远的发展积累经验，总结规律。

- 目的性极强：凡事先弄清楚目的，先弄清楚“为什么”，是瞄着打而不是蒙着打。在做事的过程中，要经常“跳出画面看画”，时刻都想着做事的根本目的，把想做的事做成。
- 分阶段实施：实现目标不是一个一蹴而就的过程，要注意不把长跑当短跑，综合考虑好轻重缓急、资源配置，分析好各种边界条件，前瞻性地将目标划分成子目标和阶段性目标，分阶段推进。
- 复盘：复盘原本是一个围棋术语，在联想是指在工作中注意回顾总结，不断校验和校正目标，不断分析得失便于改进，不断深化认识和总结规律。联想复盘方法论的本质是基于核心价值观的自我反省，强调“开放心态、坦诚表达、实事求是、反思自我、集思广益”。

文化具体表现形式：根文化指引下的文化具体表现形式为担当、专业、创新、协作。

- 担当 /Accountable

➢ 高度承诺，自我驱动，勇于承担责任；

➢ 敢于承诺，践行承诺，坚守承诺，实现个人与企业的双向承诺，为公司贡献价值；

➢ 不是靠流程、压力甚至目标驱动思考和行动，自动自发，在投资价值链的各个环节主动寻找机会创造价值；

➢ 面对不确定性要勇于给判断下结论，并坦然接受相应的结果，错了愿赌服输深刻复盘反思，对了知其所以然认真总结提高。

- 专业 /Professional

➢ 坚持高标准的专业追求，养成高水平的职业素养；

➢ 不懈钻研，对所在专业领域形成系统化、穿透性认知；

➢ 追求业界一流专业标准，精益求精；

➢ 持续提升自我，将学习当作一种生活方式；

➢ 有良好的契约精神，用职业化的态度处理人与组织的关系。

- 创新 /Creative

➢ 拥抱变化，创造性地工作；

➢ 对未知的事物保持好奇心，用开放的心态觉察变化，主动迎接和应对挑战；

➢ 不拘泥于既有的认知和经验，创造新思路、新方法；

➢ 大胆尝试，不怕犯错。

- 协作 /Collaborative

➢ 必备合作精神，发展协同能力；

➢ 在工作中相互配合、各施所长，发挥专业价值；

➢ 突破具体职责和部门局限，追求公司整体利益最大化；

➢ 主动发现机会并整合资源，打造公司“双轮驱动”的核心优势。

（来源：联想集团官方网站）

2 第二章 企业文化：引导和驱动组织战略

企业根本是战略，战略本质是文化。健康向上的企业文化是一个企业战无不胜的动力之源。

——杰克·韦尔奇

优秀企业中，企业文化和企业战略总是协作共生、相互促进，不能割裂隔绝，抛开其中一个去单独理解另一个。

2.1 企业文化对组织战略的引导

杰克·韦尔奇认为："企业的根本是战略，而战略的本质就是企业文化。"

企业战略的重要任务就是在企业文化的使命愿景引导下，绘制企业发展蓝图。企业文化决定着战略的制定和经营模式选择，战略的实施过程又会促进影响企业文化的发展和创新，彼此相互约束、影响、促进。战略是企业文化的理性谋划，企业文化则是战略的感性反映，彼此相互作用，使企业具备核心竞争能力，在发展中立于不败之地。

战略的重要意义和任务是为企业持续发展进行总体谋划，主要包括：

（1）对企业发展目标进行假设和可行性分析。

（2）对企业所处社会环境、组织结构、市场潜力、顾客期望等进行分析判断。

（3）分析能够确保实现预定目标的资源、优势、机会及挑战等因素。

（4）在上述基础上，设定阶段目标，指导发展规划，设计经营思路，确保目标达成。

企业文化决定了企业内部成长的生命力是否强大，企业战略则决定了如何面对多变与复杂的外部世界，解决生存和发展问题。

优秀企业往往对战略与文化的结合有更加深刻的理解和认识，在面对多个战略模式的选择和摸索时，能在正确的企业文化引导下，保持正确的战略方向，同时一旦出现问题就能够敏锐发现并及时纠正。

【经典案例 12】

联合利华是世界著名的品牌消费品公司，在全球 70 多个国家设有庞大的业务网络，是世界第二大日化用品制造商。

联合利华的企业文化核心是："有使命感的品牌，在满足人们每日需求的同时，创造美好未来。"围绕着这个核心，联合利华一直"将业绩和生产力作为企业的中心"，致力于将世界一流的企业管理理念应用于全球范围，创造更好地为消费者服务、努力工作、注重诚信、尊重员工、尊敬顾客、关心环境的文化氛围。

联合利华在集中化战略和本土化战略结合的基础上，不断推进战略创新。将业绩和生产力作为企业的中心，在战略中实行减少成本以达到利益最大化的集中战略，同时根据"在满足人们每日需求的同时，创造美好未来"的理念，关注到世界不同区域和国家之间的经济差异、文化差异和理念差异，在统一的战略目标的统筹下，兼顾各区域和国家的不同特点，实施本土化战略。

正是高瞻远瞩的企业文化和双战略推动，使联合利华成为极具品牌价值和深厚潜力的世界级优秀企业。

积极正向的企业文化会驱动企业战略有效落实，使企业充满活力。围绕核心使命和价值观制定发展战略目标、财务政策、组织管理运作机制，并不断自我评估，在发现偏离目标时启动纠错机制。这一切都是战略要完成的任务。这些任务的达成又强化了文化价值观对企业成员的影响、推动了已实施成功的管理理念和管理机制的固化。

2.2 企业文化对组织战略的驱动

企业文化对制定正确战略、确保效益长期增长有着重要作用。当企业文化能够与社会主流价值观相匹配、勇于承担内外部责任、建立高境界的价值观时，其驱动的企业战略往往更能够与时俱进、更有自信和勇气自我挑战，为企业经营设定更高的挑战性目标，同时也更严谨地要求管理机制对经营活动的保障。

在文化与战略不匹配的企业中，企业文化往往起着负面作用，不仅没有产生推进作用，反而与经营管理理念和行为相抵触。需要高度警惕的是，那些鼓励不良经营行为，不愿意打破舒适区，阻碍企业进行合理策略转型的企业文化，很容易在经营过程中不知不觉地产生，而且是在经营状态比较好的时期更容易悄悄出现，一旦滋生就很难消除。这些负面文化不仅不易觉察，而且往往代表了企业内部权力者的利益和对权力结构的维护。

【经典案例 13】

安然公司曾经是世界上最大的能源、商品和服务公司之一，名列《财富》杂志“美国500强”的第七名，然而，2001年12月2日，安然公司突然向纽约破产法院申请破产保护，该案成为美国历史上第二大企业破产案。

在2001年宣告破产之前，安然公司拥有约21000名雇员，是世界上最大的综合性天然气和电气公司之一，然而这个拥有上千亿资产的公司居然在几周内破产，这与其企业战略与企业文化的背离是脱不了干系的。

安然公司陈述的公司价值观是沟通、尊重、诚信、卓越，但实际所作所为却严重违背了文化准则。由于高层明争暗斗，因此出现了只强调收益增长、不择手段地提升高业绩表现的文化。再加上缺乏制衡机制，因此使企业文化从推崇进攻性战略逐渐转变为依赖不道德的投机取巧。建立在不良企业文化基础之上的公司，轰然倒塌是必然的。

安然公司的失败在于：一是将管理者个人的道德和价值观替代了企业文化

的最核心内容；二是使企业文化与战略导向出现巨大分裂，导致企业文化不仅没有对战略起到积极正向的导向和驱动作用，反而成为恶性经营手段的价值观依据，最终导致这个资产曾经达到数十亿美元的公司连同它的雇员和股东一起滑向悬崖下的深渊。

企业文化对战略的驱动作用通过多方面因素进行，如利益相关者的期望驱动、领导者的管理驱动等。企业创始人个人文化，也就是老板文化，也会不同程度地产生影响。

2.2.1　利益相关者的期望驱动

所谓利益相关者，就是企业在经营过程，所有与之产生相互关系的内外部个人和团队。格里·约翰逊与凯万·斯科尔斯在《公司战略教程》一书中论述文化对组织战略的驱动方式时，分析了文化、利益相关者的期望与组织战略三者之间的关系：

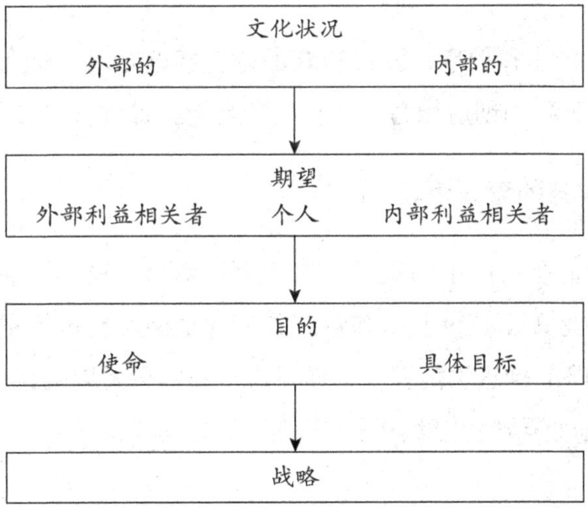

图 2-1　文化、利益相关者的期望与组织战略

当企业文化在引导企业以利他的方式达到利己的目的时，就承载了相应的社会责任，社会、股东、消费者、合作伙伴和内部的员工等对企业的期望，这就是利益相关者的期望。在经营活动中，这种期望会转化成对企

业文化和管理理念的认可，使企业明确目标，成为战略驱动力，当企业遇到危机时，又能够成为化解危机的方向引导。

【经典案例 14】

加多宝集团成立于 1995 年，是中国红罐凉茶的开创者，多年来通过精准的品牌定位、强有力的执行、出色的品牌建设，使加多宝凉茶连续多年成为“中国饮料第一罐”。

加多宝始终坚持让内部员工、外部供应商和经销商共享成功。在与重要合作伙伴谈判价格时，坚持与供应商共享利润。加多宝认为，如果让合作伙伴没有利润，那终究不会形成真正的合作。

2012 年 5 月，当加多宝由于商标仲裁判决结果失利，遇到了重大品牌危机时，多家合作伙伴毫不犹豫地在公开场合力挺加多宝，率先与加多宝签订排他性合作协议，给予加多宝巨大支持，为后续加多宝带领全体员工，打赢“品牌保卫战”，奠定了强有力的基础，使加多宝保持凉茶行业领导者的地位。

优秀的企业文化和战略，通过智慧的企业经营活动，让各方合理利益得到满足，提升企业利润创造能力，拓展利润空间，得到长足发展。

2.2.2 领导者的管理驱动

有效领导是企业发展中的重要因素，领导本身也决定了企业文化和企业战略的成败。企业文化是企业家和各级管理人员所负责范围的子文化的整体体现。同时，战略的推进也需要自上而下进行目标分解以确保达成。

企业文化通过领导者对组织战略进行管理驱动，至少体现在以下三个方面：

第一，企业文化影响着企业家是否去挖掘并培养具有领导潜力的人才；

第二，企业文化决定了企业是否具备鼓励具有领导才能的人发挥领导作用的环境；

第三，企业文化有助于确定企业内部是否具备各种非正规形式的管理网络，以凝聚各方面积极性，满足企业的发展需要。

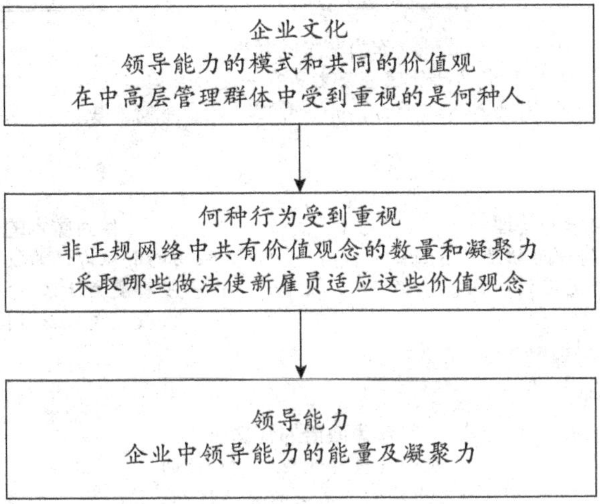

图 2-2　企业文化与领导力（资料来源：科特，《变革的力量》）

在这个过程中，企业文化对领导产生巨大的影响，但同时领导者的领导艺术和管理效果对企业文化也具有同样的影响。这就如同作用力等于反作用力一样的道理。

企业里往往人员众多、任务复杂并且有时还不明确，工作任务专业化程度较高，人员分散却要随时紧密沟通。在这种情况下，领导应该发挥什么样的作用，把权力影响、管理行为、文化引导结合起来，从人的角度和管理者的角度，通过提升管理绩效来提升经营业绩，从而对组织战略起到有力的驱动作用。

【观点 1】

管理大师华生曾把管理分别比作艺术、科学、魔术和政治。

作为艺术的管理，强调的是管理者的直觉、智力和人格魅力。

作为科学的管理，管理者要具备相应的知识体系并据此行动。

作为魔术的管理，要协调内部所有因素，特别是人的因素，寻找和借助符号或仪式性的形式，来帮助和推进管理行为过程。

作为政治的管理，就是要控制各种因素，从而把人凝聚为一个团结的整体的过程。

作为艺术的管理
成功的管理者天生具有一定的直觉、
智力和人格魅力，并在管理实践中不断发展

作为科学的管理
成功的管理者要有深厚的理论基础，
开发技能并运用到实践中

作为魔术的管理
成功的管理者认为没有谁能知道下
一步将发生什么，他们用上帝和
宗教仪式来昭示他们的力量

作为政治的管理
成功的管理者能在机构如林的
社会中找到不成文的生活规律，
按这些规律来参与游戏并确保取胜

图 2-3 管理的分类

（资料来源：华生，《管理宗师：世界一流的管理思想》）

上述所有类型其实都是为了努力构建优秀的企业文化，从而驱动企业的组织战略能够朝着企业所期望的方向推进。优秀的管理者就是要始终如一地善于发展自己，并且善于发展他人，引导组织不断学习和自我淘汰、自我更新，这些就是领导者驱动组织战略的内在因素。

2.2.3 企业创始人的理想驱动

企业家是一个企业的核心。当一个企业的创始人也是企业经营决策最高负责人的时候，这种核心地位就决定了其个人意志、精神、道德、风格等文化因素在企业中的地位和作用，当企业获得成功时，这些因素更易于得到员工的认同和传播，并自觉追随。所以企业的宗旨、价值观、作风和传统、行为规范和规章制度等都会打上企业家的个人烙印。

老板文化往往对企业文化产生巨大影响。老板文化并非坏事，企业家的个人理想、创新精神和非凡才能往往伴随着企业经营的成功直接进入企业文化体系，成为文化发展的核心力量。越是成功的企业，源头作用越明显。

老板文化更多体现的是企业家人格、创新精神、事业心、责任感及其所信奉的管理观念和方式、管理规律、管理规范等的综合体，是企业文化的基础和决定性力量。而企业文化随着企业发展，从内涵到外延都要更加深厚。

当企业文化与老板文化并存时，老板文化往往会先于企业文化产生作用，而且会更直接。这样的好处是会让战略决策更简单、直接和高效。但也有可能因为个人色彩太过强烈而让管理团队失去创造力。

【经典案例 15】

从“独孤九剑”到“四项基本原则”的阿里巴巴文化发展：2001 年，阿里巴巴开始着手整理企业文化时，是由马云以及创始人团队梳理总结的，一共整理了九条，命名为“独孤九剑”。这是阿里巴巴第一次将自己的目标、使命、价值观明确提出，也是阿里巴巴企业文化的雏形。

阿里巴巴 B2B 前总裁卫哲回顾这段经历时说道：“一开始的文化一定是马云的，就是信任、简单、快乐，所有的这些，都是基于马云的理想主义和武侠情结。”

后来的“六脉神剑”以及今天的“四项基本原则”，都是随着企业发展，不断丰富起来的。企业文化会随着历史发展变化，但无论怎么发展，都建立在当时创始人文化的基础之上，在沉淀提升的同时，又与时俱进地产生新的文化因素。相对稳定的创始人团队，会更有利于把共通的、优秀的、经得起岁月考验的特质沉淀下来，作为文化核心，并在此基础上推动企业文化发展。

随着企业不断成功，老板文化会逐渐成为企业文化中最核心的特质不断固化、传承。随着优秀人才的不断培养和加盟，又会不断丰富和提升原有的老板文化，使老板个人文化成长为精英团队文化。在企业家的理想主义感召之下，老板文化的精髓不断沉淀保留，却又涤清了其中狭隘的个人意识，当企业步入发展阶段，视野更广、境界更高的企业文化就会迅速取代老板文化，成为企业的灵魂。很多时候，正是企业老板本人推动了这一变化和发展。

【经典案例 16】

加多宝的企业文化体系建立，就是典型的由老板文化脱胎而来的企业文化过程。

1995 年，加多宝刚成立，是一家岭南的小型私企。短短 20 年间发展成为知名的饮料集团，以一罐凉茶不断创造着营销奇迹，成为当之无愧的凉茶领导者。而加多宝的企业文化体系，却是在成立 17 年之后，于 2012 年 8 月 8 日正式提出，并在企业内部宣导推广。

但从文化实质分析，加多宝企业文化的核心内涵是加多宝多年发展精髓与历史沉淀中传承而成的，这其中最重要的内容就是创始人多年经营理念和个人价值观的体现。加多宝公司的创始人陈鸿道先生信仰佛教，一直致力于慈善活动。加多宝企业文化中就以仁爱廉洁传承其精神，同时在企业经营战略中不断地践行着这个文化理念。

在 2008 年汶川地震、2010 年玉树地震、2013 年雅安地震，加多宝三次共捐资 3.1 亿元帮助灾区重建；同时自 2001 年起坚持开展“加多宝・学子情”项目，帮助优秀的贫困学子圆梦大学！

这种文化传承与企业战略的对接，使 2012 年加多宝在遇到品牌危机时，得到了来自社会各界的支持。

2012 年 9 月 11 日，加多宝集团人力资源部收到了一封感人至深的邮件，以下内容全文摘自这位同学发给加多宝集团的邮件，为保护隐私，该同学姓名为化名。

尊敬的加多宝集团：

我是 2008 年汶川地震之后接受过加多宝集团助学捐赠的许许多多灾区学子中的一个，我叫邓晓源。

四年前，我的母亲在汶川大地震中于汉旺遇难，而我在随后的高考中考入四川大学电气信息学院，成为 2008 级的一名本科生。也在这个时候，我收到了来自加多宝集团的 5000 元助学金，与助学金一同到来的，还有来自加多宝集团的温暖，让我感动，让我铭记，也让我奋进。

四年来，我努力学习，认真生活，作为汶川地震的亲历者，我无时无刻不在珍惜自己的生命，珍惜着自己的学习和生活。在 2008 级四川大学的新生开学典礼上，我被选为新生代表在开学典礼上代表四川大学一万多名新生发言，在我的那篇发言里，我提到了来自社会各界对于灾区学子的捐助，抱歉我没有在那篇发言里向在场的所有人提到加多宝集团的名字，但我的心中，一直都记着加多宝集团在我最困难的时候向我伸出了援助之手，让我感到无比的温暖。

四年之后的今天，我已经顺利地从四川大学电气信息学院毕业，其间，我代表四川大学到台湾地区访问、参与2011年第二届中日韩青年论坛、积极投身社会实践、努力学习专业知识，最终以优异的专业成绩和出色的综合素质毕业。十多天之后，我将去英国伦敦大学学院（University College London）继续我的硕士课程，学习项目及企业管理，这是一所世界排名前十的大学，在英国和世界都享有盛誉，能进入这所学校学习的难度很大，但我最终被录取。

经过四年的努力，现在我可以骄傲地向加多宝集团报告，我没有辜负你们的捐助，更没有辜负你们的期望。在我今后的学习和生活中，加多宝集团所给予我的温暖，我会一直铭记在心，我也会将加多宝所给予我的这份温暖传递下去，去温暖我身边的所有人。请相信我，我会继续努力，为了国家，为了民族，也为了我在地震中辞世的母亲，好好学习，好好生活，成为一名有责任、有能力、有爱心的中国公民。

我会怀着一份感恩的心，继续我的研究生学习，继续我的生活。

请原谅我不能当面向你们表达我心中深深的谢意，但请一定接受我心中的感谢，加多宝集团，谢谢你们，感谢加多宝集团的所有人！

愿好人一生平安，愿加多宝集团这样有爱心、负责任的企业越来越好！

2008年灾区学子
四川大学电气信息学院××××届毕业生
邓晓源

PS：我一直都在影响我身边的人们坚持选择加多宝，无论再有什么商标战、贸易战，无论换什么名字，我都相信，加多宝集团一定会乘风破浪、再创辉煌，因为加多宝集团每一个人的心中，都有那不变的中国红！

企业家的胸襟、气魄、运筹帷幄的思想谋略和个人魅力，往往成为企业发展源头牵引力。如果能够在大格局、大视野下持续升华无意境界与眼界，

必定会成为优秀文化的基础和源头。

但是不能把老板文化直接误读为企业文化，走入企业文化视野狭窄、缺乏境界、内容空泛的误区。老板个人文化过于鲜明，也有可能导致企业的自我创新能力与活力受到局限。

所以，老板文化不应成为企业文化的上限和羁绊，而应该成为优秀企业文化的源头和基础。

2.3 企业文化与企业战略的关系

如果说企业文化要归纳整合企业成长的能力和经验，指导企业提升延续适应变化的能力，那么战略就为这种能力规划了具体的任务和要求。

在企业的成长和发展过程中，企业战略发挥着“拉动”作用，而企业文化则从氛围打造和价值观聚焦等方面起到“推动”作用，驱动企业战略不断进步。一“推”一“拉”之间，既展现了企业文化的作用，又使发展战略与文化价值观进行了互融，使企业文化的发展方向与战略管理目标相一致，员工的价值观和工作观念与企业的战略管理要求相匹配，从而实现企业和谐稳定的快速发展。

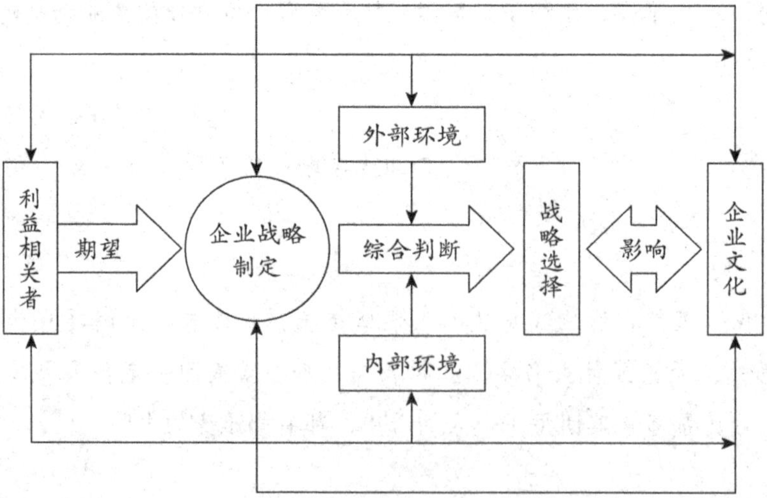

图 2-4 企业文化与战略的相互作用

文化与战略的互相作用和影响过程非常复杂，它们首先受到外部环境的影响，同时又在内部互相影响。企业文化对战略的影响首先会通过企业利益的相关者进行传递，战略推进中，企业感受到文化与战略相匹配时，就会坚持战略，反之则会重新调整战略。

【经典案例 17】

挑战型的企业文化喜欢通过进入新市场而达到效益增长的目的，领导者通常以开放的状态接受外界的新事物，在战略选择时，会重视抓住机会，不断开拓新业务，从而更倾向从多元化战略中寻找新的市场机会。恒大集团就是这种文化的典型代表，从房地产到矿泉水，再到农业和体育产业，进行了广泛不相关多元化的战略，不断进行尝试。而美的集团的创始人始终认为市场机会是为敢打拼的人准备的，所以美的公司从小家电进军空调、微波炉、洗衣机、冰箱等，进行了多元化的战略，同时也几乎在每个领域都取得了行业领导者的地位。

在开拓型的企业文化中，企业战略注重新产品开发和市场机会开拓的时候，强调内外部的合作。由于更注重科学定位，所以企业战略选择比较趋向相关的多元化企业战略。宝洁公司就是这样一个成功的例子。

在防御型的企业文化中，企业往往希望通过守住现有市场地位来达到企业目标。紧抱着一个产业不放则成为常见的选择，这种战略在面对不确定性的快速变化时，就有可能遇到挑战。

2.3.1　企业文化是企业战略形成、制定和实施的基础

成功的企业文化是战略管理的动力和关键，也是维持企业战略优势的必要条件和有力保障。企业文化的特点既决定了企业经营策略的特点，也反映了企业核心价值观。

优秀的企业文化能够指导经营策略形成有效的管理解决方案，成为实现企业战略的支柱，为企业战略管理的制定、实施、控制提供正确的指导思想，形成与企业目标协调一致的价值观、经营机制和行为标准等，保持“企业文化—战略管理”能力路径的通畅可以使企业战略管理能力得到持续提高，最

终提高企业核心竞争力水平。

2.3.2　企业文化是企业战略顺利实施的关键和核心

企业文化在影响企业制定战略的同时，又会成为激发企业全体员工共同意志，使之成为实施战略的保证。公司的战略规划是高层的决策，而真正的执行者是员工。

因此，当战略管理与文化不同步时，就需要企业管理者从共同的核心价值观出发，依据实际，从组织结构、制度等各层面进行调整变革，使战略管理方案与企业文化相适应，进而推动企业文化与战略管理相互融合。

麦肯锡的7S模型指出，企业在发展过程中必须以共同价值观作为核心，在结构、制度、风格、员工、技能、战略各层面全面思考，既包括硬件要素（战略、结构和制度），也包括软件要素（风格、人员、技能和共同价值观）。企业仅有明确的战略和周密的行动计划远远不够，还要以共同的价值观为核心，同时关注硬件要素和软件要素，只有在软、硬件很好协调的前提条件下，才能有效保证企业战略的成功实施。

2.3.3　企业文化对战略具有导向性影响

企业使命为企业战略选择提供基础依据，引导企业决策方向，为资源分配提供基础与准则，当企业内外部利益目标出现冲突时，共同的价值观可以起到统一的目标导向作用和强大的协调作用，帮助组织内外成员更深刻地了解组织目标与方向，从而达成共识，使每位员工都成为战略担当者。

企业的文化特质影响和决定了企业总体战略中的方向选择。不同的行业有不同的文化特性，而同一个行业中，也往往存在文化的共性。比如，制造行业的文化特征中，更多呈现了严谨的特性，而新兴行业，如IT行业的特征则更多地注重宽松的环境、员工的创新性和相互之间的交流。因此企业在制定战略时，也要考虑到环境与行业的特点，以企业文化现状为基础，从而在战略规划中，起到良好的导向作用。

企业文化是激发员工潜能和热情，使企业成员达成共识的重要手段。因此也为员工执行战略提供了有力的行为导向，将广大员工的行为引导到共同的发展目标上来。

2.3.4　企业文化与企业战略相互依存、适应和协调

企业文化相对稳定并且保持相对的持续性，企业战略的制定和实施都必须适应已有的企业文化，不能与文化割裂或脱离文化现状。

从战略实施的角度来看，企业文化既要为实施企业战略服务，又有可能制约战略的实施。当战略制定之后，企业文化也应该随着新战略的制定而进行优化和调整。但是，由于企业文化一旦形成，其进行变革难度就会较大，因此企业文化具有较大的刚性和持续性，而且还会在企业发展过程中逐渐强化。

企业新战略一旦形成，就会反过来要求企业文化与之配合，原有的文化体系中的某些因素就可能产生阻力。因此在战略管理的过程中，企业内部新旧文化的更替和协调是战略实施获得成功的保证。因此，企业文化必须与企业战略相互适应和协调。

企业文化与战略就像是企业发展中的DNA双螺旋，企业文化决定战略的制定，又为战略服务，而战略的调整又会促进企业文化的提升。

2.4　企业文化在战略变革期的重要影响

企业文化不仅能够助推企业战略，同时还能够在员工队伍中发挥凝聚力，这种力量在企业遇到危机或者战略变革时，所起到的作用尤为巨大。

变革通常有如下两种情况：

第一，成功的企业预知未来将会改变，现有的一切都将成为未来的负担，甚至威胁时，往往会从内部主动驱动变革。

第二，企业遭遇突如其来的危机与挑战，除非马上变革，否则就将出局，这时的企业就必须立即启动自上而下的变革。

无论哪种变革，对于伟大的企业都具有深远的意义。但变革意味着摒弃过去并且存在风险，因此当人们面对不确定挑战时，有可能缺失安全感，因

焦虑而抵制变革。

2.4.1 变革的意义

宝洁公司首席运营官罗伯特·麦克唐纳曾经借用一个军事术语来描述现代企业所面临的新的环境与格局——“这是一个 VUCA 的世界。”

所谓 VUCA 指的是不稳定性（Volatility）、不确定性（Uncertainty）、复杂性（Complexity）、模糊性（Ambiguity）。VUCA 中每个元素都具有提高预见性和洞察力、提高组织和个人在企业中的行动力的战略意义。

V=Volatility（不稳定性）：它是变化的本质和动力，也是由变化驱使和催化产生的。

U=Uncertainty（不确定性）：企业缺少预见性，缺乏对意外的预期和对事情的理解和意识。

C=Complexity（复杂性）：企业为各种力量、各种因素、各种事情所困扰。

A=Ambiguity（模糊性）：对现实的模糊，是误解的根源，是各种条件和因果关系的混杂所致。

在这样的一个时代，无论企业想不想面对变革，内外部环境的变化、组织态势和竞争态势带来的压力，都迫使企业不得不身处变革之中。变革是伟大企业必经的成长之路。变革是伟大企业必经的成长之路。只有变革，企业才能不断蜕变，适应新的竞争和挑战，不断成熟和壮大。

2.4.2 建立和传承自我驱动变革的基因

建立和传承自我驱动变革基因，是企业文化必须担当的责任。它包括以下几个方面：

（1）保持强烈的危机意识是变革基因的核心。“生于忧患、死于安乐”，自我驱动变革基因时的核心，就是忧患意识和危机意识。只有清醒地知道无时无刻不存在着危机，才能让企业领导者的头脑清醒，随时准备重启组织，面对未知的挑战。

（2）具备敏锐感知外部变化的能力。

（3）在复杂的组织结构中把握动态的组织结合点。

（4）快速建立共同价值观，打造命运共同体。

（5）在快速打破平衡时保持有序。

（6）具备专业的管理能力和价值担当。

在建立危机意识、自我驱动变革的重要内容时，要让企业的管理团队，尤其是高层管理团队具备能够深刻自我批判的勇气和能力。这也是企业团队成熟与否的标志。

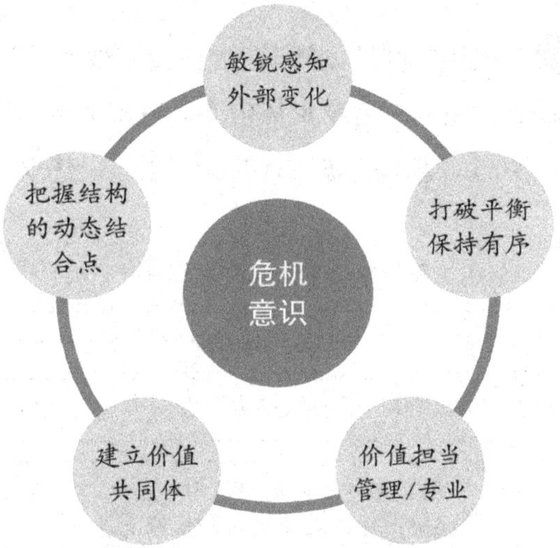

图 2-5　自我驱动的变革基因

【经典案例 18】

2000 年 9 月 1 日，华为召开了一场特殊的“颁奖”大会，参加者是研发系统的几千名员工。几百名研发骨干一个一个地到主席台上“领奖”，而“奖品”即华为近年来在研发、生产过程中，因为工作不严谨、测试不严格、盲目创新等人为因素导致的报废品以及因不必要的失误导致的维修所产生的各种费用单据等。每一个上台“领奖”的人都面红耳赤，台下也是一片唏嘘，任正非要求每个“获奖”者，都把“奖品”带回家，放到客厅最显眼的地方，每天都看一看。

这场隆重的“颁奖”大会，实际上是华为一场深刻的自我批判。任正非说：“只要勇于自我批判，敢于向自己开炮，不掩盖产品及管理上存在的问题，我们就有希望保持业界的先进地位，就有希望向世界提供服务。”

华为所强调的自我批判能力，实质上也是管理团队自我领导、自我管理的能力和自律性。这种强烈的内部控制力，让企业的管理更高效、更聚焦。这是一种理智地进行自我剖析，重新审视自我愿景、价值观的心智模式，也是企业文化核心能力中最宝贵的部分。自我批判的过程实质上就是一个不断升华、成长、成熟的过程。

2.4.3　建立有序的非平衡结构

组织变革管理源自组织内部的创新渴望，因此在变革的初期，要消除焦虑、不安，通过自我驱动，使组织对变革重树信心、重塑期望，从而敢于打破旧的平衡，但同时还要有高超的管理智慧和有效的机制，以建立有序的非平衡。

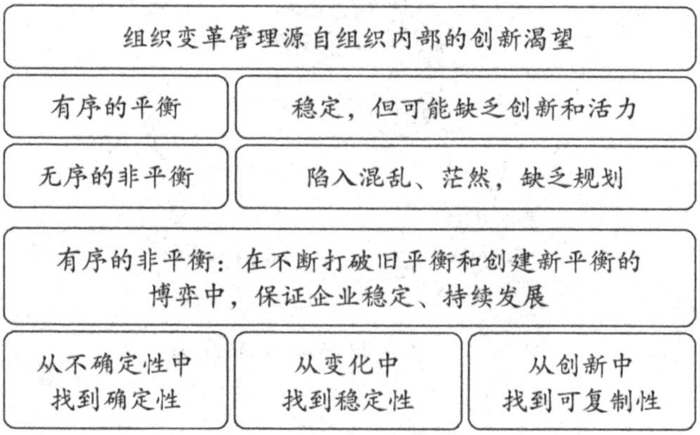

图 2-6　建立有序的非平衡

有序的平衡，往往意味着稳定但缺乏创新。

无序的非平衡，则会让组织陷入混乱、茫然，缺乏规划。

有序的非平衡，就是要在不断打破旧平衡和创建新平衡的博弈中，稳定核心价值观，推进有效的管理策略，在创新中保证企业稳定、持续发展。而要想在变革之中，创造有序的非平衡，就必须要把握三个原则：

其一，从不确定性中找到确定性，即把握共同的人心，通过企业文化创造“明确的乐观”。

其二，从变化中找到稳定性，即寻找稳定因素，善于从企业文化沉淀的经验中找到那些在企业发展过程中起着巨大作用的精神因素，如忠诚、乐观、理智、韧性等，使之成为文化变革中稳定的支撑点，来支持变革的实现。

其三，从创新中找到可复制性，即复制可延续模式，在创新中善于观察、思考和总结，把过去的成功经验进行分析、归纳，形成实用的理论体系，指导以后的思考与实践。

文化与战略结合的最终目的，是要通过文化推进战略与运营各层面的融合，驾驭变革所带来的不确定性，把战略目标最终落实到企业运行的每一个细节之中。从如下案例中，可以看到企业文化是如何以务实的工作来推进战略目标的转换与达成的。

【经典案例 19】

2012 年 5 月，加多宝遭遇品牌危机，不得不停止使用其苦心经营了 17 年的商标。这意味着加多宝不得不开始面对战略调整、品牌转换、稳定人心等一系列难题。

稳定军心是结果，但要做什么？如何做？加多宝开始从企业文化建设入手，酝酿了“红色力量，我们在行动”企业文化主题系列活动，起到了巨大的积极作用。

1. 迅速实现全面“加多宝化”

人力资源部门首先启动紧急会议，要求在三天内首先从硬件上迅速实现全面的“加多宝化”。

员工们很快投入“换装”行动中，短短两天时间，整个公司迅速地实现了硬件和标识上的全面“加多宝化”。营销团队在一个月内清理了以前的海报、横幅，取而代之的全部是醒目的“加多宝”字样的全新设计；生产线上也迅速开始生产全新的“加多宝”红罐凉茶；在人力资源部门的倡议下，公司全体员工把各种社交网站的头像、办公电脑的桌面以及邮件签名系统统一更换为“加多宝”品牌的标识。

2. 敏锐捕捉员工情绪动态

要“稳定军心”，首先要了解员工的情绪状态。人力资源部门敏锐地借助公司内部的员工论坛来关注和追踪员工情绪动态变化。

令人振奋的是员工表现出对企业的拥护与支持。人力资源部门立刻意识到两个非常重要的问题：第一，这是一种可以作为团队执行力基础的软实力，即使是在这样一个困难的时期，员工们也没有表现出消沉的情绪，反而已经做好准备；第二，这同时也是一个落在人力资源部门肩上的责任，人力资源部门应利用好这种情绪的力量，带领队伍打赢这场仗。

3. 上下融通，员工情绪达到最高点

受员工们情绪的感染，加多宝集团人力资源总经理在员工论坛上实名发了一条帖子："上下同心，其利断金，咱们拉起手一起向前走吧！"给激情澎湃的员工们以温暖的回应，与董事会沟通后，又带回了一封《董事长致加多宝全体员工的一封信》，为加多宝明确了新的方向："上下同心，其利断金，再创加多宝奇迹！"给了加多宝上下莫大的鼓励和信心，点燃了斗志，把员工的情绪推向最高点。

当员工情绪沸腾的时候，就应找到一个正能量的出口和导向，这个出口和导向就是要把员工的情绪转化为实际的行动。而此刻，就是最好的时机。

4. "红色力量，我们在行动"企业文化主题系列活动应运而生

为了将员工情绪能量转化为行动，人力资源部门发起了以"红色力量，我们在行动"为主题的一系列活动。活动主题的诠释简单、朴实——"坚持每天影响一个人，积少成多，滴水汇成海，凝聚起一股巨大的红色力量"。充分挖掘发挥每一个人的力量，以员工对企业的认同和情感为纽带，通过员工积极参与，各部门联动，影响周围的每一个消费者，把点连成线，拓展成面，掀起一股红色力量新浪潮。

"红色力量，我们在行动"由一系列层层推进的环节构成，包括"坚持每天影响一个人""红色日记""红色创意""我们去前线""红色亮点""红色彩铃"及"红色力量"培训。"红色力量，我们在行动"的活动口号为已经达到高峰的员工情绪找到了一个出口，这一系列活动也巧妙地变成了一个水到渠成的过程。而维系这一系列活动的正是加多宝集团高度而默契的上下融通、相互承诺的精神纽带和共同进退的心理契约。在"红色力量，我们在行动"计划中，人力资源部门与员工一起，策划并高效实施了一系列具体行动：

（1）要求全体员工"坚持每天影响一个人"。倡导所有员工坚持每天影响一个公司以外的终端消费者。每个加多宝人都可以在自己身边为加多宝做宣

传，都是“正宗凉茶加多宝”的推广大使。加多宝1.6万名员工，如果每一名员工坚持每天影响一个人，一天就可以影响1.6万名消费者；这些被影响的人再去影响他们的家人、朋友、同事，一传十、十传百，这一股力量最后会无限扩大。

“坚持每天影响一个人”，目的并非在于通过这样的方式在市场上造成多大的影响，而是通过这样一个过程让员工体会到凝聚的力量。有困难不可怕，只要大家团结起来，众志成城，就一定可以渡过难关。

（2）红色日记，分享点滴和汇聚力量。商标仲裁失利后，加多宝人空前团结，表现出高涨的工作激情和高度凝聚的团队精神，无论是在营销前线，还是在工厂生产线，都涌现出了许许多多激励人心的画面。人力资源部门倡议大家用文字、图片或视频的方式记录下与加多宝有关的故事，撰写成“红色行销日记”，分享给大家。“红色行销日记”将每一个人的点滴力量汇聚成一股强大的红色力量，争取再创加多宝奇迹！

红色日记记录了一个个与加多宝有关的鲜活故事，这些真实的故事更能激励人，凝聚加多宝人的力量去影响更多的人。

（3）红色创意大比拼。“红色创意大比拼”为员工对品牌的热爱提供了强有力的施展舞台。人力资源部门鼓励员工提供包括主题、创意内容、评估效果在内的完整的创意策划方案。活动发起后，全体员工的热情立即被点燃，各地员工纷纷发来了自己的创意，教大家如何随时随地宣传加多宝。通过富有创意的方式，带动了每一个终端的消费者，用这种向外传递的微笑，把群众的力量真正调动起来了。

（4）红色行销，我们去前线。“红色力量，我们在行动”活动开展之后，加多宝员工纷纷做起了加多宝的行销大使。人力资源部紧接着号召集团总部职能部门的人员走出办公室，走上营销前线，体验一线销售人员的酸甜苦辣，感受公司骄人业绩的来之不易，让员工用实际行动贡献他们的红色力量，同时也使职能部门能更好地为前线部门提供支持和服务。

于是，各职能部门人员利用休息时间跟随销售人员按照工作标准走访市场、拜访客户、研究市场陈列、跟进销售订单，真正在一线体验销售人员的工作状态；同时还自觉担任促销员，负责推广和宣传加多宝凉茶，进行产品促销。这些活动凝聚了加多宝人团结一致、众志成城的力量。这样的凝聚力和空前团结的红色力量创造了加多宝新的奇迹。

（5）“红色亮点”评选。“红色力量，我们在行动”获得了全员参与，声势浩大，但是这个活动最终需要收尾，活动收尾需要一个评选，但是如何评选？评哪些奖？奖励是什么？

经过深思熟虑和全面的讨论，人力资源部决定评选出团队奖和单项奖，团队奖为“红色力量最佳组织奖”，单项奖包括“红色力量之星”“优秀红色日记”“优秀红色创意”三个奖项。

所有的奖励全部设置成精神层面的最高激励：所有的嘉奖令都由董事长亲笔签发，这对于员工来说无疑是一个巨大的惊喜；员工可以将董事长签发的嘉奖令装在相框里，放在自己的办公桌上，这对于员工来说更是一个持续的鼓励。

同时人力资源部为获奖的同事设计了“红色之旅”，组织优秀成员作为企业文化宣讲代表，从北京总部开始，到各地分公司进行宣讲，如同内部小长征，在全集团内播撒“红色力量”的火种。

评选出来的优秀员工具有团结、务实、担当、进取的精神，不惧挑战、凝聚力量，配合营销前线积极行动；优秀作品也都是充满激情的红色日记和富有创造力的红色创意。这样一个鼓励先进、树立标杆的过程，也正是加多宝“红色力量”的认可和传承的过程。

（6）激情之后的理性成长：全面培训提升能力。在员工的情绪被激发释放之后，就应该归于理性和平静，需要思考在已有成绩的前提下，应该如何做得更好；更需要了解眼前面临着什么样的困难和挑战，预测未来的发展方向，需要储备哪些能力，从而进一步打造和提升自己的技能。

因此，人力资源部马上从“做活动”转向了“促学习”，推进了各个层面的培训，先以培训的方式把企业文化的理念全部贯彻下去，然后着重提升员工的专业能力。

加多宝集团通过这个文化主题系列活动，发动了所有可以发动的力量，创造了巨大的影响力，推动了“加多宝凉茶”品牌的完美转换，也为所有加多宝人留下了一笔宝贵的财富。“上下同心，其利断金”已成为加多宝集团全体员工的一致信念。这个信念帮助加多宝卓有成效地完成了品牌的重塑，让每一位加多宝员工都深度参与到这场前无古人、后无来者的品牌保卫战之中，释放出了巨大的“红色力量”。

3 第三章
企业文化：塑造管理理念

好的经理人信任团队成员，相信人们愿意工作、可以被信任、可以自我管理和发展。企业文化要从相信这个理念开始。在这点上，管理者应该是理想主义者，相信团队成员的能力和把工作做好的意愿。

——埃德加·沙因

企业文化与战略之间的密切交集，就是管理理念。管理理念承载着文化与战略的共同责任，也是企业文化和战略的起点。

企业管理理念是经营哲学的具体化，是基于企业文化和战略，根据企业经营哲学和企业实际而设定的具体经营思路和计划，也是企业持续发展的总体谋划和管理纲领。

3.1 企业文化与管理理念的相互作用

管理理念由企业文化塑造而来，又为企业文化提供保障。企业文化所形成的企业性格，在价值观层面，影响着管理理念的塑造和管理体系的设计。而管理理念对于企业文化能否落地和推进起着重要作用。

优秀的企业文化体系，要把管理理念、管理系统、管理风格、管理行为与核心价值观和核心能力有机地融为一体。

企业文化在不断发展中，会面临各种冲突和改变，此时就需要管理理念保驾护航，二者共同保障、推动企业战略的实施。管理理念与企业文化的高度统一，能够让企业的管理体系具备从刚性原则到柔性管理、从自我激励到严格自律、从内部驱动到品牌建设等。

【经典案例 20】

Google 公司的企业文化非常重视团队导向和进取精神，其管理制度也与之高度匹配。

团队导向的关键在于团队使命，与之配合的是“透明原则”，就是与文化高度配合的典型管理理念。在 Google 公司，每一位员工都可以看到自己上司和同事的工作计划，使得每一位员工都可以随时了解工作进度、公司发展方向和目标，从而增加对企业的归属感和认同感。同时还可以随时针对这些计划提出各种建设性意见，同时对上司是否完成计划进行监督。

针对进取精神，Google 公司总部设计了 3~5 人的扁平化组织，以海量计算资源和数据作为支持，允许技术工程师抽出 20% 的时间根据兴趣自己确定研究方向。这正是组织管理与文化导向相匹配的设计，像 Google 这样的公司，不乏顶尖人才，再复杂的绩效考核也无法约束他们的工作行为，但在一个 3~5 人小组中，彼此的配合和团队的成果就要求每个人都必须全力以赴，才能够让小组成果得到认可，从而使自己得到小组的认可。这种组织管理方式就激发了小组各个成员的创造性和进取精神。

企业文化在管理中的最佳体现是让员工在文化氛围感召下，自觉执行管理规范，自我领导，推动管理系统顺畅运行，形成良好管理效果，创造健康的业绩增长。这种良好的管理表现，又反过来强化现有的企业文化，创新文化元素，让文化在管理发展的同时日臻成熟。这种创造与强化的相互作用，造就了企业文化与管理之间相辅相成的关系。

3.1.1 企业不同阶段中文化与管理的碰撞

新建企业中，企业创始人在经营活动中通过将自己的信念、价值观和理念灌输给企业成员，有意无意地进行企业文化的创造和积累。当企业获得了成功，企业文化就会在团队成员中产生潜移默化的影响，并在适当的时机被提炼发展成稳定的企业文化。

当企业发展到一定阶段，就需要进行领导者更替。如果新任管理者是从企业内部成长起来的，那么对于企业文化的了解会深入许多。但如果是“空降兵”，那么就要在充分了解现有文化的同时，坚定新的文化理念，逐步导入新的使命、愿景和价值观，坚定而有节奏地推进新的规则和行为方式，对现有企业文化体系进行改造，使之进行升级、完善。这对新任管理者的要求非常高，但却是文化变革与管理融合的关键所在。

这种“文化升级”必不可少。过度成熟的企业，需要从内而外的迭代变革，吐故纳新，才能重新走上一个新的阶段。管理者必须致力于打造这种演变背后的企业文化动力机制，这是因为：

（1）如果缺少对于企业文化变革的渴望和充分认识，就不可能真正地融合企业文化和管理系统。

（2）如果忽视企业内部各子系统的管理者的行为方式、文化背景，以及这些对企业系统运作所能够产生的重要影响，也就不可能真正地了解企业文化体系的内在本质。

（3）企业文化与管理机制的融合，很大程度上要依赖内部的一致协调，因此要深刻理解企业文化对企业管理的动力机制。将企业文化与管理系统相融合至关重要，管理层级越高，这种重要性就越大。

3.1.2 企业文化与管理机制相互作用

企业文化管理大师埃德加·沙因曾经分析过如下案例：

【经典案例 21】

Atari 公司是电脑游戏设计的佼佼者，为更好地应对市场变化，引进了一位具有营销背景的新任 CEO。原有的专业背景使得这位新 CEO 认为，好企业的经营方法是构建良好的个人激励和职业发展系统。当他面对 Atari 公司内部由工程师和程序员组成的松散群体时，感到他们工作毫无组织规则，他们甚至连薪酬发放的依据都不清楚。面对这种境况，CEO 决心改变这种混乱，他为每个人都设定了清晰的职责，并构建了一个以评选“每月最佳工程师”为代表的具有明显个人主义色彩的项目，以此建立强调竞争的薪酬体系。不料，实施的结果非但没有提升员工的士气，反而适得其反，士气越来越低，一些优秀的工程师竟然纷纷离职。

这位用心良苦的CEO没有意识到，Atari公司在发展过程中已经形成了一种创造力发展文化，这种文化形成是长期以来结构化合作氛围的结果，这种氛围有助于设计师在工作时互相激发彼此的创造力，其实每一个成功的游戏产品都是团队合作的产物，而并非“最佳工程师”单打独斗的结果。

倡导创新理念的团队成员知道，只有大量的非正式的交流才可能让一个想法真正开花结果。没有人能够回忆出在工作中谁实际做了哪些具体的贡献。而新建立的竞争文化即赋予“每月最佳工程师”以太多的个人荣誉，竞争氛围很快建立起来了，但也同时削弱了整个团队的工作乐趣和创造力。这位新的CEO没有很好地理解他所加入的这家企业的文化精髓，以至于判断错误，用一种破坏性的方式做出了改变企业文化原有核心要素的决策。

【经典案例22】

宝洁公司制造体系变革的成功案例告诉我们，企业文化实质变革，需要耐心、智慧和时间。

宝洁曾谋求转型制造系统，以使制造成本更低、效率更高。于是成立了专门工作小组，研究如何重新组织一家工厂以同时提升生产效率和工人满意度。在专业顾问公司的帮助下，工作组提炼了一套新的工厂管理理念：在更多依靠工人参与和投入的同时，创建一个强调复合技能与岗位轮换的新的薪酬体系，打破原有的岗位细化、等级观念和严格监管下的薪酬体系。核心就是让工厂将自身看作一家与供应商打交道的企业，并负责任地去经营和管理。

要实现这一目标，就要对企业文化原有的核心内容进行变革，而不仅仅是改变企业文化体系中的一部分。关键的变革点是让工人们掌握更多技能并彼此间相互支持，把原来等级观念很强、岗位细化死板的局面翻转到相反的方向：自我管理、人人平等、富有创造力。

工作小组认识到，要将这一新的文化和理念推广开来非常不容易。

首先，工作小组进行了标杆建设：新建一家工厂，雇用新的管理者，重新进行初始化的管理理念和企业文化价值观的培训，目的就是让这家标杆工厂成为自我管理型企业。同时找到能真正贯彻执行这些新的管理理念的领导者，这个工厂最终得以真正建立并取得了巨大成功。为了更好地推广成功经验，工作小组决定让其他所有工厂的储备管理人员先以学徒制的形式学习这种新的管理系统，确保他们都深刻理解并接受新的管理理念，同时原来持有各种不同管理态度的新领导者都需要参加专门培训，以判断这种新的管理系统是否已经植入所有工厂的管理当中。

此后陆续兴建新工厂，都会配备曾经在标杆工厂学习和工作过的管理者。这种新的管理方式运行良好，并逐渐形成了一种以生产效率和员工投入度为基础的新文化。

经过精心设计，这一场企业文化衍化的有效管理，成为一场意义深远的企业文化变革，获得了真正的成功，成为企业文化变革与管理系统对接融合的经典案例。

3.1.3　企业文化与管理相互作用的方式

不同的企业文化与管理理念融合会相互碰撞、相互作用。建设性的冲突和碰撞在初期会带来不适和焦虑，但长期坚持就能激发企业的创造能力，升级管理体系，甚至帮助企业在变革中重生和发展。

不同文化之间往往是文化体系和管理体系共同起作用。当新旧两种文化及管理系统发生碰撞时，有可能会出现四种不同的作用方式。

1. 方式一：分离

由于内部的作用力都相对较弱，可能出现两种文化之间如同同级相对的磁铁一样，产生分离。尤其在一个大型或超大型的企业集团中，尤为明显，往往出现的情况是：集团总部允许自己的附属公司继续保留其各自的文化，从而也使各自不同的管理系统保持下来，互不干涉。

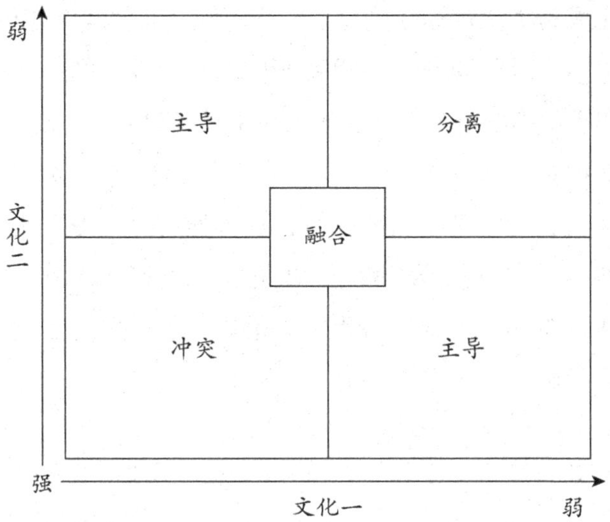

图 3-1 企业文化与管理相互作用

【经典案例 23】

中粮集团在构建全产业链战略过程中，不断进行资本重组，并购了很多不同行业中较为领先的企业，突破原有依赖政策的粮油贸易的主营模式，出现了众多的“儿子”比“老子”年长资深的情况，使得中粮内部的各个经营中心、业务单元、利润经营单位等没有统一的平台、规范标准和体系。在这种情况下，中粮集团试图建立一种“普适文化”，整合价值观和经营理念，于是力图推广统一的“忠良文化”，以忠要求职业道德和精神修养，以良提升专业能力和经营业绩。但是，由于管理体系支撑力度的局限，中粮集团下属的业务运营单位始终没有形成与集团高度统一的文化体系和制度体系，仍然保留着各自的文化特点。

由于业态的复杂和超大体量，经过长时间的实践，中粮人意识到试图创造一个能在全集团高度适用的文化体系和管理制度是不可能的，也是难以实现的。中粮旗下的九大板块都应该是宝贵的企业资产，同时在某个业务领域非常成功的管理者调任到其他业务板块时，成功率却极低。经过讨论和调整，中粮集团提出了“大中粮无边界”和“打造全产业链”的文化理念和管理目标，通过打造无边界的宽容文化氛围，保留各业务领域的特点，让各业务领域在全产业链战略中占据不同位置，发挥不同作用。

在不需要完成跨文化目标的情况下，让不同企业之间能够彼此协调一致，这种分离模式，可以让子机构各自保持相应的独立性。同一个集团下多家运营公司之间存在有限的经济联系，在大系统中求同存异，更易运营。

2. 方式二：主导

当两种企业文化力量不平衡的时候，有可能产生一种文化主导另一种文化的现象。影响这种方式的因素除企业文化本身的影响力外，经济因素、资本运作、企业管理者的执着或强势程度等也都会起作用。在企业收购的情况下，表现得尤为明显。

【经典案例 24】

自 1984 年成立至今，联想从小到大，从单一 IT 领域到多元化，到大型综合企业，历经三个跨越式成长阶段。联想控股采用母子公司组织架构，形成“战略投资”和“财务投资”两大业务。

在不断变化和重组中，联想集团始终保持着鲜明的文化特点，在国际化并购中发挥了巨大的主导作用。就是通过培养忠实践行联想企业文化的优秀领军人物，通过管理模式复制，强有力地推进企业文化和核心价值观，从而形成强势的企业文化竞争力。

同样，英特尔公司早期在收购一家半导体工厂时，新任管理层就毫不犹豫地宣布，该工厂将完全按照英特尔的方式运作。而惠普公司收购阿波罗公司时，也强制性地培训阿波罗的员工，让员工适应“惠普之道”的企业文化。“惠普之道”要求员工之间要合作沟通，彼此善待，在集体会议中形成一致意见。当一个员工在集体会议中太过坚持自己的观点时，会被主管指出缺乏团队精神。

3. 方式三：融合

融合，就是吸收各方的精华，形成自身优秀的核心竞争力，让企业原有的管理系统进行全面更新，并利用这种更新反过来把新的文化推广到每一个机构。

文化融合可以先通过不同的管理系统分析和比较，借鉴外部的最佳实践案例的经验进行对标，为文化整合创建一套兼收并蓄的制度流程，以便更容易控制和产出效果。但如果缺乏对业务的理解和专业能力担当，采取单纯的拿来主义，就无法产生理想的融合。只有在企业的内心深处真诚需求或面临危机必须彼此开展真正的合作时，这种文化的融合才有真的建构基础。

4. 方式四：冲突

冲突意味着在管理体系之间的互相抵制和文化体系之间的对立。这是企业变革中最容易出现的，如果处理不好，破坏性会很大，将导致局部目标与整体目标产生极大的矛盾，管理制度互相掣肘。

【经典案例 25】

上汽集团曾经以 5 亿美元的价格高调收购了韩国双龙 48.92% 的股权。此次收购的本意是利用双龙的品牌和研发实力迅速提升技术。但并购之后却遭遇了两个问题：首先是对并购收益估计过高，双龙汽车虽然拥有技术和研发优势，但缺少市场；其次是上汽在收购之前对自身的管理能力和对方的工会文化认识不足，以至于在收购后因两个企业的文化难以融合，导致合作与企业经营拓展无法真正展开。

这个案例充分暴露了并购整合过程中的典型性问题：准备功课不足，盲目上阵，导致对潜在的管理、文化等方面存在的问题识别不清，以及收购之后又不能及时解决文化冲突所带来的问题。

【经典案例 26】

无独有偶，明基收购西门子也是一个失败的案例，除品牌定位和决策的先天缺陷外，中国台湾地区企业要求快速反映市场需求的文化与德国企业的严谨缓慢的管理风格产生了不可调和的矛盾，被收购的西门子表现出了明显的不适应和无法接受，导致业务无法顺利推进。

文化和管理的冲突，常常被认为是企业内部权力斗争的结果，但深究原因，往往是不同观点的文化冲突，而并非人和人不相容。只不过是某些管理行为冲突，作为深层文化的外显符号，被推到了前台而已。

3.2　企业文化与管理理念的融合

企业文化是企业的灵魂，管理则是企业的精神，制度流程是文化与理念的承载体。从广泛意义上说，管理理念也是企业文化的一部分。有什么样的企业文化，就会产生什么样的管理理念。

在管理理念方向不清的时候，企业文化能够帮助企业厘清和修正管理理念的偏差，推进企业管理的进步。而管理理念在企业文化发展的基础上进一步提升，不断完善，从而成为企业文化的刚性保障。企业文化和管理理念必须相辅相成，高度一致，才能指导制度流程科学准确地建立、修正，不断完善。企业文化同时又要覆盖刚性制度无法达到的层面，通过规范潜在行为标准、建立心理契约、统一组织行为等影响员工的工作理念和工作行为，因此企业文化与管理理念的融合非常重要。

3.2.1　管理理念也是一种文化

管理理念是在文化基础上的提升。随着企业的不断发展，管理体系往往会因跟不上企业要求而过时，这就需要通过企业文化体系来重新融合管理理念，对管理进行重新定义和升级。

管理理念是在企业使命、愿景、价值观等文化体系指导下产生的，不仅反映在管理制度中，也会表现在企业员工的内心。和企业文化一样，管理理念可以表现在群体的道德标准、心理契约、组织行为之中，而且一旦形成，就会相对稳定，不易发生变化。

管理理念是企业管理结构中深层的部分，是企业管理的核心和最基本的精神含义。管理理念也是一种文化。而且绝大部分管理理念会与企业文化趋同或一致，在企业发展中共同发挥作用。

众多优秀企业都是经多年沉淀积累，才得以形成与文化价值观一致的管理理念，二者共同发力，使企业健康而快速发展。

但要注意的是，当管理理念与文化价值观有明显冲突的时候，管理理念往往体现了企业真正的价值观导向，从而折射企业价值观与管理的矛盾，这种矛盾会使人对企业呈现的价值观产生怀疑。所以管理理念和企业文化一定要统一，才能真正为企业发展提供支撑和保障。

【经典案例 27】

海尔集团从濒临破产的企业逐渐发展成为世界知名企业，并不断加强海外并购，实现自己的全球化战略，其中不可忽视的一点就是：海尔集团每收购一家海外企业，必须派驻中国总部海尔集团的成员前去管理，其主要原因是他们身上有着深厚的海尔文化与坚定的海尔理念，同时用丰富的管理理论和实践经验推进文化融合，使新收购企业的员工逐渐接受海尔的文化和管理方式，并推动企业的整体发展，使海尔成为中国优秀企业中的一个经典符号。

企业文化与企业管理理念之间相互补充，企业文化塑造软实力，管理理念打造硬制度。企业文化要塑造凝聚力和向心力，管理理念要建立正常运行保障。

3.2.2 发展理念

发展理念的重要作用是梳理成功逻辑，形成具体的发展思路和要求，在管理理念指导下，得到能够持续成功的指导和系统逻辑。

例如，华为“以客户为中心、以奋斗者为本、持续艰苦奋斗”的成功逻辑是非常清晰的发展理念，“以客户为中心”是核心经营原则，“以奋斗者为本”是核心管理原则，“持续艰苦奋斗”是团队核心原则，构成了企业成功逻辑的闭环。

发展理念考验的是管理者系统思考和发现问题的能力。发展理念的不清晰，就会造成如下情况：

（1）企业管理者的想法不系统，“东一榔头西一棒子”，听到一个似是而非的管理概念，就推行一个无法落实的想法，但不能真正有效地落地执行，导致内部的“扯皮”甚至理念相悖，彼此之间用一些高深的概念相互批判，做一些貌似专业却远离业务实际的无价值管理项目。

（2）转型期没有提出方向清晰、有效落地的新战略，战略转型的急迫性与执行落地的迟缓形成强烈的反差，没有对战略进行深入思考和逻辑分析，没有形成对战略的共识和可执行原则。

（3）各部门从本位出发，争夺资源，却又没有明确的达成目标的规范和指标。当年底业绩未达标时，又反过来以资源不到位为借口，不承担责任。

（4）照搬以前的套路，导致企业管理系统落后、过时、效率低下……

上述种种，都有可能是发展理念不清晰、不明确造成的。要解决这些问题，就要思考企业文化和管理理念最本质的部分，分析成功逻辑，厘清发展思路，明确管理原则。

【经典案例 28】

《华为基本法》提供了经典的成功案例。

华为在经历快速发展，迅速做大之后，一下子就需要面对系统建设的问题。此时组织里思想林立、管理建设千头万绪、管理问题层出不穷，而《华为基本法》的出台就适时为管理理念的落地提供了系统的思考，分析企业怎样做才能成功，并在充分讨论、修改的过程中，促进团队之间达成共识，同时提炼和深化成功经验，不断进行复制，最终推动了企业转型成功。

3.2.3 价值理念

价值理念是企业的“生存智慧”。企业需要通过价值理念将管理理念转变为应对变化和挑战的能力。其意义在于使核心文化价值观和管理理念在企业内部具有普适性和应用意义。

【经典案例 29】

华为的“不为短期利益所困、不因在非战略机会上耽误时间而丧失重要的战略机会”的价值理念，让华为在经营业务时不急功近利，不为单一规模的成长所动，敢于放弃非战略机会。这造就了华为在价值信念引导下的战略眼光，使华为能够聚焦重要、重大的战略机会，敢于集中资源、压强配置用在关键要素上，并投入大量资源去创新，打造出一个世界级的华为。

3.2.4　经营理念

经营理念是企业经营中遵循的逻辑、标准和准则，保证企业通过合理正确的经营模式盈利。经营理念如同桥梁，一头连接文化与管理理念，另一头连接客观市场规律，决定了经营模式是否合理，是否具备盈利能力。

经营模式指导下的所有经营活动本质上是道德的选择。经营理念要帮助企业在可持续发展中找到符合社会道德观的模式，因此经营理念与企业文化密不可分，成为企业文化重要组成部分。

一个企业无论是在谈论使命，还是愿景，实际上谈的都是股东、客户、消费者、社会，甚至国家和民族对这个经营理念的期望到底是什么。企业的创立其实是为了解决单靠钱解决不了的问题。经营理念就是经营之道，道就是本质，是规律性的东西，本质在于通过利他的方式达到利己的目的。以利己方式达到利己目的，这是低层级的经营理念，要想真正做成伟大企业，就要通过利他方式达到利己目的。正所谓“大家赢才是大赢家”的道理所在。

3.2.5　品牌理念

一个优秀的企业文化构建中，品牌文化能够自信地向消费者彰显企业文化，甚至一个优秀的品牌文化就是企业文化的一部分。这其中，品牌理念与文化的高度统一是关键因素。

可口可乐是一家能够把品牌理念与企业文化进行完美结合的公司，在130多年的发展历程中，不断地通过品牌故事来完成对企业文化的诠释和宣导。

【经典案例30】

不为人知的可口可乐与圣诞老人的故事。我们都很熟悉圣诞老人的形象——胖乎乎的脸上充满惹人喜爱的欢快表情，雪白的胡须，红色的圣诞袍。其实圣诞老人的形象在早先并非如此，形象各异，或高或矮，衣服的颜色也有红有绿。

直到1931年，可口可乐公司邀请画家海顿·珊布绘制了健康、快乐、生动的圣诞老人形象——身材高大，穿着红白相间的圣诞装，充满欢快喜气，并在以后的几十年中，一直沿用这一形象，并通过强大的品牌宣传，使现在的圣诞老人形象广为人知，深入人心。

图 3-2　可口可乐与圣诞老人

品牌理念反映了企业所倡导的经营价值和经营行为准则，即表现了企业的经营宗旨和价值追求，当品牌理念与企业员工价值追求高度一致时，就会产生强大的品牌自豪感，使员工得到持久深刻的职业满足和精神激励，起到其他物质激励无法取得的效果。

强大的品牌理念的背景彰显的是品牌精神，保持品牌理念的连续性和稳定性，强化品牌理念的认同感，让员工热爱品牌且自觉维护品牌荣誉，是企业文化推进的重要内容和关键要素。

3.2.6　团队理念

团队理念是指个体在团体中的团队合作意识、大局意识、协作意识和服务意识。团队理念是企业文化必须具备的要素，因为没有团队，就无从谈论企业文化。

好的团队理念有着共同的特点：以尊重个人为基础发挥团队创造力；通过协同合作打造向心力、凝聚力；个体利益和整体利益高度统一，保证组织高效率运转等。健康的团队理念并不要求团队成员牺牲自我，反而要保证人才的培养和个性的发挥，为管理理念输出良好的管理方法，为企业文化建设提供良好的团队氛围。

在企业文化与管理理念的融合中，团队理念是激活组织，充分发挥组织潜能的保障，它往往以团队能力或团队价值观的形式出现。

【经典案例 31】

中粮可口可乐在企业愿景中把团队理念放到了第一条“拥有最受赞赏的专业团队”，并对此进行了详细诠释，就是：员工以企业文化为指引，凝结成高效互动的合作团队，充分展现诚实守信的优秀品质、热情敬业的职业素养、训练有素的职业行为和创新进取的工作方式，获得系统内、行业内或合作伙伴、股东的认同、欣赏和尊重。

继而又专门通过核心竞争力和组织能力阐述了对团队的组织要求和管理要求：

1. 专业能力：行业专家，主动敬业

- 员工具有引领企业快速发展的足够的专业知识、技能和能力，知道如何去做；
- 员工高度职业化、训练有素并以优质客户服务为导向；
- 技术、设备等资源的利用达到行业领先水平；
- 注重对行业及市场的清晰分析和研究，为决策提供支持。

2. 凝聚氛围：众星汇聚，激情自豪

- 组织方向、目标明确且高度一致；
- 具有高度的企业文化认同感和凝聚力，员工为之自豪；
- 精诚团结，热情敬业，充满激情，共同努力；
- 吸引和保留优秀人才并使员工愿意长期在企业工作。

3. 精准执行：快速一致，精准到位

- 拥有快速执行并达成组织目标的资源（人才、技术、设备）和团队；
- 目标明确，责任感强，坚强执着，不推脱责任；
- 允许讨论中有不同意见，达成一致以后，行动高度一致；
- 是快速反应的团队或组织，实现目标，准确到位。

4. 完善系统：严谨标准，规范高效

- 拥有适合企业经营发展需要并高度整合的制度、流程及衡量标准、监控体系；
- 拥有持续提高企业生产效率的企业信息技术平台及设施；
- 决策严谨化、科学化、系统化，依据市场及客户需求而决策；
- 拥有能有效激励员工发展、保留人才的企业管理体系。

5. 不断创新：与时俱进，永占先机

- 与时俱进，敢于冒险，勇于尝试和创造；
- 不断自我反省，具有追求卓越的团队意识；
- 具有鼓励创新和包容非主观失误的文化和制度环境；
- 建立学习型组织，全员学习并运用在实际工作中，提升组织的能力。

6. 互赖协同：互利共荣，能量无限

- 内部各部门与装瓶厂相互间熟悉对方业务，紧密协作；
- 追求股东价值最大化，公司与股东方在方向、策略及目标上保持协同一致，内部部门与股东方在业务上保持合作和相互支持，包括人才培养与能力提升、市场与渠道发展、各种资源分享与共建等。

3.2.7 人才理念

人才理念对个人的管理要求，往往伴随着对团队理念的解读，但它更聚焦个体，关注个体在组织的需求，尤其是心理需求和精神需求。人才理念是文化体系和管理理念中最需要关注的内容。解读人才理念时，要同时梳理出对人管理和培养的具体原则和思路，把企业文化变成人的文化，把管理理念变成人的理念。

人才理念之所以非常关键，是因为企业的一切经营管理活动的最终控制点都与人有关，因此必须把对个人的激励和管理融入管理理念和文化体系中，才能使人真正成为管理体系的有机体。

3.3　企业文化在管理塑造中的作用

美国学者詹姆斯曾经做过形象的比喻：企业文化是河岸，企业经营管理理念和行动则是奔流的河水。河水在两岸的引导和约束下集中更多能量向前奔涌，随着时间的推移，奔泻的河水又将河道冲刷得更深。离开企业文化这个河岸的约束，管理行为就有可能因没有目标而失去控制，而没有激流涌动的河水般的企业经营管理活动，企业文化就会像干涸的河床一样失去存在的意义。所以河水和河岸缺少任何其一都不可能形成河流。

企业文化和管理塑造也是辩证统一的两个因素。它们彼此的地位和作用都不相同，却又互相作用，共同组成了奔腾向前的“企业长河”。

在这个互相影响的过程中，企业文化对管理塑造起到了强有力的导向和凝聚作用，使管理目标更加清晰、管理行为更加聚焦。而有效的管理又促进企业发展，强化了企业文化的作用和影响力。它们彼此推进，在富有创造性的经营管理过程中不断地涤除着过时的观念，在持续更新、进步和完善中，沉淀、总结、提炼着推动企业成功的新要素，并不断复制，使企业不断发展和强大。

3.3.1　导向作用

导向作用是指企业文化通过各个层级由内而外、自上而下引导着管理塑造过程中的方向，包括对管理理念、价值观、行为模式的引导等。

企业文化在管理塑造中的导向作用一旦形成，就能引导企业员工正确认识，自觉地以企业的经营宗旨、经营作风、价值观、道德观来衡量自己的行为，企业文化往往通过目标引领、利益驱动和密切沟通起到导向的作用。

目标引领就是在定性的非量化的目标中，明确地表述和规划目标的可达成性和所需要的努力，从而使管理塑造规范、指引员工的行为和努力方向。

利益驱动是指企业所有行为都是建立在利益的基础上，利益是驱动企业发展的根本，企业文化要依靠员工落实，要以员工利益和公司利益共同发展为基础，兼顾企业的长远发展和员工自身价值增值，这就为管理理念的塑造指出了管人和管事的方向，能起到真正的导向作用。

基于社会责任的企业利益和员工利益不等同于利己主义，而是促进企业发展和员工努力的动力。没有共同的利益基础，再好的企业文化都会变成空想文化。在管理塑造的过程中，要把员工的利益和企业的发展有机结合起来，充分利用好企业文化的导向作用。

3.3.2 凝聚作用

《孙子兵法》中说："道者，令民与上同意也，故可以与之死，可以与之生，而不畏危。"从这个"道"的意义上看，企业文化要在管理塑造中让全体成员具有统一的意志，并为之合力奋斗。

共同的愿景就是凝聚力的旗帜，是把员工团结起来的力量。彼德·圣吉在《第五项修炼：实践篇》中，对于建立共同的愿景进行了明确解释，"尽管这项修炼被称为共同的愿景，其实在本质上应该为引导组织深层能量的组成要素，其核心是共同的目的感和命运感"。这种目的感和命运感，会产生巨大的凝聚力，使员工具备强烈的"主人翁"意识，主动解决问题、主动创造绩效。

【经典案例32】

美国福特公司正是通过管理塑造的影响，让员工充分参与公司经营计划的讨论，使公司的各项制度、计划和方法相互碰撞和影响，协调地聚焦在一起。各项制度和方法由于员工的参与变得更周到、细致和充实。比如，统计质量管理方法得到员工参与计划的充实，员工参与计划得到参与管理培训计划的充实，参与管理培训计划得到管理基础的提升标准的制度充实等。

沃尔玛公司让级别最低的雇员都能看到财务报告，从而向全体员工发出信号：每个人都是公司的合伙人，希望每个人都像经营自己的企业一样经营其所在的部门。

而中国著名的餐饮公司海底捞，则把授权作为员工参与的手段。通过给每个员工充分授权，让员工在工作中充满幸福感和成就感，从而持续创造着海底捞的服务神话。

塑造管理凝聚力的最大障碍就是来自员工对管理制度的阻抗，阻抗产生的原因往往是因为不理解而产生焦虑，因焦虑而产生抵抗。而让员工充分参与新的管理制度的讨论和决策，实际上就是帮助员工通过从害怕到面对再到理解最后为之想方设法解决问题的心理建设过程，消除来自员工内心深处由于不理解从而不认可的阻抗力。参与的程度越深，阻抗力就越小。

3.3.3　激励作用

激励是促进良性管理循环最有效的手段。我国著名学者吴春波教授曾说："伟大的领导者都是激励大师。"

激励有正激励和负激励，正激励会激发正能量，负激励则相反。企业文化的激励作用，是要通过文化氛围的打造和管理行为塑造，激发人内心正向的一面，抑制负面能量。

"金钱激励"作用是暂时的，其本质更像保健因素。激励要素的核心来自工作本身的认同感和成就感，通过完成挑战性的工作、增加工作责任、获得成长和发展的机会等，将在激发员工潜能方面起到超预期效果。清楚地了解员工的真实需求并提供有针对性的激励，也能够起到意想不到的效果。

激励是有效的管理工具。企业文化的导向是什么，管理理念希望员工往什么方向发展，激励的方向就要向什么方向倾斜。

激励作用的更高境界是通过有效的激励机制，让每个人都成为被激励的对象。激励的本质就是尊重员工，也让员工自我尊重。在管理过程中，激励不仅仅是管理工具，更是通过文化和管理理念的塑造，让每个人都得到激励，不仅激励下属，还可以激励上级、同事，激励一切可以激励的人，而其中最重要的，是员工的自我激励。

【经典案例 33】

IBM 认为，公司最重要的资产不是金钱或其他东西，而是员工。因此，IBM 始终尝试创造小型企业的气氛，以便能够更好地把握员工工作效率。IBM 没有自动晋升与调薪，而是靠工作成绩而定。每位员工以他对公司所贡献的成绩来核定薪水，绝非以资历而论。有特殊表现的员工，也将得到特别的报酬。

IBM 拥有一套完备的人事运作系统，曾在遭受经济环境不景气的时候，IBM 都能很好地安排所有员工不致失业。在 1969 年到 1972 年经济大萧条时，有 1.2 万名 IBM 的员工，由萧条的生产工厂、实验室、总部调整到需要他们的地方。有 5000 名员工接受再培训后转换工作，反而调到了一个较满意的岗位。

IBM 认为，有能力的员工应该给予更具有挑战性的工作，因此在晋升时永远优先考虑内部员工。公司利用一切方式让员工知道，每一个人都可以通过自己的努力使公司变得更好。IBM 总部，没有任何标识头衔的字样，停车场不会为高管预留位置，也没有主管专用餐厅，因为 IBM 一直致力于营造一个非常民主的环境，让每个人都同样受人尊敬。

3.3.4 协调作用

协调作用是建立公开透明的沟通机制，进行充分讨论，求同存异最终达成共同认识。

【经典案例 34】

协调与沟通是密不可分的。在联想集团面对东西方文化的尖锐冲突、启动文化变革的过程中就采取了一些特定方法进行充分讨论，沟通起到了良好的协调作用。

联想领导力建议规定：

- 在会议上陈述或沟通之前，先阐明你的意图，避免参会人员得出错误的结论。
- 避免单边对话。
- 禁止暗箱操作。
- 管理团队的冲突不能扩展到执行层面。
- 会前 24 小时把目标清晰的会议材料发给所有与会人员。

由此可以看到，在这个规定中，所有的沟通都是以透明、公开为基础的。在这个基础上，沟通的效果很容易显示出来，从而起到非常好的协调作用。

企业文化能够在管理体系中自然而然地创造一种氛围，使员工受到感染和影响。因此要起到良好的协调作用，就要通过氛围的塑造，使管理机制简单透明，沟通更为有效。建设性的冲突可以使协调作用更加有效。

这其中需要关注几个原则：

（1）在协调过程中关注细节、相互尊重。细节的背后往往蕴含了大量的信息，细节处理得好，将起到事半功倍的效果。

（2）换个角度看问题：个体的差异潜移默化地影响着人们看待问题、解决问题的方式，采取的方法也会大相径庭。不同的风格有可能产生建设性冲突，也有可能出现破坏性冲突。所以换个角度看问题，以对方的角度重新看待需要协调的问题，往往能化解偏激、突破局限。

（3）通过清晰的目标建立共识基础：建立共识是为了增加信任和理解。通过解读公司整体目标和蓝图，形成任务清单，建立所有成员对目标的共识和深刻了解，才能让大家齐心协力达成目标。协调的目的是要提高沟通效率，快速让队伍获得成功，让企业员工建立信任，从而承担责任。

（4）建立沟通准则：找到有效方法消除误会。沟通中产生的误会会直接影响管理效率和运营效率。沟通准则一旦形成，全体成员都要严格遵守。

3.3.5　约束作用

约束绝非管控更不是监督。而是要通过建立管理体系，有力地限制那些与企业文化主流价值观不符的理念以及背离企业文化和发展方向的行为，尽可能鼓励那些能够激发潜能、让公司业绩不断提升的行为。

约束和激励作用在一起，往往能产生巨大的效果！

企业文化在管理塑造过程中，首先要鲜明地界定那些不可触碰和违反的“高压线”，同时建立配套的管理制度，坚决、严厉地铲除那些可能对企业产生致命后果的恶劣行为。同时要建立有效的容错激励机制。

宽容的容错机制是约束作用的重要基础。敢于容错是有自信的约束，要能够准确判断哪些是主观恶意、哪些是在创新之路上的必经阶段。良好的容错机制，能够在激发创造力的同时，让员工更加认同企业文化价值观，把外在的制度约束转变为内在的自我约束。

约束作用主要表现在两个方面：

第一，规章制度的约束，企业制度是内部法规，普通员工以及高层管理者都必须无条件遵守，从而有效约束。

第二，道德规范的约束，是从伦理角度形成自发自觉的约束，一旦违反，大环境乃至舆论场会自发自觉出现约束氛围，产生教育作用。要实现对负面行为的约束，仅仅依靠规章制度和行政手段远远不够，还需要发挥道德规范的软性功能。

优秀的管理团队，首先应该是自律的团队，习惯性地进行自我批判和反思，这个过程就体现出企业文化在管理塑造中巨大的约束作用

【经典案例 35】

任何一个组织发展到一定规模，尤其是高层干部位高权重之时，都有可能滋生出“山头主义”“腐败”和“惰怠”的毒瘤，如果不及时发现和割除，就会危及企业的发展甚至生存。任正非敏锐地警示华为的全体管理者：没有什么能够阻挡我们前进的步伐，唯有我们内部的惰怠与腐败。为此，华为在高层干部管理机制中，创造了轮值 CEO 模式、EMT 团队自律机制。

轮值 CEO 模式，即公司的几位常务副总轮流担任 CEO，每半年轮值一次，负责提出经营决策议题、主持经营决策会议。这个制度一是可保持决策体制的动态平衡，二是可集聚集体智慧，以适度的民主 + 适度集权的组织机制，从体制上制约了“山头主义”。使得华为的领导核心稳定不变。

干部自律机制：以 EMT 团队自律宣言为符号和抓手，制度化地防止腐败、自私和得过且过的弊端。2007 年，华为通过了 EMT 团队宣言，并要求两年内公司所有管理成员都要申报并厘清与供应商的所有关联，以制度化方式自查自纠，并接受员工监督，严格执行、检查。使管理团队不想腐、不敢腐。

自律宣言承诺：

（1）高级干部的合法收入只能来自华为公司的分红及薪酬，除此之外，不能以下述方式获得其他任何收入：①绝对不利用公司赋予我们的职权去影响和干扰公司各项业务，从中谋取私利，包括但不限于各种采购、销售、合作、外包等，不以任何形式损害公司利益。②不在外开设公司、参股、兼职，亲

属开设和参股的公司不与华为进行任何形式的关联交易。③高级干部可以帮助自己愿意帮助的人，但只能用自己口袋中的钱，不能用手中的权，公私要分明。

（2）高级干部要正直无私，用人唯贤，不拉帮结派。不在自己管理范围内形成不良作风。

（3）高级干部要有自我约束能力，通过自查、自纠、自我批判，每日三省吾身，以此建立干部队伍的自洁机制。

精准执行制度体系和激励机制、细节决定文化成败，使企业文化在管理塑造中的约束作用能够发挥得更大。当组织规模越来越大的时候，职业化的管理与严谨的行为规范相结合，才能真正使文化具有行为惯性。

企业文化在管理塑造的约束作用中，把小事情按照大事情的标准做是重要原则。仍然以华为为例，华为在推行职业化管理后始终坚持“放置水笔时笔尖朝下”等行为规范；员工用餐排队都是一字长龙、秩序井然；每个部门下班之前“过五关”：关灯、关电脑、关门窗……华为内部曾经做过统计，通过加强随手关闭电源的习惯，每月可节约电费十几万元。由此可见，细节文化在管理塑造中的巨大约束作用。

3.4　跨文化的管理塑造与融合

随着中国经济的全球化发展，跨文化的管理塑造和整合成为众多企业需要面对的课题。这其中，尊重彼此的文化差异、在管理和文化整合中寻求突破与共识，是其中最重要的原则。在这个原则下，高层驱动，国际化蓝图的绘制与导入，从细节推进，在文化融合中寻求管理突破等，都是非常重要的工作内容。

【经典案例 36】

当联想宣布收购 IBM 个人电脑业务时，很多人无法想象一个中国企业收购一家规模比自己大三倍的庞然大物的场景。但这次收购却是联想国际化进程中的关键战略，成败直接关系到战略是否能够得以实施。

并购完成三年之后，联想与 IBM 原有文化和管理体系融合的任务并没有完成，团队的凝聚力由于不同的文化冲突受到影响，由于对于造成分歧的文化差异缺少深入研究，高层管理者之间时常互相指责对方阻碍了公司的发展。中国同事固守以前的流程和原则，而西方同事又带来了新的工作风格和方法。当时大家的想法就是："反正我也没有看到更好的方法，为什么要改变呢？"结果自然是一片混乱。

面对这种状况，联想开始在新的环境下寻找更好的方法，试图采取行动，拥抱变革。

第一，从细微之处进行文化融合。从办公室的设置，甚至到卫生间的设备调整，都开始兼顾东西方的文化需要，办公区域引入了品牌咖啡店，在商务会议上安排自助的茶水服务和咖啡服务，从打破"典型东方"的印象开始，兼顾东西方文化的不同，从而激发公司内部开始进行变化。

第二，制定行动手册。把根本性的文化问题放在研讨会、圆桌会议、员工评价和高层季度考评中进行研讨。人力资源团队设计了定制化的讨论项目，以及适合联想的工具和方法。为了帮助员工加深对彼此的理解，起草了专属于联想的行动手册。

文化融合过程，需要建立信任的氛围，才能影响成千上万的员工的想法。在科学化、系统化推进的过程中，还要借助那些乐于拥抱变化的骨干员工，引发更为深入、广泛、全球化的改变。对于信任缺失、低速低效、战略不统一的问题需要有具体的行动和应对措施。联想开始从管理行为入手来推进文化的融合。

第三，重新定义多元化，使大家达成共识。从高层开始推进，在创造"共同语言"的同时，鼓励大家以不同方式思考。随着多元化的重新定义，联想的视野更加开阔，承认个体具备的独特性，尊重每一位员工的经历、思维方式、工作经验和专业技能。新的文化包括了"共同的价值、信念和行为"，让全员有效融合，高效协作，减少分歧，建立全新的思维模式和全球文化，指引公司的发展方向。

第四，确立核心价值观。在建立共同语言的基础上，提出新的核心价值观，努力融合 IBM 和联想的共同价值观和价值准则。公司的全体高层都参与了整个流程，经过艰苦卓绝的努力，最终确立了四大核心价值，其中前三条是在研究联想和 IBM 历史基础上提出的双方共同的信仰，也是两个企业融合在一起的重要原因，在这个基础上，加入了第四条价值观：

（1）成就客户。

（2）创业创新。

（3）诚信正直。

（4）多元共赢。

高效的文化可以激发追求成功的热情，也是快速适应变化的能力，这些核心价值观就是高效文化的基础，推进了新的管理理念形成。

第五，领导力打造。在核心价值观的基础上，联想开始从高层驱动文化变革。首先从管理理念和管理项目流程改造开始。联想成立专门项目小组，最高层领导亲自出马，承担整体责任，提供行动支持，审议项目方案。项目小组下面，成立了多个文化行动小组和管理改进小组，根据文化审计的结果进行分组，每个小组由一位高层管理者牵头，负责处理一个公司亟待解决的问题。

每个小组都要提出明确的建议和详细的行动计划，由业务部门与人力资源部门共同完成，确保提出的计划都能得到有效实施。此后，人力资源团队开始频繁地出现在高层会议上，充分体现了公司高层管理者对企业文化的重视。

第六，关注细节，相互尊重。所有的管理建议都必须明确可行。比如，除语言障碍外，节假日也带来了很大麻烦。美国同事觉得中国同事不尊重西方的重要节日，在复活节还要安排出差，而中国同事根本不知晓复活节在西方的重要性。于是联想人力资源部制作了一张适用于全球的日历，标注了包括春节、圣诞节在内的各国节日，员工都可以通过这张日历，发现何时不适合召开重要会议。直到现在，联想同事也会尽量避免在节假日发送工作邮件。在尊重多样化的同时，也确保了所有同事都能在方便的时候参与重要会议。

物理距离和时差，也使文化整合工作变得更复杂。联想进行中美远程会议大多在美国时间的上午，也就是中国时间的晚上开始，中国同事就只能在家参加会议，由于语言水平有差距，所以无法完全理解会议内容，使得会议效果不理想。如果把会议时间调整一下，在美国的晚上，也就是中国的上午时间开会，情况就会好得多，中国同事可以在会议室共同对会议内容进行讨论，使会议内容更加明确。为此，联想专门制定了海外电话会议礼仪。

在复杂的文化整合过程中，新的文化价值观会在第一时间影响管理理念的变革和管理流程的重组，而更新的管理理念和优化的管理流程又反过来有力地帮助解决文化整合过程中出现的问题。联想通过跨文化的企业重组，对企业文化与管理理念塑造之间的融合与相互作用，进行了完美诠释。

第二篇

企业文化管理之法：发展与策略

- 搭建由内而外高度统一的文化结构
- 在传承和发展中推进企业文化变革
- 把握与战略和社会协同的文化规律
- 制定与管理和专业共生的文化策略

4 第四章 企业文化的层次与结构

理解企业文化内容的一种更好的方式就是，我们要意识到企业文化存在于不同的“层次”上，并且我们还必须更好地理解和管理那些较深层次的文化内容。

——埃德加·沙因

随着企业的成长和发展，企业文化也在不断积累，聚合提炼成功因素形成了整体模式，构建出内在的结构和层次。

自然界的任何物种都存在个体多样性，但其生命本质或本源却是客观和唯一的。企业文化也是如此，厘清企业文化的本质结构和层次，能够帮助管理者把握基本规律，深刻理解企业文化的本质，更好地管理企业文化的内容和发展逻辑，让企业文化的落地与执行的思路更加清楚、策略更加有条理。

4.1 企业文化的三个层次

“企业文化理论之父”埃德加·沙因曾经在《企业文化生存与变革指南》中指出：理解企业文化内涵时面临的最大危险就是把企业文化想得过于简单。一提到企业文化，就只想到企业的做事方式、礼仪仪式、内部氛围、激励与薪酬体系、表述的价值观等。其实，这些都是企业文化的外在表象，并不是企业文化实质。

我们要意识到企业文化存在不同的层次，是逐渐由外在可视水平向内隐的不可视水平过渡的。

沙因认为，企业文化可以解构为以下三个层次：

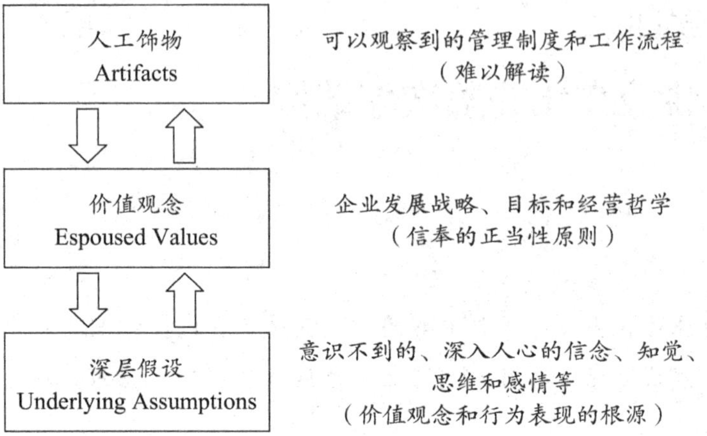

图 4-1　企业文化的三个层次

4.1.1　第一层次——人工饰物表象

这是企业文化中最常见的内容，表现在企业的建筑风格、内部环境、人际氛围特点等方面。尤其是员工对待外部客户以及彼此间的相处方式，往往能够让人对该企业的文化有直观深入的感受。

【经典案例 37】

在美国 DEC 公司（美国数字设备公司）中，员工之间经常开会讨论，办公区域看不到围墙或关着的门，员工衣着休闲，企业从内到外都能够直接让人感觉到工作的紧张感和快节奏。

而在另一家公司汽巴—嘉基公司中，一切都是非常正式。办公室大门通常都是关着的，员工之间不会高声交谈，穿着也很正式，能够明显感受到工作的谨慎与慢节奏。

当一个外人面对这两种完全不同的公司文化风格时，可能会很快选择喜欢其中哪一家；也会明显感觉到这两家公司有着迥异的企业文化。其实人们在这个时候所感觉到的只是这两家企业不同的工作交往方式和人际交往规则，但这些不同的表现背后表明的是怎样的价值观，可能并不为人所知。

从这里可以看出，企业文化往往在人工饰物这一层面体现得非常明确，而且具有快速的情绪影响力。但为什么会出现不同企业的人员遵守不同的交往规则和行事方式，又为什么会形成现在这样的组织结构，其背后的文化成因，人们可能往往无法真正了解，这就必须对企业文化进行更深层次的探讨。

4.1.2　第二层次——表达的价值观

对企业文化更深入的解读，就要了解价值观，以及为什么这种价值观会形成这样的行为准则等更多的内容。每家企业都有其特定的价值观，正是这些价值观造成了因文化差异而导致的行为风格的迥然不同。

仍以 DEC 公司和汽巴—嘉基这两个公司来做一个比较分析。

【经典案例 38】

DEC 公司文化观倡导员工信奉团队合作，要让每位成员都充分发表自己的观点并争取支持，以做出最好的决策。因此就必须在内部创造便于交流沟通的环境。这些价值观来自企业创始人肯·奥尔森。奥尔森曾一度禁止给办公室装门，就为了创造开放式的办公环境和自由讨论的气氛，使员工能够充分沟通、讨论和交流。

而在汽巴—嘉基公司，则认为未经深思熟虑的决策往往不是好的决策，强调“三思而后行”。因为汽巴—嘉基公司认为技术工作的实质就是严谨的个人研究，而思考是做出好决策的唯一途径。因此，公司的所有会议都非常正式，会议大部分内容也都是已决定的决策以及接下来要完成的任务。

有意思的是，这两个公司的新员工入职时，都会收到相应的公司介绍手册，手册中阐述的企业文化价值观、愿景、伦理规范、管理原则等方面的内容却是惊人的一致。

DEC 公司告知员工，公司的基本价值观包括正直诚信、团队合作、客户导向、产品质量等。而汽巴—嘉基公司也同样提倡客户导向，重视团队合作、产品质量以及正直诚信。

在价值观上有如此相同内容的两家公司，为什么会有迥异的工作风格和行为准则呢？DEC 公司是典型的扁平化、网络型企业结构，而汽巴—嘉基则带有鲜明的“控制—命令”型的管理特点。他们倡导的价值观与企业实际的管理导向真是匹配的吗？

对比两个公司，我们会发现，仅仅从行为表现、制度准则、价值观描述上看，往往与人们感受到的文化特征有着说不清道不明的差异，这就必须对企业文化进行更深入的分析挖掘。

文化特征的背后，还有更深层次的思想和主观意识，可能与企业信奉的价值观一致，也可能从根本上就有所不同，这些深层的不一致，就是造成内容描述相同的价值观，却有着完全相反的工作风格及外在的行为准则的原因。

所以要想真正地理解企业文化，就必须对企业文化更深入地进行第三层次解码。

4.1.3 第三层次——共同默认的假设

这是企业文化的最深层次，它源于企业创始人的潜意识，要想深入其内涵，就必须从企业发展历史入手，分析创始人和关键领导者的哪些价值观、信仰和经营理念，让组织创造了成功并不断复制了成功。

【经典案例 39】

DEC 公司的创始人肯·奥尔森相信，要想做出好的决策并且能够执行，就必须对所有决策进行充分辩论，争取得到大多数人的支持，还要通过强力推行这种方式创造出一系列成功产品。在这样的信仰假设引导下，企业创造了持续成功，于是奥尔森就会吸引并留住那些持有相同信念的人，不断强化这种方式，使企业继续获得成功。这些价值观因此被团队中更多人接受并视为理所当然，逐渐变成团队成员如何取得成功等问题的深层假设，随着公司持续成功和发展壮大，这种深层假设越来越牢固。

肯·奥尔森来自麻省理工学院林肯实验室，他的价值观和经营理念反映了美国的基本价值观，作为行业开拓者，奥尔森更倾向于相互辩论，这是远比权威独裁更好的解决问题的方式，而实验和内部竞争更适合新技术的开发。

而汽巴—嘉基公司的创始人团队是来自瑞士和德国的化学家，研究的领域是染料和农业化学品。与电子工程不同，化学学科更重视等级观念，进行化学实验时必须格外严谨以避免失误和危险。在化学领域，个人创造性思维往往比群体讨论更加重要，在行业中具备丰富经验和知识的研究者更加受到重视和信任。所以，当汽巴—嘉基以严谨务实、执行高效的企业风格创造了市场成功时，就会更吸引那些崇尚秩序、条理严谨的人员加入。在持续成功之后，企业的关键成员理所当然地认为等级分明、尊重秩序、严谨务实是在行业中取得高效运营结果的最好途径。

可见，这两家公司的企业文化形成，与其所在的国家与民族文化特征、创始人的人格特征以及团队成员对成功途径的假设是密不可分的。从中，我们也可以对企业文化更深层次的内容进行解码。

最深层次的基本假设，具有以下特点：

（1）客观性：它是伴随着企业成长过程中的客观存在，只要企业发展的时间够长，就必然会形成自己的基本假设。

（2）功能性：它与外部环境互相作用，在企业发展过程中真正起到作用，甚至有时是企业面对外部挑战的本能反应。

（3）隐蔽性：它基本处于企业成员思想意识的最深处，而且几乎被认为理所当然、不容置疑，轻易不会被人察觉。

（4）广泛性：当这些假设形成以后，企业所有行为都会受到影响，绝大多数成员也会在它的作用下影响着自己的工作行为和沟通方式。

（5）稳定性：一旦形成将稳定发挥作用，而且很容易在新老成员间传承。企业发展的时间越长，成员的共享经历越多，基本假设就越稳定。以至于一般的外部环境和内部的变革都很难影响这种稳定性。

4.1.4 三个层次一致的文化才是真正优秀的文化

只有当表象、表现的价值观和共同默认的假设这三个层面从本质上相对一致时，企业文化内部才会出现和谐统一的状态，从而磨合分歧、激发潜能，真正建立企业的价值观和文化。

所以尽管上述案例中提到的DEC公司和汽巴—嘉基公司，这两家公司在外显的价值观上有许多相似之处，同时又在表象和共同默认的假设上出现巨大的差异，但其实从它们各自的企业文化内部看，这两个文化体系各自在这三个层面上是一致的，且这三个层面又构成了一个相对独立的文化体系，与公司的业务系统、管理系统交相辉映。因此这两家公司都成为世界级的优秀公司，它们不同的文化特点也成为经典的管理案例。

企业的成功，使共同的假设变成理所当然的经验，被员工认可、接受和共享。随着不断成功，这些共同默认的假设将发挥更大、更稳定的作用。

【经典案例 40】

谷歌“有所为，有所不为”的文化是很好的范例。谷歌在上市之初对公众承诺“不作恶”，认为企业文化最可贵的力量在于永远只做正确的、符合道德观的事情。在这样的价值观引导下，谷歌的经营理念中始终把“利润”放在第二位，面对很多投资的游说也毫不动摇。同时在经营行为上，也一如既往地坚持这个理念，因而达到三个层次的高度统一。

相反，有些中国互联网企业在创立之初的规模起点就已经接近世界级企业的水准，但在发展过程中却与世界级企业的水平差距日益拉大，这与其价值观和经营理念产生的矛盾有很大关系，如迫于上市后巨大的利润使盈利主义理念愈演愈烈等，争议不断的竞价排名就是文化层次出现矛盾的例证。

4.2 企业文化的两个维度

埃德加·沙因认为：企业文化就是企业精英团队在共同解决外部生存问题和内部整合问题的过程中，所习得的一系列共同默认的假设的集合。由于这些假设使企业运行良好并创造了企业的成功，所以被精英团队不断传授给新成员，并作为越来越多的成员在解决类似问题时共同的正确方式。这种方式在企业成功不断被复制时，又会不断被强化，最终形成企业特有的文化体系。

企业文化从企业深层次的精神层面发端而来，要想真正落地，必须对三个层面进行梳理，并最终使这三个层面统一起来，共同反映企业的使命和信念。而且只有从根本上改变企业成员心目中共同默认的假设，同时体现到员工的行动上，才算真正创建了企业文化。

4.2.1 外部的环境

一个企业从创始那天起，就要在竞争中找到生存之道，要围绕着“做什么”和“怎么做”这两个问题发展出解决问题的基本假设。

外部生存问题的主要内容就是“做什么”这个问题。要想生存，企业就必须针对使命、战略目标、资金政策、管理系统和组织运营的基本方式、自我评估以及发现目标偏离时的纠错方式等发展出一系列的文化假设。尤其在初创时，这种假设会迅速形成，之后就会渗入商业运营的逻辑之中，通过不断成功实践得到强化，逐渐形成基于这些基本假设而形成的信念，使团队共有思维模式深入人心。

一、使命、战略和目标

为了解决面对外部环境的生存问题，企业势必在企业文化所提供的深层假设基础上形成鲜明、有竞争力的战略，并且找到推进战略的方法，在企业文化使命的引导下，通过战略实现，完成企业的发展任务。

强有力的企业文化，一定要对战略发展起到指导和引领作用，这就需要清楚地看到外部环境对企业究竟有什么样的要求，真正建立起优秀的企业文化体系。同时，企业文化还要对外部环境保持高度的敏感，有前瞻性地看到环境的变化和趋势。当企业文化具有前瞻性的时候，也是这个公司充满经营智慧，迅速发展成为行业领导者的时候。当文化滞后于环境要求时，也就是公司战略落后于市场的时候。

【经典案例 41】

仍然以 DEC 公司为例，DEC 公司成立于 1957 年，是世界最早的计算机科技企业，曾经被誉为“世界著名的成功企业之一”。在成立之初，就形成了“为拥有科学头脑的用户提供高效交互式计算服务，向世界展示计算机的强大性能”的使命。在 DEC 公司的高速成长期，这些战略目标决定着其产品策略、目标客户定位、产品价值以及质量标准的制定。当公司的管理者和员工都开始认为这一切都是理所当然的时候，这些观念就变成了企业文化的一部分，在员工心中深深扎根。这种文化使 DEC 公司在与 IBM 公司竞争过程中多次赢得先机。

然而，当计算机技术革命快速到来时，DEC 公司面对市场突变仍然恪守过去的经验和价值观，没有敏锐地意识到环境的变化从而及时调整多年倡导的内部竞争文化。由于公司内部工程师各自都有“势力范围”，并坚信自己的产品如果能够在内部竞争中成功，就一定可以赢得市场。于是，DEC 公司的三个工程师分别开发了三种推向个人计算机市场的机型。当时奥尔森和管理层都认为这三种机型无论产品技术和价格都不适合市场推广，却无法说服工程师们改进产品。因为在 DEC 公司的企业文化中，以命令的方式要求改变项目是行不通的。最终，这三款机型都无一例外地失败了。最终 DEC 公司也因失去市场而最终被康柏公司收购。

基于“如果不能做出清晰、明确的内部决策，那么就让市场来决定”的文化信念的引导，DEC 公司倡导内部竞争，希望通过市场告诉大家哪种才是最好的产品。这种策略使 DEC 公司曾经获得了巨大的成功，当外部环境发生变化，这种理念和策略不再适合外部环境要求的时候，也并没有人对此提出质疑。正所谓“成也萧何，败也萧何”，如果不能够适应外部环境及时调整，当年企业成功的原因，也很有可能变成危机的根源。

因此，企业文化在推进的过程中，一定要始终反思这些问题：

（1）企业的核心使命到底是什么？为什么会是这样的核心使命？企业又是通过什么来证明自己存在的意义和价值的？

（2）企业的战略和目标是如何与企业的使命相匹配的？

（3）企业的这些战略和目标是怎样得来的？是基于严谨科学的经营逻辑推理？还是部分取决于企业创始人或领导者的信念与偏好？

对这些问题的答案的追寻，也正是企业文化面对外部生存问题需要时进行深刻反思的过程。

二、方法：组织结构、系统和流程

这三个方法是企业实现战略目标的重要内容。

企业组织结构和工作任务以及企业所处环境条件之间互相适应的程度，创造了对组织进行怎样管理的共同默认的假设。

在企业创始阶段，文化对组织结构有很大的先导性影响。企业最初的组织结构，往往体现出了企业文化的内在特点，也折射出了企业创始人或管理团队的品格、创业理念、经营哲学，成为企业文化的实施载体。

在企业的积累发展阶段，企业文化与组织结构互相调适、彼此推进。进入稳定期后，企业文化决定了组织结构的最终形成。不同的企业，具有不同的文化特点，也就有了结构的差异。

但同时，企业组织结构不仅要适应企业文化的要求，同时也会对企业文化产生反作用。企业在面对外部生存问题时，自身的完善和发展是首要前提，当组织结构与企业文化相互适应时，企业内部的凝聚力就会增加，内部潜力会得到激发，从而推动企业业务运营的发展。企业文化也会在一个被激活的、运转顺畅的组织结构中得到强化和传承。

而系统和流程，则是企业成员在现有结构下形成的与之匹配的工作方式和工作机制，同样受到企业文化的影响，同时对企业文化起到反作用。

【经典案例 42】

诺斯罗普公司是一家大型的航空航天公司，以平等主义的制度为鲜明的文化特点，因此内部只有很少的管理制度和管理层级，组织结构扁平化。但是在公司位于洛杉矶的总部，却体现出层级众多、管理刻板、职位等级意识非常强烈的特点，甚至内部拥有三个不同级别的餐厅供不同层级的管理人员用餐。此外，这里员工的着装、行为举止以及严格打卡上班等的规章制度不仅繁多而且复杂。公司总部之所以会发展出与公司整体完全不同的亚文化，是因为公司最重要的客户是五角大楼，而五角大楼军方工作人员习惯的身份、着装规范、严格的等级制度、明确的权限管理等文化环境，造就了这样与众不同的亚文化的出现。

而在诺斯罗普其他地方的工厂，则形成了一系列完全不同的工作理念：所有员工都必须具有高度的团队合作精神，彼此互相信任。工厂没有考勤机；工作时间根据工作任务而定；在招聘时优先考虑现有员工的亲属，因为这样更容易建立起平等和信任；员工的身份和地位与行政职位无关，主要取决于他们的知识和技能水平等。

这些差异，是源于工作任务和内容本身的要求，同样也与所处的环境息息相关。这说明在实现共同的战略目标下，企业内部可以有不同的工作方式和亚文化。只要它们在基本假设的层面是趋同的，在战略目标和文化价值观上是高度一致的。

每一个成功的企业都会发展出独特的工作方式、管理机制和流程，创建高效运作的控制系统，随着这些系统、流程不断地发挥作用，将逐渐成为工作当中正确的行为方式，在员工心中扎根并固化。

三、评估：错误检测及修正系统

企业对自身的文化进行诊断、评估，以便能够检测偏差并及时修正，这与企业文化最深层次的默认假设也是相关的。

企业为了完成外部生存任务，就要对所处的环境和各种信息进行收集和解读，从而发展出各种方法以了解外部状况和内部的匹配度，包括：财务指标、市场状况、品牌知名度和美誉度、内部员工的敬业度与满意度、离职率、员工士气等指标。每个公司都会发展出自己独特的方法，一旦取得成功，企业成员就会相信这些方法是正确的。

4.2.2 内部的融合

企业文化在面对外部生存环境挑战的同时，更要聚焦内部的人际关系，沟通与互动、激励与奖赏、团队合作以及影响工作氛围和效率的各个方面。内、外两个维度对企业文化的形成、建立、推进起着交互的作用。内部的融合包括以下几个方面。

一、共同的语言和概念

群体成员间共同的语言习惯和思维方式是企业文化最突出的表现。员工要顺畅地进行工作，就要清楚地了解并接受工作中应该采用何种表达方式、怎样理解工作伙伴输出的信息等。一个新员工进入一家企业后，需要相当一段时间的适应，才能实现高效的工作，层级越高的员工需要的适应时间也会越长。因为面对一个新的、不了解的组织，会有很多陌生的行为规范、工作方式、思维方式和行为准则，这些都必须经过尝试、实施和试错之后才能掌握并接受。

【经典案例 43】

在 DEC 公司，“真正的工作”被定义为需要就工作问题与他人争辩并努力争取支持、获得认同，从而争取实施的资源。而汽巴—嘉基公司，真正的工作则意味着个人的独立思考和独立解决问题。DEC 公司的管理层曾经做过这样的决定，为了加快员工文化学习和融入的过程，特别为新员工安排了一系列名为“新兵训练营”的活动。新员工和老员工被安排在一个封闭的营地，同培训导师一起培训数天，老员工向新员工阐述企业文化的意义、内涵，帮助新员工理解企业文化，而新员工则会反馈在新工作环境下的困惑，向老员工咨询和求教。

二、群体边界：内部人和外部人

所有组织都会有各自的一套确定其成员身份级别的方法。随着对公司了解的深入，新员工将更多参与公司的事务从而获得组织接纳，当新员工得到充分信任时，就能够了解到更多的潜在信息，这样的过程也意味着员工有义务对公司更加忠诚、更努力地工作、为公司投入更多、与更多人一起保守这些“秘密”等，这也是企业文化的一部分。

三、关系、层级和权威的定义

不同企业对权威以及亲疏关系的理解会有所不同，有些企业会倡导平等，力求缩小上下级之间的心理距离。而在等级严格的企业，等级制度则是权威的表现机制，不鼓励越级沟通或挑战上级。

此外企业人际关系的开放程度也会有很大差异。有些企业倡导员工对任何事情都保持开放，但更多的企业会明确规定哪些事情可以做，哪些事情不能做，以及在上下级沟通中应该遵守什么样的沟通规范。

【经典案例 44】

任何一家企业对员工关系程度的要求，都来源于企业文化的影响。Apple 公司的员工在共同开发、完成一个项目时，彼此的关系非常密切，但一旦项目结束，这种亲密的关系也就随之终止。但 HP 公司的情况却正好相反，同一个项目级成员之间的友谊一旦建立起来，就会一直延续，哪怕是离职之后，也会保持很好的友谊关系。

四、报酬和地位

每个企业都会有自己的报酬和地位分配系统。其中增加报酬和晋升是激励的常见表现形式。但在不同的企业文化下，对报酬所起到的激励作用的理解也会不一样。有些企业会认为获得职位晋升和增加薪酬是最重要的激励资源。而有些企业则会把指挥千军万马当成激励的手段之一。

员工在不同的企业文化下，也会受到影响，认同企业文化所倡导的激励导向和方式。激励报酬的导向，应该跟企业文化的导向一致。通俗地说，就是：企业希望拥有什么样的员工、出现什么样的行为，那就要公开地对这样的员工标杆和行为标杆进行奖励。

4.3 从显性到隐性的文化结构

企业文化从表现形式上可分为显性文化和隐性文化。显性文化是隐性文化的载体，没有这个载体，隐性文化会变得隐晦，无法起到应有的作用。

4.3.1 显性文化

企业文化中的精神信念是隐性文化，一旦通过物化形式表出来就成为显性文化。显性文化是人们能够通过直观视听器官感受到的、符合组织文化实质的内容，表现在企业文化的表象层面，包括企业文化标识系统，工作场所及环境，规章制度，以及运营管理过程中所有外在行为表现等。

（1）组织标识就是以标志性或者图示的外化形态，突出表现企业以及企业文化最鲜明的特色，重要作用就是使自己与其他企业明显区别开。例如，Logo及标识系统、商标、组织标志性建筑等。

（2）工作环境是指企业的工作、生产、经营、休息的场所设施等。

（3）规章制度是与企业文化、激发积极性、自我管理等内容有关的制度，企业运营的其他制度也会受到企业文化的影响。

（4）经营管理及工作行为是企业进行所有对外经营和对内管理的具体实施系统和行为系统的总和，是企业经营哲学、价值观念、道德规范的直接体现。基层员工的工作行为体现了企业文化的最基本素质和平均水平。

【经典案例45】

企业中的基层员工行为体现了企业文化的最基本素质和平均水平。一般情况下，员工体现出来的企业文化就存在于平时形成的认知和习惯中并通过行为表现出来，这种认知和行为具有一致性。员工大多是依照企业已经形成的文化习惯来进行各种活动的，如一个企业开会时总有人迟到，为了等参加会议的全体成员都到齐，就要不断推迟开始时间，久而久之就会形成开会不准时的惯例。所以每个人都会晚几分钟去，因为他们知道会议肯定不会准时开始。

显性文化是外界认识和了解一个企业的开始，也是人们可以直接看到、听到和感受到的内容，也是人们对一个企业的文化进行判断、总结的最主要的层面。

4.3.2　隐性文化

隐性文化是隐藏在文化“冰山”之下的大部分内容，通过显性文化表现其内在的特点。隐性文化是组织文化的根本，也是其中最重要的部分，包括了企业的经营哲学、价值观念、道德规范、组织精神等多个方面。

（1）经营哲学是企业成员对世界事物的共同看法，也是企业文化中最高层级内容，主导、制约着组织文化其他内容的发展方向。

（2）价值观念是人们对客观事物的所有评价活动的根本观点，包括组织存在的意义和目的，组织各项规章制度的价值和作用，组织中人的各种行为和组织利益的关系等。

（3）道德规范是组织在长期的生产经营活动中形成并自觉遵守的道德风气和习俗，包括是非的界限、善恶的标准和荣辱的观念等。

（4）组织信念是指企业成员共同的心理定式和价值取向，是对经营哲学、价值观念、道德观念的高度概括，反映企业成员的共同追求和认识。

4.3.3 隐性文化的显性化

隐性文化要通过显性文化起作用，而显性文化则要反映出隐性文化的本质和要求。隐性文化是稳定的、不易被觉察的、不易被外界所改变的。而显性文化却是企业文化中最多变、也最容易被扭曲的部分。

隐性文化本质上是企业大多数人心中的共识，影响着企业成员的日常工作行为和习惯，企业成员会自然而然地依照习惯进行管理活动和经营活动。

在一般情况下，文化是隐性的，存在于人们的习惯和认知之中，当它通过工作行为和管理行为体现出来，就是隐性文化的显性过程。

在隐性文化显性化的过程中，需要引起企业家格外注意的是"管理黑洞"现象，它是成功企业在历经快速发展过程后，出现的很多好的理念和做法，会把公司带向成功。但是，这些做法经过长期复制，在面对外部变化时，没有及时修正，逐渐形成了不被察觉的管理陷阱，这些管理陷阱使现行管理体制发生了扭曲，当外部诱因突然出现时，就会在短时间内形成管理黑洞，暴露出内部组织的管理问题，导致战略错误，出现危机。

"冰冻三尺，非一日之寒"，显性文化一定是在隐性文化的积累过程中形成的。显性文化的作用是让企业"正确地做事"，而隐性文化就是要让企业"做正确的事"。

4.4 从精神到物质的文化系统

企业文化是复杂的有机体，包含着许多相互依存又相互作用的诸多要素。认清这些要素在企业文化中的不同作用和地位，就有了去伪存真的利器，敏锐地识别企业发展过程中遇到的似是而非或错误模糊的观点，找到解决和修正的办法。

4.4.1 企业文化的四个层级

霍夫斯坦德在《跨越合作的障碍——多元文化与管理》一书中认为，企业文化由物质文化、制度管理文化、行为习俗文化、精神意识文化四个方面构成，企业文化的体系可以剖分为物质、制度、行为、精神四个层面。

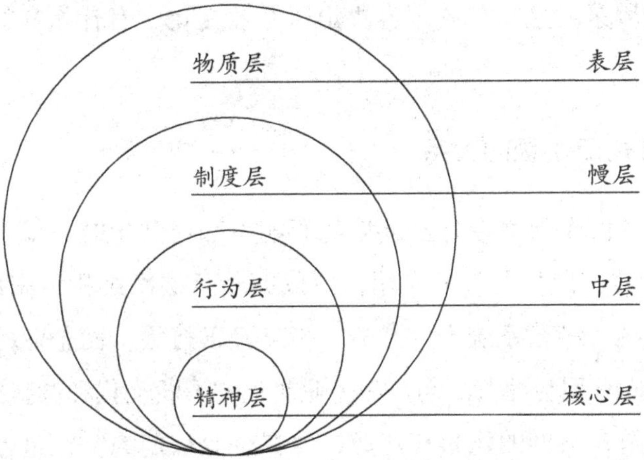

图 4-2 企业文化的层级

我们开始了解一个企业，是由其外在形象开始，如名称、商标、产品、品牌、办公场所等，这些形象所表现出来的就是企业文化的物质层，是企业文化最外显的形象部分，这部分也是最容易改变和扭曲的部分。

再向内是制度层。企业所有的经营活动都要求有制度作为保障，才能正常运转。制度层面几乎涉及企业运作的各个方面，最主要的功能是激励和约束，告诉员工什么能做，什么不能做，从而保证企业运营的正常进行。

然后是行为层，其内容是通过企业成员的工作行为展现出来的，如产品质量、服务行为水平、合作关系等，与企业文化的核心和本质非常接近，直接反映了企业经营的风格特点和精神面貌，是企业精神和价值观的折射。与企业文化的理念导向有着直接的互动关系，而且彼此互相影响。

过往的企业文化理论中认为制度层面比行为层面更接近企业文化的核心，但新的研究发现，行为层面应该比制度层面更接近企业文化的核心。

制度所规范的准则是静态的，只有当员工内心认同这样的规定，才会表现出真正达到预期效果的行为，甚至比制度规范要求更优秀的行为。行为层是动态的，行为背后是员工对企业文化真正的认同，从而从内心对自身行为进行约束和要求，这种行为虽然是在制度行为拟定的标准框架下，却更深刻地表现出企业文化价值观的作用。

企业文化最核心的层次是精神层，是核心价值观层面，反映了企业对自身存在和发展的意义的理解，是企业文化中最本质的部分，也是企业文化结构中最稳定的因素。这部分的内容决定了企业文化中有什么样的行为、制度和外在表现。

4.4.2 文化四层级的关系

企业文化的四个层面在外部环境的影响下和谐共生时，就会对企业的发展产生自我推动、自我调节的作用，形成完整且层次结构清晰的文化体系，对企业管理系统、经营系统产生影响，指导经营行为。而企业的成功又会反过来强化内部的管理与经营活动，为企业文化的不断优化和调整提供依据。

企业文化重在长期的积累和建设，要在企业长期的实践过程中不断自我完善和创新发展。企业也需要根据现实状况，构建具有自我调适能力的文化系统，使企业文化与管理和经营相辅相成，使企业文化真正成为有生命力的、不断进步与完善的生态发展系统。

【经典案例 46】

在 2017 年下半年，万达集团出现了裁员风波。由于其电商业务在开展了 5 年后依然巨额亏损，万达决定进行组织结构调整，导致员工出现不接受的

“抵制”行为，引起了媒体的关注。

企业在快速发展过后，很多内部组织管理问题会逐渐浮出水面，而裁员只不过是最激烈、最直观的表现方式。万达强大的执行力管理，曾经把公司带到成功的巅峰，但在外部环境复杂快速的变化后，由于没有及时调整，从而形成“管理黑洞”并对经营造成困扰。

首先，互联网思维提倡“快速试错”，而这与万达自上而下高度集中的管理体系相悖，导致新成立的电商公司快速决策、快速调整的工作策略无法推进，从根本上无法适应电商的营销节奏和速度。

其次，强KPI制度使集团内部现有的高绩效板块不愿意与万达电商配合，因为如果不支持新业务，最多是被责备，但如果自己的KPI完不成就可能直接被开除。因此，新兴的电商板块无法得到内部的有效支持，最终陷入困境。

最后，高效的执行变成阻碍发展的桎梏。曾被当作商业地产楷模的万达执行力，却因过度强化执行，使所有人绝对服从现有制度，因而出现阻碍创新、关键人员流动率高、忽视外部风险的弊端。因为绝对地服从和执行，就意味着更少的思考和创新，意味着对重大决策缺少反复论证可行性的谨慎。

5 第五章 企业文化的历史与发展

无论是持久的成功还是突然的失败，都折射出这样一个定律：文化的凝聚力在企业经营成败上起着相当重要的作用。当文化能够满足环境要求时，一切皆大欢喜。当环境在变化但过时的文化仍然“固执己见”时，组织必然失败。

——特伦斯·迪尔、艾伦·肯尼迪

VUCA 时代，组织变革和转型已成为常态，在充满不确定性的状态下面临转型和变革要求时，许多过去曾被证明有效的方法，在今天却失去了作用。

当我们从组织战略和组织行为学的角度都无法找到上述问题的实质时，不妨把目光投向企业文化的塑造，把文化与组织行为紧密关联，从其发展的不同阶段所呈现的特点，分析对战略和经营产生的作用，找到变革的方向，指导企业的发展。

5.1 改革开放后的中国企业文化发展

中国改革开放后四十年的企业发展史，基本上可以分为两个阶段：

20 世纪 80 年代至 90 年代初，经济改革带动了一大批新兴企业的蓬勃发展，这些新兴企业大都以投机的模式抓住市场机会，却只靠粗放、落后的方式进行管理，缺少明确的经营理念，那个时候涌现的企业，持续发展到今天的已寥寥无几。

这与当时的政治、经济环境都有密切的关系。当时的主要任务是搞活经济，通过发挥民间企业的创造力，挽救已濒于崩溃的国民经济，相对忽视了规范运作和有效监管，以及社会道德和社会文化的建设等。当时的企业家更多是凭胆识、魄力和直觉进行经营。企业内部缺少规范的管理制度、先进的经营管理理念，更无从谈起使命与愿景。这种环境下，不少企业往往在造就了奇迹般的经营神话后，却在面对某一次重大危机时就轰然倒塌。

【经典案例 47】

南德集团就是典型例子。20 世纪 80 年代初，南德集团创始人牟其中以 300 元起家，凭借敏锐的直觉和胆识在商品匮乏的年代，完成了最初的原始积累，在 1989 年创造了当时轰动全国的用滞销罐头与苏联换取飞机的神话。直到今天，依旧是一个天方夜谭般的故事。

当时苏联严重缺乏轻工业、食品等生活用品，而同时期的中国由于经济结构不平衡，导致大量轻工业品积压，牟其中偶然得知面临财政危机的苏联准备卖飞机，但是找不到买主的信息时，非常兴奋，于是四处打听，得知刚成立的四川航空公司急需大型客机，于是便上门洽谈。经过不断说服和协调，川航决定购买 4 架图 -154 飞机。牟其中又说服当时严重缺乏食品和轻工业产品的苏联不要现金，以直接易货方式用中国的轻工业产品换购飞机。这中间，牟其中巧妙地利用了时间差，在第一架飞机到达后，立即将这架飞机在银行作抵押贷款，然后将贷款付给国内厂家，厂家通过贸易公司发货给苏联。整个贸易过程南德集团一分钱没出，却赚了一个多亿元的利润，从此牟其中和南德集团名声大噪。

但在此后的经营中，南德集团却提出了一系列不切实际的商业构想，在极度缺乏社会责任感基础的经营理念的引导下，最终风光不再，从此衰落。

南德集团也许代表了当时中国企业典型的经营方式，市场开放初期，到处充满机会，于是胆识魄力就成为当时企业经营的最重要的因素之一，但对于企业所需要承担的社会价值和社会责任，却极度缺乏认识。

第二个阶段是 20 世纪 90 年代初至 21 世纪初，随着全球化经济的到来和跨国企业带来的管理方式和经营方式的影响与冲击，要想在激烈竞争中占有一席之地，就必须依靠实力提升，于是技术创新、管理规范成为经营管理的重点。企业家们很快意识到，只有从宏观价值观上让每个员工达成共识，明确努力的目标和方向，才能真正具备发展潜力，这其中企业文化的作用无法估量。

【经典案例 48】

当时出现了诸如长虹、海尔、康佳、联想、新希望、TCL、美的等一大批建立了自主品牌且拥有成功管理经验的企业。企业家们也发现，高境界的价值观指导，能够使企业文化更具使命感和清晰的目标，提升经营业绩，从而使企业具备长期发展的能力，于是开始越发重视企业文化的建设。

进入 21 世纪，随着互联网技术的发展和全球金融格局的变化，中国企业进入了从产品竞争转入价值链竞争的阶段。全球化的产业与技术整合、知识与资本的整合，给企业带来了前所未有的挑战和机遇，也同样面临着在不确定环境下进行变革的巨大压力。

具有前瞻性的优秀的企业家们以敏锐的目光，思考着中国企业的全球化战略，寻找新的经营模式和管理方法。涌现出了诸如华为、阿里巴巴、腾讯、京东、百度等一大批拥有新技术、新理念的优秀企业，不仅拥有知名企业价值品牌、先进的管理模式，更重要的是拥有独特而优秀的企业文化，因而在资本市场和消费者市场具有较高的号召力。

这些优秀的企业家最重视的不仅仅是经营机会、产品机会，而是企业文化的塑造和贯彻实施。他们从各个方面不遗余力地塑造着企业文化，不断提升着企业发展的核心竞争力。

5.2 企业文化的发展历程

企业文化不仅是企业管理的重要课题，更是社会文化的子系统。通过对企业文化的研究，可以把企业的发展放到社会生态环境中进行综合分析，从价值观、使命感和社会责任感的角度，更好地反思和指导企业的经营活动。

5.2.1 “二战”后企业文化的兴起与发展

企业文化理念的源起是在“二战”后，日本经济发展的奇迹引起了美国企业管理学家的注意和研究，从而成为企业管理的重要课题。

第二次世界大战之后，日本国内经济凋敝，几乎陷入绝境。20 世纪 50 年代，日本百废待兴，引进美国现代化的管理理念和管理方法，在 60 年代经济开始起飞，70 年代平稳度过两次全球性石油危机后再次取得经济高速增长。到了 80 年代，已从昔日的战败国成为世界第二的经济强国，到了几乎可以与美国经济相抗衡的程度。

快速发展的经济奇迹令全世界瞩目，也带给美国强烈的震撼。美国不得不重新审视世界经济格局中日本的企业管理特点和经济起飞的原因，迅速形成对企业文化的专门研究。

研究发现，美国企业无论在技术设备、经济实力，还是在人员素质、管理水平上，都要优越于日本企业，而日本企业却能够在战后短短几十年间，在全球的经济市场与美国企业展开激烈竞争和较量，这其中最主要的原因，不是资本也不是管理，更不是技术，而是企业文化的巨大作用。

【观点 2】

美国学者特伦斯·迪尔和艾伦·肯尼迪认为，企业文化主要构成要素在于：

（1）企业的环境是塑造企业文化最主要的要素。

（2）企业的价值观是形成企业文化的核心。

（3）企业中的精英是企业中领军人物价值观的人格化，是员工效仿的具体典范。

（4）企业中的典礼和仪式，是由一系列系统的、有计划的日常例行事务构成的动态文化，能够使企业文化和价值观得以健全发展。

（5）企业文化沟通网，是沟通企业内部基层组织，传递企业文化、价值观和行为模式要求的渠道。

对比美日企业的管理异同，日本企业不但注重总结企业管理的经验和提升技术，而且更重视创建良好企业文化氛围，重视人的作用，通过各种机制培养员工集体合作意识和共同的价值观，以此强化员工对企业的向心力和凝聚力。而且这种强烈的合作意识也形成了日本的国民特性之一。“二战”后日本的崛起和成功企业实践，让美国乃至全世界都看到了优秀成功的企业发展，都有独特而牢固的企业文化在发挥着重要的作用！

【经典案例 49】

在经验借鉴的基础上，美国的很多企业改变了原有的管理方式，通过不断的实践创新，使得文化管理这种新的模式逐渐走向成熟。其中的经典代表就是 GE 公司的文化管理。

韦尔奇曾担任通用电气公司董事长兼首席执行官 20 年，他用自己的管理实践诠释了全新的企业管理和领导艺术——文化管理。

GE 公司明确提出了 5 条价值观：

- 价值观是塑造组织的一个驱动力量；
- 在录用、辞退以及晋升中以价值观为指引；
- 确保每一个员工知道公司的价值观；
- 每隔几年就要对价值观进行修订以反映价值观以及知识上的进步；
- 绝不要低估价值观的价值。

为了使这个价值观深入人心，GE 公司花费大量精力和时间培训员工，特别是管理人员。韦尔奇亲自进行培训达 250 多次。在韦尔奇的领导下，GE 公司形成了与知识化和信息化社会相适应的团队组织，建立了参与式和学习型的新型文化。GE 公司连续多年被评为“全美最受推崇的公司”和“全球最受尊敬的公司”，韦尔奇被誉为 20 世纪最杰出的企业家之一。

韦尔奇在 GE 公司推动的文化管理模式，使优秀企业家在实践中对企业管理的本质规律有了更为深刻的认识：强调领导力提升，重视目标和价值观作用。这就是基于价值观的领导，也是文化管理的特点。

“人本中心”的管理思想发展和实践，促进了企业文化的兴起。优秀企业的企业文化管理成功实践、经济全球化和知识经济兴起，使企业成功经验不断传播复制，让企业文化管理实现飞速发展。

5.2.2　中国企业文化的发展轨迹

改革开放后，大量的外资企业进入中国，使中国企业看到了企业文化的重要作用，于是，中国企业引进国外先进管理理念，迅速形成具有中国特色的文化体系。

20世纪90年代，世界500强企业带来了优秀的管理实践、先进的管理理念，并与中国本土企业文化理念相融合，进一步推动了中国企业文化建设的理念发展。

进入21世纪，以人为本的科学发展观等一系列重大战略思想的提出，使中国的企业文化管理理念进一步发展和完善。更多的中国优秀企业把现代化企业管理与中国传统文化相结合，使中国古老的管理智慧在当今环境下焕发出强大的生命力。

【经典案例50】

中国移动通信拥有比较系统的企业文化体系及其诠释，其核心价值观为："正德厚生，臻于至善"，核心内涵是"责任"和"卓越"，即要以"正身之德"而"厚民之生"，做兼济天下、善尽责任、不断进步的优秀企业公民。

"正德厚生，臻于至善"，正是中国传统文化在中国现代化企业管理中的体现。

"正德厚生"语出《尚书·大禹谟》，"德惟善政，政在养民。水、火、金、木、土、谷维修，正德、利用、厚生，惟和，九功惟叙，九叙惟歌"，是一种以"责任"为核心要义的道德情操。

"正德"强调个体责任和对自我的约束，"厚生"强调社会责任和对社会的奉献。"正德厚生"集成了中国传统文化与中国移动现代的企业精神，从精神层面上体现了中国移动人渴望担负重任的自我定位和选择。

"正德厚生"作为中国移动的行为规范，要求员工以"责任"为安身立命的根本，倡导承担责任的自觉意识，鼓励承担责任的自觉行为。同时要以负责任的态度处理好自身与用户、政府、合作伙伴、竞争对手、供应商和员工等各利益相关者的关系。这彰显了中国移动作为一个企业通过承担责任实现自身价值，展现了企业长远的发展眼光和笃实的志向。

“臻于至善”源自《大学》，“大学之道，在明明德，在亲民，在止于至善”，是一种古已有之，奉行者甚众的事业理念，是一种以“卓越”为核心要义的境界追求。“止”是“到达”的意思，“臻”也是“到达”的意思，同时“臻”还有“不断趋向、不断接近”的意思，用“臻”取代“止”表达了一种不断进取，不断超越，永不停息的精神。“至善”，即最完善、完美的“理想境界”。“臻于至善”昭示的是一种永不止息、创新超越的“进取”心态，是一种对完善、完美的境界孜孜不倦追求的崇高精神，宣示了中国移动争取成为公认成功典范的自我定位。

“臻于至善”倡导的是一种不断完善、不断超越的状态。“臻于至善”是一个不断进取、上下求索、开拓创新、自我超越的持续提升过程，也是一种按照事物内在的标准力求达到极致的境界。这个过程和境界，是中国移动不断提升、不断发展、从做大走向做强的内在驱动和站位领先的气势，宣示了中国移动要在未来通信行业乃至全球产业界，力争成为公认的典范的自我定位。

（来源：摘编自中国移动官方网站）

5.2.3 中国企业文化实践的成功探索

改革开放使中国企业快速走过了从封闭到引进再到建设具备自身特色的企业文化轨迹。在探索过程中，越来越多的中国企业开始关注企业文化建设，涌现出了大量的优秀企业及其经典案例。

1984 年，海尔公司的张瑞敏在企业亏损 147 万元的情况下，首先提出文化先行、企业理念先行，为中国企业界进行企业文化建设注入了强心剂。同时也为日后海尔的快速发展奠定了文化基础。

1988 年，广东梅山实业总公司总经理陈煊与著名经济学家于光远关于企业文化的书信讨论在《经济日报》发表，对中国企业的企业文化管理产生了积极影响。

20 世纪 90 年代中期，以企业形象建设为重点，涌现出了一批具有先进企业文化模式的企业，其中海尔的创新文化、联想的国际化核心价值观、华为的“基本法”等成为企业文化实践探索的优秀代表，产生了积极的示范作用，同时也为研究者提供了较好的研究示范。

【经典案例 51】

所谓“休克鱼”企业是指硬件条件很好，管理不行的企业。鱼的肌体没有腐烂，比喻企业硬件很好；而休克鱼就是指鱼处于休克状态，即比喻企业的思想、观念有问题。“休克鱼”企业各方面的条件都很好，只是由于理念落后，导致企业停滞不前、经营不善，才被甩到了市场后面，这种企业一旦注入新的管理思想，有一套行之有效的管理办法，很快就能够被激活。

企业兼并分为三种类型：企业资本存量占主导地位、技术含量不占优势时，是大鱼吃小鱼，即大企业兼并小企业；当技术地位超过资本作用时，是快鱼吃慢鱼；20 世纪 90 年代则是鲨鱼吃鲨鱼，即强强联合，如美国波音公司和麦道之间的兼并。

但在中国，国外成功案例只能作为参考，大鱼不能吃小鱼，也不能吃慢鱼，更不可能吃鲨鱼，在现行经济体制下，只能吃“休克鱼”。

于是，张瑞敏创建了“休克鱼理论”，他认为，企业兼并的目的是以少量资金投入，迅速地扩大企业规模，企业扭亏为盈不是靠大量的资金注入，否则不如建立一家新的企业，而是要利用自己的无形资产，即品牌运营。所以海尔采取的做法是：在被兼并企业里把海尔的模式进行复制，形象地说这是吃“休克鱼”的方法。

从 20 世纪 90 年代，张瑞敏领导海尔集团，创造性地把这个理论付诸实践，先后成功地兼并了 18 家企业，并且都扭亏为盈。海尔 18 件兼并案中，有 14 家被兼并企业亏损总额达到 5.5 亿元，而最终盘活的资产却高达 14.2 亿元，成功地实现了低成本扩张的目标。

吃“休克鱼”的理论为海尔选择兼并对象提供了现实依据。国情决定了中国企业搞兼并重组不可能照搬国外模式。由于体制的原因，小鱼不觉其小，慢鱼不觉其慢，各有所倚，自得其乐，缺乏兼并重组积极性、主动性。同时因体制限制，活鱼不会让你吃，吃死鱼则会闹肚子，因此只有吃休克鱼。

1998 年年初，“海尔文化激活休克鱼”的案例正式进入美国哈佛大学课堂，张瑞敏成为第一个登上哈佛讲坛的中国企业家。

5.3 企业文化的发展规律

企业文化本身就是企业发展过程的沉淀与反思。要帮助企业梳理发展逻辑、抓住规律、找准策略、把握节奏、洞察机会，就要求在企业文化管理之“道”的基础上，找到管理之“法”，把握内在规律。

企业文化使企业在认真思考成长规律和逻辑的“道”的同时，更深入地探究如何继续成长，探讨成长之“法”。

首先，要充分研究企业做大、做强、做久的格局策略，也要分析做快、做新、做局的布局方法，准确把握战略布局，把握大势。

企业文化的重要意义在于用其“定力”和“格局”让企业在快速发展中求“稳”，让企业在停滞不前中求“变”。只有赢得有社会价值的成功才是好的方法，有健康竞争力的才是优秀企业，能够在转型求变中稳健发展的才是好战略，保证公正且能够激励优秀才是好机制。

所以企业文化管理之“法”的本质就是从内在动力上引导企业“知”，从外在力量中推动企业“行”。

“以终为始”的思维模式，应该在企业文化之法中得到充分的重视。

【经典案例 52】

万科集团是目前中国最大的专业住宅开发企业。理念奠基、视道德伦理重于商业利益，是万科文化的最大特色。万科不以盈利为唯一目标，而是参与城市生长和城市文化建设的进程，坚持对城市负责、对后代负责的使命和理想。

万科一直保持行业领跑者的地位，实现了企业的稳定发展，而其中，起到有力支持因素的就是万科的“一克拉文化”。所谓“一克拉文化”，是指企业文化中最闪亮、最独特的部分，尤其是优秀的企业文化中融入独特的用人之道更是其中最有价值的内容。

20多年来，万科“一克拉文化”所体现的以人为本的管理思想逐步渗透到日常的管理工作中，重视工作与生活的平衡；为员工提供可持续发展的空间和机会；倡导简单人际关系，致力于营造能充分发挥员工才干的工作氛围。实践证明，万科的“一克拉文化”所展现的用人原则是万科多年来稳步发展的动因。

其次，要想深刻地理解企业文化，就要注意把握企业文化的发展规律：

第一，企业文化具有阶段性。在企业不同的发展阶段，企业文化也必须在不断积累的基础上不断更新，不断地扬弃并与时俱进。

第二，企业文化具有共识性。只有自上而下的大多数人达成共识的要素才能称为企业文化。

第三，企业文化具有范围性。文化总是相对于一定范围而言，在大的企业文化的体系下，依据认同的内部小环境，还可以分成多个子文化，这些子文化会同时在大的企业文化体系中起作用。

第四，企业文化具有内驱性。企业所倡导的理念和行为方式一旦得到普遍的认同，成为真正的企业文化，就会潜移默化地在企业成员的精神层面起到内驱作用，不知不觉地规范企业员工的工作行为。

了解了企业文化的本质，就能帮助我们更深入地探明企业内部的组织成长规律。

【观点3】

中国人民大学的学者杨杜教授对企业成长的规律、逻辑提出了以下思考：

（1）组织的终极未来是消亡，这是我们可确定但无法避免的宿命。

（2）组织消亡之前的未来是未知的，且是我们无法准确预测的。

（3）但管理者可以思考并拥抱未来，并把尽力延长组织寿命作为使命和责任。

（4）组织的生存和延寿决定于其对环境变化的适应。

（5）环境变化的关键是客户需求，组织运行必须以客户为中心。

（6）客户会识别和选择哪个组织所提供的产品和服务更能满足他的需求。

（7）组织必须经营所有资源实现相对强的竞争力或垄断力，这是力的成长。

（8）组织必须经营所有资源，实现相对于过去的适时、适度的量的成长和质的成长。

（9）量、质和力的成长可以分别以组织的增长性、创新性和竞争性三类指标表示。

（10）成长的结果表现为增值后的规模性、盈利性、结构性、持续性和社会性五类指标。

（11）量、质和力的成长时机和度决定于管理者的思悟力和行动力。

企业文化是伴随着企业一起成长的，所以企业文化必须顺应企业发展的内在客观规律，使整体文化交融和互动，方向和目标聚焦一致，汇聚成为大文化的推动力量。

【经典案例 53】

柯达公司曾经创造了世界级影像王国的神话，也经历了破产重组的危机。从柯达的成与败，可以看到企业文化策略在其中的重要影响。

一、柯达之“成”：通过员工建议制度创建和推进企业文化

柯达创始人乔治·伊斯曼曾收到一份普通工人的建议书，呼吁生产部门将玻璃窗擦干净，伊斯曼认为这是员工积极性的表现，遂立即建立起一个“柯达建议制度”。

这个建议制度一直坚持并不断改善。在柯达公司，有效建议都会由专人送到有关部门审议，做出评鉴，建议者随时可以直接打电话询问；公司设有专门委员会负责审核、批准、发奖。不采纳的建议，也会提出充分理由进行解释。建议制度在降低产品成本核算，提高产品质量，改进制造方法和保障生产安全等方面起了巨大的作用，同时使管理者了解到员工在想什么，也让员工通过建议得到重视而产生满足感。

柯达事业的每一步发展中，都有员工参与公司的决策、管理和经营事务。员工建议制度使柯达真正挖掘出了每一个员工的潜力。

二、柯达之“败”：数字技术时倒下的巨人

在数字革命时期，柯达公司没落的过程和原因，被人们不断分析并引为前车之鉴。2012 年，柯达申请破产保护。2013 年，柯达重新归来，市值只有不到十亿美元。

究其原因，就是柯达被自己的成功所蒙蔽，完全错过了数字技术的兴起。事实上，柯达公司发明了世界第一台数码相机，并为此投入了巨额资金，但在技术成功后，柯达没有抓住数字技术的简单特性以扩大市场，反而一味让数码相机拥有与传统胶片相机一样的功能。

其实，柯达完全具备应对数字技术应用的实力，却因为没有正确的战略导向而失去机会。

5.4　企业文化四维模型

企业文化需要从感性引导、理性推进、体系输入、业绩输出这四个维度，把握住管理发展策略，使自身建设不断符合企业发展的要求，发挥更大的价值。而这四种维度是两两一组，互相契合，发挥着巨大作用的。

图 5-1　企业文化的四维模型

1. 感性引导，理性推进

在企业发展初期，创业者希望将自己的创业梦想和管理理念植入给员工，通过言传身教，在企业中营造统一的思维方式和行事风格，这种企业文化被喻为“老板文化”。企业发展到成熟期，组织需要企业文化体系来支撑战略和业务的发展，需要通过树立使命、愿景，萃取核心价值和核心能力来引导组织方向和规范员工行为。企业正值变革转型期，希望通过企业文化的推广提升外部竞争力，提高组织效率和团队融合。

以上三种情况的共通点都是要找好时机，映射到组织和员工的诉求上，这就是企业文化引导的重要性。

【经典案例 54】

阿里巴巴的阿里日、HP 车库的故事，都是通过感性的故事和精神传播将企业生死攸关的发展经历以及创业者的艰苦奋斗历程进行了描绘和传承。原因就是企业文化不是制度，不是规定，它是内心指引和力量。

这些感性故事的引导更容易将企业文化中的精神契约和内核传递到组织和员工中，产生认同和依赖。

如加多宝的企业文化体系发布就是选择在商标转化的关键时期，员工们与企业一起经历“上下同心，其利断金”的保卫战，此时正是需要一个出口来引导和鼓励大家，企业需要明确的导向，员工需要情感的发泄和宽慰。这个时候，企业文化成为内外部力量，在共同的指导思想和经营哲学下，汇集成共同方向的精神力量。

当然，不论多么炙热的引导和推动，感性总会回归到理性。高频次的企业文化主题活动的推动，一方面能够快速聚集力量，形成共同的意识形态和行为操守；另一方面也会使很多员工感到疲惫和无所适从。只有当企业文化成为员工每日遵循和践行的价值观和核心能力时，企业文化才能聚焦和落地。

要做到企业文化的理性推动，就必须有效促动管理者和全员共同认识和参与，配合多种形式和手段，不断调试和完善，将企业文化与企业战略、管理机制、外部市场竞争、内部组织建设以及员工的关怀和成长有机结合起来。

2. 体系输入，业绩输出

企业文化发展到一定的阶段，就需要形成更为系统和有效的机制进行承载。通过体系输入，能够更有效地对企业文化的牵引和推动力形成规范性和统一共识，对企业文化的实施效果和落地产生有效的保障。

企业的核心竞争力是经营业务的良性持续发展，无论何种管理工具和手段，最终都要围绕业绩指标开展推进工作。因此，关注业务、服务业务，不是企业文化管理者的增值服务，而是核心工作。

企业文化的四维模型体现出企业文化发展的平衡之道，这也正体现出企业文化在企业发展中的精髓。

【经典案例 55】

松下电器公司是全世界有名的电器公司，松下幸之助是该公司的创办人和领导人。松下是日本第一家用文字明确表达企业精神和精神价值观的企业。松下精神，是松下公司获得成功的重要因素。

一、松下精神的形成和内容

松下精神并不是公司创办之日一下子产生的，而是在实践管理中逐渐形成的。松下幸之助认为，人在思想意志方面，有容易动摇的弱点。为了使松下人为公司的使命和目标而奋斗的热情与干劲能持续下去，应制定一些戒条，以时时提醒和警诫自己。于是，松下电器形成了七条精神：产业报国的精神、光明正大的精神、团结一致的精神、奋斗向上的精神、礼仪谦让的精神、适应形势的精神、感恩报德的精神。

二、松下精神的教育训练

松下电器公司非常重视对员工进行精神价值观，即松下精神的教育训练：

一是反复诵读和领会。让全体职工时刻牢记公司的目标和使命，时时鞭策自己，使松下精神持久地发扬下去。

二是所有工作团体成员，每个月都要在所属团体中进行 10 分钟的演讲，说明公司的精神和公司与社会的关系。

三是隆重举行新产品的出厂仪式。每年正月，松下电器公司都要隆重举行新产品的出厂庆祝仪式。员工拱手祝愿公司繁荣，举杯庆祝新产品出厂。松下相信，这样的活动有利于发扬松下精神，统一职工的意志和步伐。

四是“入社”教育。进入松下公司的人都要进行公司的“入社”教育，首先要诵读、背诵松下宗旨精神，学习松下幸之助“语录”，参观创业史“展览”，新员工还会轮换分派到许多不同性质的岗位上工作，所有专业人员，都要从基层做起，每个人至少用3~6个月时间在装配线或零售店工作。

五是管理人员的教育指导。松下哲学认为，企业经营的问题归根结底是人的问题，每个人都具有优秀的素质，要从平凡人身上发掘不平凡的品质。

六是自我教育。公司把在职工中培育松下精神的基点放在自我教育上。员工根据松下精神自我剖析，确定目标。每个松下人必须提出并回答这样的问题：“我有什么缺点”“我在学习什么”“我真正想做什么”等，从而设置自己的目标，拟定自我发展计划。

松下精神在公司成长中形成并不断得到培育强化，是一种内在的力量和精神支柱，具有强大凝聚力、导向力、感染力和影响力，也是松下公司成功的重要因素。

6 第六章 企业文化的发展策略

强文化会带来企业的成功。员工的生活和生产效率会随着他们工作环境的改变而改变。要在企业中缔造一种文化，员工在这种环境下，会有安全感，从而会做出必要的努力，促使企业走向最终的成功。

——特伦斯·迪尔、艾伦·肯尼迪

企业文化发展策略的主要任务就是保持企业内部从精神到执行的各层面机制的内容统一，让整个企业文化体系与企业战略和发展策略相互匹配，相互支持，在战略方向需要进行澄清的时候，成为战略方向的引导。

6.1 企业文化管理的协同策略

协同，就是要使企业文化管理与企业的战略管理、领导力管理和多元化发展等各个因素互相激发。方向一致的建设性冲突，能够促使企业文化管理和其他各管理系统在变革中升级、完善，因此协同的重要作用是在冲突中找到同一方向，在冲突中完成建设和升级。

6.1.1 战略协同

企业平衡发展时期，往往是企业文化积累沉淀的时候，而当企业面对战略变革时，传承了优秀基因的企业文化往往能够“挺身而出”，成为推动变革的精神力量，促进战略成功实施。而战略变革的成功又反过来强化了企业文化的塑造，这就是企业文化与战略的协同。

战略协同的基本原理是要通过目标激励内部强大的追求感。要求企业的经营管理者、企业成员从“3 万英尺”的高度去思考目标的设定和完成计划。让经营思维摆脱依赖，摆脱那种把目标机械分解后又机械加总回归的惯性。在一个企业长期发展过程中，不在于发展速度有多快，而在于稳健地直达目标，不走弯路，才是企业发展提速的重要方面。

企业文化帮助战略澄清方向，战略则推动文化追溯发展思路，为企业文化提供了形象化的解读：

- 对公司核心价值观和使命愿景的认同。
- 对公司重大策略的理解认同。
- 对公司管理的认同等。

这些解读，表明企业成员在战略推进过程中的需求和价值实现的统一，厘清了员工对企业的真正需求和期望，为企业管理尤其是人力资源管理指明了方向。

【经典案例 56】

三星曾经用了仅仅 6 年的时间，就从一个处在严重财务危机之中的低端电子产品生产企业，成为世界电子科技制造的一流企业，同时成为亚洲企业崛起和转型标杆。三星的“生鱼片”竞争理念和第一主义的文化策略造就了三星的发展和崛起。

“生鱼片”理论是捕到了好鱼，就要在第一时间内将其高价出售给第一流的豪华餐馆。否则到了第二天，只能半价卖给二流餐馆。鲜鱼一旦捕获后，每天跌一半的价，而电子产品的开发与推向市场，也是同样的道理。要想维持三星产品的高利润就要把新产品像生鱼片一样，趁着新鲜赶快卖出去。所以电子产品市场的生存法则之一就是：在市场竞争展开之前把最先进的产品推向市场，就能赚取由额外的时间差带来的高价格。

兵贵神速，三星的产品永远是市场上的新鲜生鱼片。在全球高端电子市场上，三星不断率先推出各种优势产品：高端手机、宽屏背投式彩电、记忆芯片、数码摄录机、数码相机，每次都给竞争对手一个措手不及，并凭借自身的时间优势赚取最高昂的利润。

而三星的第一主义的企业文化早已根深蒂固，而且与韩国的国民文化密不可分。三星创始人李秉哲说："要做就做第一，不然就退出。"只有领先的人才能存活，这种"孤注一掷"的战略，在高风险中隐含着"制高点—突破力—路径选择"的成功策略，是三星企业文化与战略紧密协同的结果，体现了三星对企业哲学的高度专注与极限表达。

三星的最终成功，在于它坚定的"孤注一掷"的战略和第一主义的文化，包括：对于雄伟目标的近乎疯狂的坚持、对旧规则的创新性颠覆、对策略的坚持从而获得持续竞争优势、一竿子插到底的精准执行。这成为三星无形资产的核心力量，从而把企业品牌价值提高到世界水平。十年磨一剑，三星完成了跳跃式的品牌提升，跻身国际一流企业。

6.1.2　领导力协同

领导力是一种影响力，是管理者通过展现自己的领导风格和领导魄力，让团队成员追随、支持其领导的行为，按照其想法和指导采取相应行为，从而一起努力实现共同目标的能力。在这一点上，领导力与企业文化是相辅相成的。

企业文化与领导力的协同，要从培养价值认同开始。在这种协同作用下，领导者发现现有的体制已经滞后时，就要有勇气打破现行制度，从而推动企业的发展和创新。

【经典案例 57】

2017 年年底，华为公司的内刊刊登了一篇名为《一次付款的艰难旅程》的文章，反映了员工对财务管理流程的意见，引起了任正非的关注。随后，任正非直接签发文件，并通过总裁办发送给华为董事会、监事会成员和全体员工。

"据我所知，这不是一个偶然的事件，不知从何时起，财务忘了自己的本职是为业务服务、为作战服务，什么时候变成了颐指气使，皮之不存、毛将焉附。我们希望在心声社区上看到财经管理团队民主生活发言的原始记录，怎样理解以客户为中心的文化。我常感到财务人员工资低，拼力为他们呼号，难道呼号是为了形成战斗的阻力吗？”

随后，在与公司财务部年度座谈会上，任正非又指出这场和财务部的座谈会发言主要是两类：

第一种是邀功求赏型。花 90% 的时间来总结业绩，花 10% 的时间来谈一个不痛不痒的问题，然后草草结束。

第二种是避实务虚型。“人工智能”讲了好几遍，“财务共享”讲了好几层，貌似已经探索到最尖端的前沿，但就是不讲实实在在的工作做得怎么样。

忍无可忍，任正非在总结的时候，忍不住发火道：“还过什么年！”

任正非曾不止一次提到对财务人员的四点要求：

（1）财务如果不懂业务，只能提供低价值的会计服务。

（2）财务必须有渴望进步、渴望成长的自我动力。

（3）没有项目经营管理经验的财务人员，就不可能成长为 CFO。

（4）称职的 CFO 应随时可以接任 CEO。

总结成一句话，财务人员应融入业务。

同时，任正非也指出了三个方向：参与项目管理、参与经营分析、参与预算预测。财务部门要通过这些方式积极深入地参与到业务之中，成为业务的助力而非阻力。

所以要想让文化在企业中起到巨大的推动作用，领导力的协作是必不可少的。但同时，领导力的水平也直接决定了与企业文化的协作水平。高超的领导力会让文化协作起到事半功倍的效果。

高水平的领导力是综合的，不同情境下，选择合适的领导风格，也是提升领导力的重要因素，这一点，“情境领导”提供了很好的理论实践研究。

【观点 4】

情境领导理论是由美国管理学家保罗·赫塞和肯尼思·布兰查德提出的。领导者的领导方式，应同下属员工的成熟程度相适应，在下属员工渐趋成熟时，领导者依据下属的成熟水平选择正确的领导风格，从而取得成功。

成熟度是指员工对自己的直接行为负责任的能力和意愿，包括两个维度：能力和意愿，可以分为四个象限。

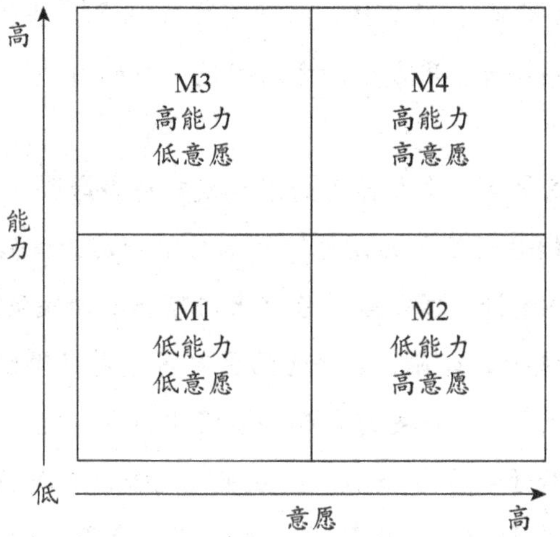

图 6-1　情境领导理论之成熟度四象限

M1：既无能力又无意愿，因此既不胜任工作又不能被信任。

M2：缺乏能力但有较高的意愿，积极性高却缺乏足够的技能，需要进行培训。

M3：有能力却没意愿。

M4：既有能力又有意愿。

依据这四个象限，团队可以分成四个发展阶段。

D1：无能力，意愿弱。

D2：能力弱，意愿高。

D3：有能力，意愿不确定。

D4：有能力，有意愿。

领导力有两个维度：命令行为和支持行为。

命令行为，就是领导者命令下属应该做什么，不应该做什么，如何做，采取什么方法完成任务，而且密切控制和监督下属在工作中的表现和行为。

支持行为，就是领导者用支持的态度来协同下属工作的行为，采取双向沟通来塑造下属的角色，提出任务、目标，支持和激励下属完成，参与下属的决策。支持行为的特征是支持、授权、鼓励和沟通，与下属相互支持。

领导者需要根据团队的不同发展阶段，组合以下四种具体的领导风格。

（1）指令型：高命令、低支持。领导者定义角色，告诉下属应该干什么、怎么干以及何时何地去干；用命令的方式规范下属的行为，直接界定下属的工作角色。

（2）教练型：高命令、高支持。向下属发布许多命令，严格控制，但另外支持程度也很高，能倾听下属的意见，鼓励自觉行动，就好像“教练”一样。

（3）参与型：高支持、低命令。领导者与下属共同决策。任务或问题由领导者提出，决策由执行者负责。领导者的主要角色是提供便利条件与沟通。

（4）授权型：低命令、低支持。领导者提供极少的指导或支持，对下属高度信任和放权，只给予命令，而不限定方法，放手让下属独立完成任务。

情境领导理论在管理实践中的意义在于“没有最好的领导形态，只有最适当的领导形态”，不只重视领导者行为能力的修炼，更强调领导方式要因人而异，这也是企业文化与领导力协同的很好的实践方法。

6.1.3　社会化视角的多元化协同

企业文化是社会文化的组成部分，也是企业自身的发展对社会文化发展产生作用的表现。反过来，社会文化的发展也为企业文化发展提供了平台，并推动着企业文化不断进步和升级。

企业文化发展，必须考虑社会化的因素，以社会化的视角分析企业文化与社会文化、主流商业文化发展的契合度，并使企业文化与之相符。

全球化的竞争，使跨文化的合作与融合越来越重要。越来越多的不同国籍、不同信仰、不同文化背景的人为同一家公司工作，同时也使得管理面临着新的问题。通过文化融合的策略来协调文化冲突，消除由于文化差异所导致的障碍，成为企业在跨文化沟通中保持高效运转、快速反应的关键。

伴随着互联网的普及，新型的虚拟企业组织悄然兴起。高度分散化、虚拟化的组织中，员工认同的是企业的共同目标、共同愿景，维系他们的是群体价值观，组织成员通过高度自律和高度的价值取向实现组织的共同目标。在这种新型组织中，鲜明、具体、有策略的企业文化管理往往比制度管理更加重要，也更加有效。

【经典案例 58】

朗讯科技是建立在 AT&T 下属的贝尔实验室和西部电子基础上的一个公司，经历了与阿尔卡特公司、诺基亚公司的重组与合并。现在已成为全球领先的通信网络设备提供商。

刚刚脱离 AT&T 的时候，朗讯的业务增长速度只有 7%，后来迅猛增长到 20%，朗讯人认为“这跟企业文化非常相关”。

■　派人出去寻找企业文化

朗讯初创之时，公司的高级管理人员面临一个问题：什么是朗讯公司的根本？公司管理层认识到需要有具体行为的准则和描述，让员工能够遵循。于是公司专门组织了一个文化学习班，出去寻找朗讯需要的企业文化。他们向成功的高效能公司学习，分析他们的文化共通处，结合自己的特点和需求，形成了朗讯的“GROWS 文化体系”，并以此确定了行为准则。

■　“GROWS”的含义

G 代表全球增长以及员工对未来的预期。

R 代表注重结果以及对领导层的看法。

O 代表客户关心以及朗讯的竞争位置，了解员工是否知道公司的目标和所在组织的任务。

W 代表开放和支持的工作环境，包括沟通、工作关系方面、工作满意度。

S 代表解决问题的速度和利用新思想和新机会发展优势的能力。

■　企业文化的三步走

朗讯公司对自己使命的描述是：要成为全球最大的通信产品公司，成为以客户为中心最好的公司。在使命指导下，朗讯开始不遗余力地推行 GROWS 文化。

第一步，公司对新文化进行广泛宣传，让大家知道公司要力推的企业文化的每一项含义是什么。由朗讯人力资源部进行行为模式诊断，找到员工与 GROWS 要求的差距，然后制订改进计划，用各种方式让员工熟悉 GROWS 的内容。

第二步，将业绩考评和企业文化结合在一起。作为每个员工制订年度计划的一个标准，GROWS 对于要做什么都制定得很清楚，每个财务项目在年终将由主管经理来打分。员工的业绩考评中，业务成就是一个指标，另一个是员工的 GROWS 表现。

第三步，加强管理人员对 GROWS 的理解，作为管理人员，要真正能够成为这样一个典范。用 GROWS 行为去思考问题，GROWS 的最终目的是让客户满意。

朗讯中国执行 GROWS 文化的体会是："创立新文化的过程，是从定义到理解再到变成员工行为的漫长过程。"

■ 朗讯的价值观

支持并赞赏工作环境、工作和生活社区的员工及其观念多样化。每个人都有发表个人意见和听取他人意见的义务。鼓励建设性的争论并以相互尊重的态度做观点交锋。积极地与同行交流思想和信息，对自己和对身边其他人都抱有一份良好的愿望。在其追求目标的过程中，没有一个人是孤立无援的，我们是一个整体。

■ 员工情绪综合指数

朗讯公司非常重视员工在文化方面的感觉。每年聘请专业公司进行内部的 VIP（即 Value In People）意见调查，反映出企业文化对员工关注的成效，调查报告会发送到每个部门，让大家了解文化整体情况。报告会列出 10 个做得最好的方面，也会列出 10 个需要提高的方面，每个部门针对这个报告进行会议讨论，提出改进方案。

6.2 企业文化管理的共生策略

共生是指两种不同生物之间所形成的紧密互利关系。共生的关系，一定是相互依赖，彼此有利。在企业生态环境中，企业文化也需要与推动企业发展的各种因素共生共存，共同发挥作用。

企业文化要通过与业务共生去推进企业发展，展现企业文化在经营中的价值；与专业能力共生去打造核心竞争力，使企业立于不败之地；与员工梦想共生，从价值利益层面实现员工与企业的共同发展。

6.2.1　与业务共生

企业作为一个生命体，要不断进化。企业文化只有在企业发展成功时，才能获得影响力和验证，这其中的业务推进至关重要。如果企业文化与业务脱离，业务会没有方向，企业文化也会失去根基。

【经典案例 59】

在巴斯夫的企业文化手册中，明确规定了以下几点：

- 通过文化的引导，在业务流程中提高长期价值和竞争力。
- 倡导与客户合作，来帮助客户成功。为实现这一目标，业务流程就要致力于和客户共同发现商业良机，开发科技含量更高的新产品、新程序和新服务。
- 文化与业务共生，共同在市场、科学、社会变革中寻求优势，并以此作为增值发展的良机。
- 利用自身的领先优势塑造科学技术的进步，发现新的商业良机，同时利用一体化策略中的协同效应。
- 与客户共同开发，优化产品和服务，从而为客户和公司创造新的价值。
- 定期对客户满意度进行评估，从客户和合作伙伴那里得到的反馈用于改进业务流程。

巴斯夫的企业文化是典型的与业务共生的文化，直接在企业文化中强调了对业务活动的要求，这样就使企业在各项业务推进时，时刻以企业文化的要求作为导向，成为业务发展的方向和要求。

企业文化与业务处在共生状态时，企业的经营思想和管理理念会围绕业务的需要进行创新，从而又推进了管理规范和业务流程的创新，进而实现产品创新、技术创新、组织创新等。

企业文化与业务共生，不是相互趋同，而是如同物种的进化一样，随着环境的变化和要求的提升，在遗传中变异，使生命力在应对外部挑战时更强大。

【观点 5】

中国人民大学周禹教授在其“企业进化论”的观点中认为，企业也需要在遗传中变异，产生新的基因，通过市场优胜劣汰，完成企业管理的进化实践。

1. 环境就是最大的条件

没有成功的企业，只有时代的企业。环境的大势造就了今天中国企业的成功，也造就了未来的趋势，只有顺势而为才有可能大有所为。

2. 失控可能是最大的控制

以前的管理理论要求企业通过计划、目标、控制点、考核、闭环等方式进行管理控制，但是随着环境的动态性和不确定性不断加强，越控制就可能越难以适应动态性。失控才有可能激发内在生命力、带来多样性、孕育新动能。

3. 变异就是最好的遗传

只有让人、单位和单元充分激发活力，才会孕育可期或不可期的变异，变异带来新的适应力和发展性，提高新物种出现的概率。真正有生命力的甚至具有颠覆性的新物种，都是对既有物种的变异，更多是随机产生的，可能并不是按照计划、规划后来的那些创新。

在与业务共生的过程中，企业文化的重要任务是要通过文化的导向，在业务结构中寻找衔接点，在业务流程中寻找关键点，从而厘清业务发展和推进真正的需求点，再从专业支持和管理系统中让业务获得内部的支持。

而业务的进步，也为企业文化发挥其影响力和说服力，让企业文化在企业发展过程中真正发挥作用，而不再仅仅是口号文化。

6.2.2 与专业共生

如果企业文化没有得到专业管理系统和流程的支持，则无法落地并发挥作用。

普拉哈拉德在《企业成功定律》中分析：企业文化在很重要的层面，是通过专业能力发挥作用，来推动企业战略的执行。除组织结构、控制体系等传统要素外，业务流程和分析工具也应该加以考虑。此外，企业应当把业务流程能力和分析能力看成与信息技术匹配的关键战略能力。

所以企业文化必须与专业能力和管理共生，通过专业能力的发挥，把企业文化由作势转向做实，变成落地可操作的实践，才能最终得到执行。

优秀的企业文化至少应该具备以下特征：

其一，企业文化是对企业成功实践的提炼总结，而不是外在借鉴的引进。人力资源各个专业模块都可以由外部咨询机构提供专业帮助和解决方案，唯有企业文化，必须是由企业的管理与人力资源部门共同提炼、推动、宣导和落地。

其二，企业文化必须体现在组织专业能力之中，并能够得到专业体系的强力支持。否则企业文化会永远停留在假设层面。专业考量标准之一就是，企业文化在外部必须与业务对接，在内部与价值评价体系、分配体系、激励体系对接，共同形成有机联系。

其三，企业文化最终要体现在企业的专业运作、专业模式、业务经营结果和员工行为模式及其行为结果上，所以企业文化必须有足够的专业能力支持，才能成为优秀的文化，通过企业的产品、服务和员工的行为来验证。

其四，一个企业的文化优劣，必须经过企业长期的经营活动来判断，其中专业支持必不可少。专业能力往往在变革与创新中产生强大作用，让企业文化有变革的自信和能力。

企业文化与专业共生，就必须依托专业管理体系和能力，为经营创造出相应的价值。这就是企业文化与专业的共生过程。比如，经营效率要体现在高绩效的企业文化上，就要从专业角度去设计绩效管理体系，并在绩效管理中充分体现对优秀、高效员工的激励文化。企业文化与专业互相促进，形成彼此共生的循环上升的生态圈，成为推动企业不断成熟发展的内部成长基因。

【经典案例 60】

企业文化与专业绩效体系的共生，是公司发展的重要基础。综观世界级的企业，我们会发现其企业文化各不相同，但都实现了从优秀到卓越的跨越。

GE 前 CEO 韦尔奇认为：“我们的活力曲线之所以能有效发挥作用，是因为我们花了十年的时间在我们企业里建立起一种绩效文化。”

IBM 前 CEO 郭士纳认为：“最优秀的公司领导人会给自己的公司带来高绩效的公司文化”“拥有高绩效文化的公司，就一定是商业领域的赢家”。

其实，这一点如果从企业的最基本命题来思考，也会得出相同的答案。

- 企业的本质是功利。
- 管理的本质是效率。
- 经营的本质是盈利。
- 员工的使命是付出。
- 竞争的关键是价格。
- 客户的需求是价值。
- 市场经济的本质是投入决定产出。

这一切都落脚于绩效——公司的绩效、组织的绩效和员工的绩效。

IBM 在 20 世纪 90 年代重新定位了自己的文化，由“尊重个人”转向“高绩效文化”。于是绩效管理体系就围绕着 PBC 考核运作，包括：工作成功的结果指标、怎样成功的过程指标和对整个团队目标达成的承诺指标。

IBM 的高绩效文化，直接延伸到其考核制度层次，而考核制度与其薪酬制度又直接联动，这种专业的高绩效文化联动设计，推动业务不断发展。

华为的成功案例也是如此。

在华为的绩效管理体系中，有一种长期实行的劳动态度考核，其主要内容包括：员工行为规范、责任心、敬业精神、创新精神和团队精神。考核结果与晋升、机会分配、工资、奖金和股金等人事待遇直接或间接地挂钩。

从《华为基本法》看其企业文化的定位：“责任意识、敬业精神、创新精神与团队合作精神是我们企业文化的精髓。”劳动态度考核与其企业文化一脉相承，实际上就是对员工文化行为的考核。企业文化不是宣传弘扬出来的，而是制度牵引出来的。

而对于所谓“态度”的考核，如果没有专业的分析，是无法进行量化的。从华为的绩效体系设计可以看出，华为使用了专业的工作和设计思路，把企业文化和专业能力放在了企业发展的整体中匹配，并让二者在共同作用下发挥作用。

由以上案例可以发现，企业文化直接被其专业能力所创造出来的制度所支持，又被制度所管理出的结果所验证。企业文化牵引了专业能力与机制的建立，制度与机制支撑了企业文化，进而公司的绩效文化也变为可操作的实践。

6.2.3　与员工梦想共生

必须清醒地认识到，员工不可能直接把企业的愿景和使命当成自己的事业梦想。同时一个有梦想且能力超群的职业人，更有可能把公司这个职业平台当成交易的对手或机会平台，一旦发现“苗头”不对，就会立即弃之而去。企业文化就是要通过内在的驱动力满足员工的精神需求，激发其积极行为，达到企业目标，实现与员工梦想共生。

要想把优秀员工的潜能最大化地挖掘出来，就得找出双方的最大契合点。所以企业文化一定要在考虑企业使命和目标的同时，也考虑员工能够在这个愿景中拥有何种价值，最好的文化愿景是在使命与员工发展之间建立起牢固的隐性契约，告诉员工：在公司的目标完成的过程中，只要具备条件，只要彼此支持，那么每个人都有成就自己梦想的机会。企业文化的重要任务，就是把企业建设成志同道合者聚集的地方，在打造企业梦想的同时，也接受员工的梦想，让员工与企业共同成长！

【经典案例 61】

在工业化革命时期，汽车大王亨利·福特曾经在其他工厂日平均工资只有 2 美元的情况下，把工人的工资提高到每天 5 美元。结果福特不仅改变了自己的公司，而且还改写了美国的企业发展历史。

事件起因是因为福特公司开发了“流水装配生产线”，采取分工作业，每个人专注做一项工作，重复同一种机械的动作，使得生产速度和效率提高了 8 倍，但工人的负担也大幅度增加，于是福特出现了大量的工人离职潮。同时，工会开始鼓动工人罢工。

面对这种情况，福特决定：把工资提高到每天 5 美元；把平常 10~12 小时的工作时间，减少到每天 8 小时，两班制改为三班制；建立技术学校培训专业技工，提高外来移民工人的语言能力和技术。

一系列的改变，短时间内使离职率降低了90%，旷工率也从10%下降到了0.3%。当地的工人开始以在福特工作为荣，平时外出时也会在外衣上别着公司的徽章。

另外，福特雇用了大量的残疾人，并且工作标准与健全人完全相同。

种种改革不仅使福特的形象改变，也让工人的向心力大大提升。工人为公司着想，带动了更多的创新。福特采纳了员工提出的改善建议，一年的获利超过了44万美元。

福特认为，企业家必须遵守的准则是：尽可能提高质量、尽可能降低成本、尽可能提高薪水。这三个“尽可能”虽然朴素，但在当时却具有极大的颠覆性和极高的社会责任境界。福特的企业文化理念，也成为改变当今世界的经济、社会和企业发展历史的开端。

6.3 企业文化与管理制度的互动

企业管理制度包括企业的人事制度、生产管理制度、民主管理制度等一切规章制度。这是实现企业目标的有力措施和手段，也是维护员工共同利益的强制手段。

但企业制度在执行和落地层面，其建立之初就需要有清晰的方向规划，这样企业文化才能起到重要的作用。

“法以立本”，企业文化只有与企业制度有机融合，相互促进，转化为职工的行为规范，才能真正成为支撑企业发展的软实力。

企业制度集合了企业管理范畴中的各种正式和非正式规则。在这些制度中，企业文化要牢牢把握最关键的一点就是管理制度所倡导的方向一定要与企业文化导向高度统一。

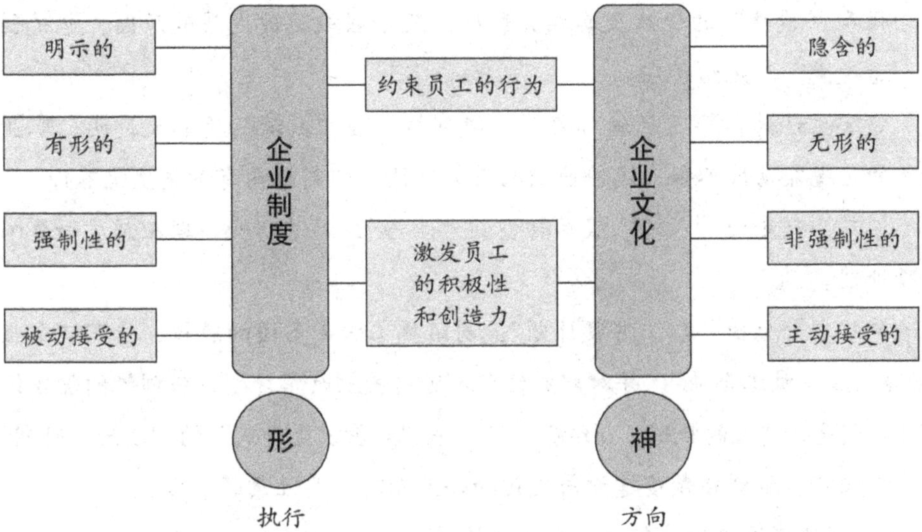

图 6–2　企业文化与制度管理的关系

6.3.1　企业文化与制度管理的互动互融

企业制度通常以责任制、规章、条例、标准、纪律、指标等形式表现出来，是企业管理活动中的有形存在；而企业文化存在于人们的头脑中，是一种精神形态，是无形的。但无形的文化要通过有形的制度反映和折射，所以就必须要求制度与文化互相融合和渗透，让无形的文化通过有形的制度载体表现出来。

在企业管理活动中，文化管理和制度管理是一事两面，同样重要，永远不能互相替代。制度再周密也不可能凡事都规定，但文化却时时处处都能对人的行为起到约束作用。制度管理与文化管理两者之间需要互融互动，相得益彰。

【经典案例 62】

创维集团是生产消费类电子、网络及通信产品的大型高科技上市公司，也是蜚声国际的中国家电优秀企业。

2008 年，面对国际金融危机的冲击，创维在财年不仅实现业绩增长，而且创造了历史上最高的净利值。这个业绩的取得要得益于两个方面：

第一，掌舵人黄宏生从一系列“创维大事件”得到启发——必须改变之前“事无巨细”的做法，真正放权。创维成立初期的“充分支持员工的积极主动性和创造性”的尝试及其相关制度，既是创维稳健发展的原因，也是创维“速度慢”的死结所在。

黄宏生认为，事无巨细都要管，使创维管理“人治”色彩太鲜明，职业精英的主观能动性不强，致使业内人士普遍认为“创维没有黄先生就不行”。

第二，创维由“人治”成功转型到“法治”，引进职业经理人制度和员工持股计划。

创维内部推出“职工持股计划”，创维员工购买集团的股权，将家族企业“稀释”成“员工企业”，并对职业经理人进行股权改革计划，将创维的管理体制纳入制度化建设的轨道，创维进入了一个“后黄宏生时代”的“法治”时期。

我们可以看到在制度建设与文化融合互动时，要注意的几点：

- 制度建设要符合行业形式的发展需要；
- 制度建设要适应企业文化融合的要求；
- 适度建设要体现人才自主管理的原则；
- 制度建设必须注意系统性、完整性，并突出重点；
- 制度应具可操作性，粗细适度，简单有效；
- 制度建设要切合实际，适当超前；
- 要注重制度的推行、检查、评估。

6.3.2 企业文化对制度建立的引导

企业制度受企业文化指导，反过来也促进企业文化的形成和发展。企业制度要把企业奉行的价值观、行为规范等固化为刚性的行为规范，成为企业价值理念的一种具体表现。这也是企业文化统领和指导企业制度、文化管理高于制度管理的体现。

企业文化需要一个有效的载体来明确其内涵中所需要具体执行的内容，所以当文化管理中出现需要倡导的行为方向，就需要快速固化成为管理过程中可执行的行为要求和标准，制度则是最好的载体，“文以载道”，通过制度体现和推进企业文化，可以加速员工对企业文化的认同，促进企业文化的形成和深化。执行制度本身就是一种文化，而这也是文化引导制度最重要的作用。

【经典案例 63】

联想的迟到罚站制度，是创始人柳传志最早提出并坚持执行的制度，由此可以看出联想把企业文化与制度管理进行互动的决心和力度。

联想成立之初，曾定下几个“天条”，意思是谁都绝对不可以违反的规则。其中的“开会不许迟到”就是其中一条。联想定了规矩：只要不请假，不管多重要的事情，都不能迟到，迟到就要罚站，罚站就一定要站一分钟。罚站的方式是把会停下来，大家看着你站一分钟，像默哀似的很难受。

第一次被罚的是联想一位资深高管，罚站的时候，柳传志对他说：“老吴，你今天赶上了，你今天就非站不可了，很对不起，今天你在会上站一分钟，晚上我到你们家，我给你站一分钟。”

柳传志在回忆这件事时说：“当时他站了一身汗，我也出了一身汗。但这个事情就这样坚持下来了。我为什么要说这个事难呢？定这个制度的时候，联想才几百名员工，今天一万多人了。如果不要求，谁都不会把这样的制度当个事，还会认为迟到不是很平常的嘛。因此必须经常宣传，这样一件事情才能进行下去，所以规章制度的事情，做了就要非常认真地执行并宣传。”

6.3.3　文化管理与制度管理的匹配

企业制度对企业文化的促进作用在于二者的匹配和统一，在制度建立的过程中，要对制度本身与企业文化理念是否相匹配进行充分的评估，同时用文化理念对企业制度进行诊断，以求二者相向、相辅、相匹配。

一个企业的制度体系一定要依据企业自身的文化特质、核心价值观，把具体的管理策略落实到制度体系中，从具体的规范要求和管理导向中明确体现出企业文化的本质和特点，将企业文化灌输到员工的头脑中、体现在员工的行动中。

其实文化管理与制度管理的匹配，并非高深体系和复杂模型，就是最简单的行为规范和执行监督。一个优秀的企业文化，一定要匹配最明确、最简洁的管理制度，让每个员工都一目了然，其中的激励导向和惩罚底线，再加上明确的可衡量的结果指标，就能使文化通过制度转化为强大的执行力。

【经典案例 64】

阿里巴巴的“六脉神剑”与管理制度的匹配就是很好的范例。

阿里巴巴在明确了使命、愿景之后，接下来需要共同的价值观来做指引，经过不断探索，阿里巴巴建立了著名的“六脉神剑”价值观体系。

（一）客户第一——客户是衣食父母

1. 尊重他人，随时随地维护阿里巴巴形象。

2. 微笑面对投诉和受到的委屈，积极主动地在工作中为客户解决问题。

3. 与客户交流过程中，即使不是自己的责任，也不推诿。

4. 站在客户的立场思考问题，在坚持原则的基础上，最终达到客户和公司都满意。

5. 具有超前服务意识，防患于未然。

（二）拥抱变化——迎接变化，勇于创新

1. 适应公司的日常变化，不抱怨。

2. 面对变化，理性对待，充分沟通，诚意配合。

3. 对变化产生的困难和挫折，能自我调整，并正面影响和带动同事。

4. 在工作中有前瞻意识，建立新方法、新思路。

5. 创造变化，并带来绩效突破性地提高。

（三）团队合作——共享共担，平凡人做非凡事

1. 积极融入团队，乐于接受同事的帮助，配合团队完成工作。

2. 决策前积极发表建设性意见，充分参与团队讨论；决策后，无论个人是否有异议，必须从言行上完全予以支持。

3. 积极主动分享业务知识和经验；主动给予同事必要的帮助；善于利用团队的力量来解决问题和困难。

4. 善于和不同类型的同事合作，不将个人喜好带入工作，充分体现“对事不对人”的原则。

5. 有主人翁意识，积极正面地影响团队，改善团队士气和氛围。

（四）诚信——诚实正直，言行坦荡

1. 诚实正直，表里如一。

2. 通过正确的渠道和流程，准确表达自己的观点；表达批评意见的同时能提出相应建议，直言不讳。

3. 不传播未经证实的消息，不在背后不负责任地议论事和人，并能正面引导，对于任何意见和反馈“有则改之，无则加勉”。

4. 勇于承认错误，敢于承担责任，并及时改正。

5. 对损害公司利益的不诚信行为正确有效地制止。

（五）激情——乐观向上，永不放弃

1. 喜欢自己的工作，认同阿里巴巴企业文化。

2. 热爱阿里巴巴，顾全大局，不计较个人得失。

3. 以积极乐观的心态面对日常工作，碰到困难和挫折的时候永不放弃，不断自我激励，努力提升业绩。

4. 始终以乐观主义的精神和必胜的信念，影响并带动同事和团队。

5. 不断设定更高的目标，今天的最好表现是明天的最低要求。

（六）敬业——专业执着，精益求精

1. 今天的事不推到明天，上班时间只做与工作有关的事情。

2. 遵循必要的工作流程，没有因工作失职而造成的重复错误。

3. 持续学习，自我完善，做事情充分体现以结果为导向。

4. 能根据轻重缓急来正确安排工作优先级，做正确的事。

5. 遵循但不拘泥于工作流程，化繁为简，用较小的投入获得较大的工作成果。

阿里巴巴将“六脉神剑”作为文化基石和公司“DNA”的重要部分。在阿里巴巴，每个员工的工牌后面都印着“六脉神剑”，公司时刻引导员工按照这样的行为标准去工作。同时将价值观考核纳入绩效考核体系，如果有的员工工作业绩非常出色，但不符合阿里巴巴的价值观，依然无法通过考核。由此可见阿里巴巴对价值观的高度重视。

第三篇

企业文化管理之术：建设与实施

- 基于共同梦想的文化造势与宣导
- 感性与理性共同作用的文化建设
- 企业文化体系建设中的专业担当
- 基于结果导向的实施与推进纠偏

7 第七章 企业文化的宣导与造势

伟大的领导者都是激励大师。一切内心要争取的条件、希望、愿望、动力，都构成了对人的激励。它是人类活动的一种内心状态。

——贝雷尔森、斯坦尼尔

彼得·德鲁克对管理的本质有精辟阐述："管理是一种实践，其本质不仅仅在于知，更重要的在于行；其验证不在于逻辑，而在于成果。管理的唯一权威性，就是成果。"

没有行动，企业文化就没有实质内容，更无从谈论自我更新和完善。企业文化的实施要取得良好效果，就要凝合内外部有利条件，强势推进、深入渗透，为企业输出精神能量和推动力量。

要想把一个属于上层建筑的精神价值观转化成员工具有凝聚力和目标感的行为，最重要的就是把企业核心价值观转化为员工认同的价值观，使员工在感同身受中把企业文化内化于心。

7.1 洞察与员工共同的价值

企业文化要让绝大多数成员都有着一致目标和统一的价值观，专业互补，管理互融，彼此助力，形成良性竞争，激活组织活力。

在这种新范式下，企业文化必须有新的视角来认识社会责任、重新识别员工内心的价值观与企业价值观的共同边界，对现有的价值创造框架进行更深入的理解。同时还要把消费者的认同转化为对企业价值创造者的认同，通过与消费者共创，产生共鸣，在实现品牌增值的基础上，实现与文化的共鸣。所以，企业文化宣导时，就一定要细致入微地洞悉员工的内心世界，了解他们的价值观、审美观、喜好、渴望和未满足的需求等，让价值观的诠释能够贴近企业成员的内心诉求，对员工情感的细致关怀能够让员工从内心深处受到感染，形成企业与员工共同的情感体系。

第一，了解员工的内心感受需求，同时了解其中的主次关系，并对诸因素进行排序。

第二，前瞻性地洞察其潜在需求与未来的需求，在宣导中引导这种需求发展的方向。

不论何时，企业都要关注员工内心深处的真正价值观，有创造性地引导价值观的走向和发展趋势。洞察企业与员工共同价值的过程，一定是个“走心”的过程。

【经典案例65】

“陪你去走最远的路，是我最深的套路”；

“我把所有人都喝趴下，就为和你说句悄悄话”；

“最想说的话在眼睛里、草稿箱里、梦里和酒里”；

“跟重要的人才谈人生”；

“低质量的社交，不如高质量的独处”；

“手机里的人已坐在对面，你怎么还盯着屏幕看”；

……

这些朴实而打动人心的语句，都是重庆新生代酒企“江小白”的互动营销文案。在传统白酒企业始终“高高在上”时，江小白却用朴实的文案与消费者进行“走心”的交流。

江小白凭借对消费情绪的深度挖掘，用直达人心的文案表达，为酒类品牌带来了新的活力。近年来，江小白瓶身文案，已经成为白酒行业一道独特的风景，化解了白酒与消费者与日俱增的隔离感，改变了白酒行业的惯用策略。

江小白的文案，让不少人为了集齐江小白瓶身，跑遍了火锅馆和便利店。电影《火锅英雄》把江小白作为不可或缺的重庆符号收录；热剧《好先生》中“家人共饮江小白”；《小别离》将江小白的文案融入台词，更是使江小白的文案成为消费者对自己的倾诉。

随后江小白又推出了“表达瓶”，最终形成每一个喝过江小白的人都可以加入的社群活动中心。

表达瓶不仅能够表达个人心声，更代表了有共同心声的群体的发声。这个社群中的每个成员都不断激活、不断碰撞、不断交融其共同的心声。在无形中，江小白让社群里的每个人都拥有了一个同样的故事。

江小白表达瓶不仅是酒类企业在消费互动的一次标志性升级，也为企业文化的宣导提供了非常好的借鉴方法。

所谓“走心”，就是要通过“知”“信”“行”三个层面，让高度概括化的哲学理念，最终变成内心的契约和行为。

“知”，就是通过各种渠道对企业文化和价值观进行解读，解读的过程就是传播核心价值观的过程。解读的内容要浅显易懂，能让最基层的员工一眼就能看明白，企业需要什么样的员工，员工就应当有什么样的行为，企业的价值立场是什么，不可触碰的底线是什么。这是员工内心的行为准则与企业核心价值观同化的基础。

“信”，就是在制度层面的落地。

“行”，就是通过员工行为规范最终体现为心理契约的自觉行为。

这个“走心”的过程就是把员工的需求与企业发展共同构建在一起的过程。

【经典案例 66】

在中粮集团的企业文化中，就把企业的核心价值观与员工的发展需求，牢牢地结合在了一起。

中粮集团的使命是这样描述的：

我们奉献营养健康的食品、高品质的生活空间及生活服务，使客户、股东、员工价值最大化。

其中，“奉献”体现“先天下之忧而忧”的境界。

“营养健康的食品、高品质的生活空间及生活服务”是中粮需要奉献的具体内容，是各方对中粮的要求，是中粮必须实践的经营任务。

“实现价值最大化”体现了中粮运作的效率、目的性，也是中国社会主义市场经济对国有企业的必然要求。

“员工价值最大化”使员工与企业的命运紧紧相连，通过企业的发展，使员工过上“体面的生活”，包括收入增长、良好的工作环境、个人的发展与自我价值的实现。

在这里，“让员工过上体面的生活”对于员工价值最大化，进行了非常切合员工需求的具体诠释，从收入、工作环境和个人发展、自我实现的层面，让员工把自身作为央企职业人的需求与企业承担的社会价值连接在了一起，使中粮人在为企业发展努力奉献的同时，也看到自身发展的前景。中粮不仅在文化诉求上鲜明地把员工的需求与企业价值联系在一起，同时也通过司徽、业务跟进、经理人选拔与培养等各个方面，把企业文化的宣导扎扎实实地落到各个层面，在央企的企业文化推进中，树立了一个典范。

7.2 自上而下的引导

企业的领导者和高层管理者，是企业文化建设最重要和最直接的推动者。他们应该是企业文化的楷模，其一言一行都对企业文化的宣导起着至关重要的作用。

【经典案例 67】

海尔总裁张瑞敏在谈到自己在企业文化中的角色时说：“第一是设计师，在企业发展中使组织结构适应企业发展；第二是牧师，不断地布道，使员工接受企业文化，把员工自身价值的体现和企业目标的实现结合起来。”

京东创始人刘强东曾经对京东的发展，做过一番速写式的描述：

“京东选择做电子商务的时候，这个行业所需要的条件并未完全成熟。它很像一条漂亮的鱼，在一个很小的泥坑里，艰难存活。然而就像是沙漠越野一样，看准了道路，不要管前面是沙丘或者是沙坑，凭速度冲过去就是！”

而带领着京东在短短10年的时间，在0到600亿元的飞速发展中把握方向，就是作为掌门人最重要的责任。企业最高管理者从文化的层面，为企业把脉、定位、找方向。让员工认同公司的文化，并转化为自己的工作行为，是企业文化成功的关键。

自上而下，不仅仅是企业文化的宣导策略，更是企业领导者身体力行实践企业文化，成为企业文化楷模的要求。日益激烈的竞争和越来越复杂的市场环境，向企业管理者提出了严峻的挑战，因此，要把企业文化宣导及建设作为首要工作列入领导日常议事日程，认真落实，身体力行，使之成为在竞争中立于不败之地的强大思想武器。

【经典案例68】

联想文化中有“入模子”要求。所谓“入模子”，就是要把员工个人的追求与目标融入企业的事业目标中。

联想主要从两个层次开展对职工的“入模子”教育：

一般员工“入模子”的基本要求，就是要按照联想所要求的行为规范做事。执行以岗位责任制为核心的一系列制度，这是最基本的要求。员工从开始被动接受到习惯成自然的过程就是联想全体员工素质提高的过程。

联想管理骨干的“入模子”，包括以下几个方面：

其一，联想的骨干，尤其是执行委员会以上的核心成员，必须有牺牲精神。在公司遇到困难、危险的时候要勇敢地迎上去，不许退缩，不许推诿。公司的核心成员在工作中需要付出很高的代价，在不为社会和周围所理解的时候，还要能忍受委屈，承受住巨大的精神压力，并且坚持不懈地把事业做到底。这就要求联想骨干胸怀宽广、任劳任怨、以事业为重、不计得失、不谋私利。

其二，联想的骨干必须堂堂正正、光明磊落，不拉帮结派，有问题摆在桌面上谈。

其三，联想的骨干，必须坚持公司的基本准则，坚持公司的统一性，不允许为了本部门的利益和其他部门产生摩擦。

正是联想企业文化理念坚持自上而下的宣导，领导层以身作则，身体力行，坚决把企业文化落到实处的决心使联想企业文化深入每个员工的内心，并得以执行。

7.3 从观念到行为的转化

仅仅把文化宣导停留在思想层面，让员工了解、认识、赞同企业文化所倡导的价值观和精神，只是第一步。更重要的是要通过行为表现，转化成工作产出和业绩结果，使企业文化宣导产生实效。

从观念到行为的宣导，最重要的就是要让企业文化的精神标准与工作行为结合，让最基层的员工都了解该做什么、不该做什么，细化到人、事，才能产生春风化雨、润物无声的效果，让无形的文化有形，从而有力推动企业发展。

从观念到行为的梳理过程，员工参与度越深，对企业文化的解读效果才会越好。

“梳理核心能力辞典”，是让员工深度参与文化解读，是把企业文化的概念转化为行为标准的一个非常好的方式和项目。核心能力辞典的梳理步骤的第一步就是要梳理出企业文化核心价值观、各层级核心能力的要求，在本岗位的工作行为中最具代表性的行为特征、高绩效的工作行为特征、对高绩效工作行为的自我评价方式等。

第二步就是要讨论出同一个岗位的各个层级对相应行为的要求和标准。

第三步就是要把这些行为及要求，转化成为行动方法和衡量标准。

【经典案例 69】

海尔集团在全球化进展中，及时启动了核心能力的梳理项目，最终以《海尔能力素质模型》的方式出台，成为海尔人力资源管理转型的重要项目，在全球化人才再造的过程中起到了巨大的作用。

海尔集团核心能力素质模型的本质是根据企业战略要求，明确高绩效员工集中展现的关键能力，有效牵引人才的发展。

《海尔能力素质模型》具有以下特征：

- 它是现实与未来战略对全体员工提出的要求；
- 它是“普遍获取”更佳绩效所必须拥有的一组关键素质和能力；
- 它是未来3~5年有效牵引员工能力发展的一组关键素质和能力；
- 它是最迫切的能力需要，具有鲜明的时代特征。

海尔的核心能力辞典对每一条能力素质都进行了详细明确的说明，包括能力素质的具体含义及其特征，易于判断的负面行为表现，该能力在不同层级上的具体行为表现等，让海尔人清晰地看到如何逐步发展该方面的能力，而这些工作都将使得此模型更利于实际应用和推广。

7.4　把感性力量注入理性管理

企业文化高效的执行，需要用理性的制度来约束、帮助。但如果没有感性的共鸣唤起，就无法创造激励员工的情感承诺，唤起员工强烈的内在责任感。一旦情感因素被忽略，文化即失去了内驱力。企业文化宣导和管理过程中需要激情与逻辑的配合，感性与理性平衡。

马斯洛需求层次理论将自我实现放在需求层次理论最顶层，正说明了人们感觉到自己存在的意义，这正是感性的力量。

弗雷德里克·赫兹伯格在《再论如何激励员工》中指出：迎合挑战、承担责任与进行自认能有所表现且感觉良好的工作，是人们工作的情感动机。

但理性管理同样重要。人们在动机的驱动下，不断地自我努力、自我成就的过程，是理性计划和实现的过程。只有动力，没有理性的行动和坚持，是无法完成自我目标实现过程的。

理性的管理能够使组织机制被清楚定义、命名、复制和评估，使得组织运转过程更规范、更准确。正式的制度管理，不仅较为精准，也能长久保存，同时也成为业务运作过程中解决争执或分歧的重要参考依据。企业必须依赖各种规范与具体细节才能让商业经营正常运转。

综上所述，在企业文化的宣导过程中，把感性力量注入理性的管理之中，首先要让理性的制度与感性的方向一致；其次要抓住企业和员工的核心诉求，进行企业核心价值观的传播、强化和认同；最后是在制度体系上，明确界定相应的行为规范，使员工的具体行为有规则可依，有具体的行为来认定。坚持从感性到理性的宣导策略，把感性力量注入理性机制，经过长期积累，文化的优化和提升必将功到自然成。

7.5 文化的造势与借势

势，是客观事物所蕴含的力量的外在显现，并决定着事物的发展趋向；是通过主观能动性造成的一种不可阻挡的态势，是力量的积聚与爆发。所谓势，就是在已经具备一定实力的基础上，发挥主观能动作用，继续赢得更大优势和影响。

在企业文化建设中，要想取得有效的实施效果，就要在善于造势的同时，更要善于借势。仅靠自身的造势，所产生能量有限，因此在造势之后，还要善于借势，借助一切可能利用的有利形势，从而更好地达到目的，实现目标。

【经典案例 70】

10 年，从 0 到 600 亿元，这样的发展速度，对京东来说，机遇与挑战并存。

2013 年，刘强东为京东的发展定下了基调：

“过去九年，我们平均的增长速度超过 200%，在如此高的发展速度下，内部不可避免地会产生一些系统性、流程性、根源性问题，要对这些问题进行系统性修补。”

对于企业文化的根本判断，刘强东明确表示：价值观的重要性远远大于业务能力。于是京东启动了价值观梳理项目。

首先，京东自省思考了以下问题：

如何建立协同文化，提升系统整体竞争能力，实现运营一体化？

如何创造职业经理人生存发展的环境，实现专业化、职业化在京东落地？

如何解决规范及流程建设的不足、制度建设的不足，如何树立行政权威之外的专家权威、流程权威？

如何解决京东文化建设中责任主体模糊和缺位的问题，解决直线经理人价值观共识和践行垂范的难题？

如何针对“80后”“90后”年轻族群的特点，开展文化建设和价值观落地？

如何解决企业文化稀释、影响力的衰减和高管思想断层的问题？

这些问题，反映出京东组织及文化建设与业务高速发展之间的矛盾。京东决定进行一次“文化破局”。

1. 增长策略的核心转变

回归京东价值原点，回归企业家精神，梳理京东成功经验，思考京东为什么能发展到今天，哪些是京东天然的优秀文化基因，是必须由文化传承的。

回顾历史发现，文化成功的共同归因就是：文化根植于历史，更在于面向未来的创新。

总结了过去的成功经验，明确了行业发展的特点和需要后，就开始引导高管团队对未来发展和主导文化进行系统思考。

谋求共识，是此次文化梳理最大的亮点。

2. 价值领航

京东的价值观是在长期实践中，企业家群体的意志、直觉、创造精神和敏锐思想的具体化，具有不可移植性。

京东通过强有力的手段来指导和培养真心拥护企业价值观的员工队伍，不遗余力通过价值观去构建关系紧密、同心协力的员工共同体，把企业的价值观念不断传递给消费者和每个员工，不断向社会传播京东价值观念，通过制定严格的“个人标准”来筛选、提拔人才，为符合企业信仰和价值要求，并乐意为实现企业使命而持续做出贡献的人才提供具有竞争力的薪酬福利体系。

3. 根据“知、信、行”文化落地模型，设计多纬度落地策略

“知”——就是通过各种渠道在员工中传播京东的核心价值观，包括丰富

的培训活动等使员工知晓不可触碰的底线，知晓京东的价值立场，使员工最终达到与京东核心价值观彼我同化的精神境界。

“信”——在制度层面的落地，特别是人力资源制度上的落地，落实在制度、政策中，才能使得员工相信。

“行”——通过员工行为规范、素质标准建立等，最终体现为心理契约的自觉行为。

4. 分别从传播层面、制度层面、行为层面进行了落地设计

传播层面通过价值观培训，结合传播机制和仪式活动，营造价值观落地氛围；制度层面是通过人力资源制度体系建设使价值观在制度、政策中得以体现；行为层面对核心价值观的内涵和外延进行清晰的界定，以体现核心价值观对组织和成员的行为提供更加明确具体的指引。同时设计了价值观360度评估工具，确保京东在价值观管理和价值观考核上的可操作性。

京东的这次文化梳理过程，是一次员工广泛参与并形成高度共识的价值观探寻之旅，是京东文化的一次升级。

8 第八章 企业文化的设计与实施

管理是一种实践，其本质不在于“知”而在于“行”；其验证不在于逻辑，而在于成果；其唯一权威就是成就。

——彼得·德鲁克

企业文化要想得以真正的推进实施，发挥出巨大的内驱力，就要建立一个成功有效的推进实施体系。在企业文化的推进实施过程中，外部的环境因素、内部的历史传承会同时发挥作用。而企业文化也会随着环境和企业自身的成长而不断调整完善。

8.1 有效的文化体系的构成

一个优秀的企业文化体系，能够让人感受到企业的生命力和欣欣向荣的业务发展趋势，从目标、传播、融入、激励等各方面建立强大系统，并在其中注入源自每个成员的内驱力，让每个部门、团队、个人都成为企业这个有机生命体成长的力量。

8.1.1 企业文化有效性的对标

企业文化是一个从精神到表象的动态体系，在稳定的、不易改变的核心价值观的引导下，通过员工的工作行为和工作表现，把企业文化的精神力量转为业绩结果，才能真正发挥企业文化的重要价值和作用。

因此员工对于企业文化的认知度与理解度，是否表现出具有内驱力的行为，是衡量企业文化有效性的重要指标。

一、企业文化的认知度

企业文化的认知度，是企业员工对企业文化的认识、了解、熟悉程度。如果一个企业成员对于所在企业的文化没有起码的了解，根本无从谈起企业文化的作用。

只有被认知的东西，人们才会有意愿进行深入的了解。认知过程是从理性到感性再到理性的快速过渡的过程。人们理性地收集各种信息进行认知，一旦认为自己的认知形成，就会马上转入感性层面，决定自己是否接受和喜欢，并形成自己的判断，然后又从理性出发，决定是否认同和接受。对企业文化的认知，是了解企业文化、认同企业文化的最基础的部分，也是让员工对企业文化进行思考、产生认同的心理基础，只有了解程度比较深入、同时引起较大共鸣的时候，才能够使企业成员对企业文化的内容产生高度的认同，形成成功的认知。

认知度是检验一个企业是否拥有健全的企业文化系统的重要方式。

二、企业文化的理解度

企业文化理解度的深入程度直接决定了企业成员对企业文化的接受程度。

所谓理解度，是指在认知度的基础上，用理性分析内在的脉络或条理，从道理和逻辑上进行深入的了解，从而形成自己见解的过程。

理解度一旦形成，就会比较稳定。随着理解度的加深，企业成员会形成是否接受企业文化的决定，所以理解度最终直接决定了员工对企业文化的判断。

对企业文化的理解，通常伴随着判断，这个判断就决定了人们是否接受企业文化输出的价值观，并是否愿意在这样的价值观引导下规范自己的工作行为。

具有良好的理解度的另一个标准，就是能够以自己的语言和行为，对企业文化进行表达和诠释，并把工作中遇到的问题，以企业文化赞同的方式给予解决。同时还能够在企业文化价值观的引导下，独立完成对工作问题的判断。

在企业文化宣导推进过程中，衡量员工是否有良好的理解度的标准主要有以下几点：

（1）员工是否对企业文化有好感，认同企业文化，并发自内心地接受。

（2）大部分员工对于企业文化所倡导的价值观以及行为规范的理解基本上是一致的。

（3）企业文化在员工的工作行为中，形成了内部驱动力，能够在制度覆盖不到的地方成为员工行事的准则和标准。

【经典案例 71】

宝洁公司一直把员工当作企业文化的核心，把人才视为公司最宝贵的财富。

宝洁公司规模庞大、机构复杂、产品众多，如果每个品牌下的员工各行其是，不了解公司总体营销策略，不可避免地会产生工作摩擦。因此宝洁公司把员工对企业文化的共同认识和理解，作为协调与统一的重要基础，并为此做出了巨大努力：

（1）创造无障碍交流的平台。员工之间的交流主要通过各种会议及企业内部网络进行，可以了解到公司发生的重大事项，以及未来的事业发展等各方面的信息。经理人经常一起讨论下属的绩效与发展。宝洁通过建立相互之间尽可能多地进行交流的环境，确保对公司情况得到充分而有效的掌控。

（2）不断培训，内部提升。宝洁的企业文化宣导，从校园招聘就已经开始，每年从全国一流大学招聘优秀毕业生，经过独具特色的培训，培养一流的管理人才。不遗余力地培训和发展员工，是宝洁成功的重要保证。

宝洁对员工的大量培训使宝洁员工的个人素质得到极大的提高，同样，对宝洁的长期发展是极其有利的。

8.1.2　企业文化设计与实施的原则

企业文化是在企业发展过程中逐渐形成的，受到内外环境各种因素的综合影响，同时自身也随着企业的发展不断成长变化，最终形成一个复杂、动态的综合体系。要想有效地推进和宣导企业文化，使之在企业中发挥巨大作用，就要准确地把握以下原则：

一、价值观导向原则

企业文化体系推进的第一原则应是价值观导向一致原则。

企业文化体系在任何时候都要把握住表象、观念与内在假设的高度一致，才能为企业战略指明方向，提供落地保障。

【经典案例 72】

华为总裁任正非曾说：水和空气是世界上最温柔的东西，但同样是温柔的东西，火箭是空气推动的，火箭燃烧后的高速气体，通过一个叫拉法尔喷管的小孔，扩散出来的气流，产生巨大的推力，可以把人类推向宇宙。像美人一样的水，一旦在高压下从一个小孔中喷出来，就可以用于切割钢板。

可见力出一孔，其威力之大。十五万人的能量如果在一个单孔里努力，大家的利益就在这个单孔里获取。如果华为能坚持“力出一孔”，下一个倒下的就不会是华为。

价值观导向原则，就是“力出一孔”的保障。价值观导向，要充分体现在企业目标、思想和观念的统一上，体现在价值理念与战略方向的统一上。

二、历史性原则

企业文化是随着企业的发展积淀而来，没有历史的积淀也就没有企业文化的成长之根。所以必须要理解文化的传承，尊重企业的历史和传统。企业文化的内容绝不能脱离企业发展的历史，否则就是孤立悬浮的空中楼阁，没有根基。

优秀企业在发展过程中，会沉淀和积累许多优秀的传统和精神，这些无形的精神财富会在员工心中留下烙印，影响员工工作行为，对企业现在与未来的发展具有重要而积极的意义。企业文化设计的历史性原则，是要在回顾企业发展的历史过程中，寻找、提炼优秀传统，并在新环境下继承和发扬，逐渐积累，形成企业文化深厚的底蕴。

企业文化本身不断优化和调整的过程，也是不断回顾历史和传承历史的过程。

【经典案例 73】

摩托罗拉价值体系中的经营策略，与经营理念表现出了高度的一致性，即以技术产品领先为基础立于不败之地。

几十年的发展历程中，这个高度一致的经营理念表现为 3 个明显且相关的模式：

（1）不断开拓新产品、新市场。

（2）不断加强、扩大和更新现有的产品生产线，发展现有市场。

（3）不断努力，不断改进产品品质，以缩短产品周期时间。

这三种模式确保摩托罗拉在环境和时间不断变化的半个世纪里保持了其在通信领域的领先地位。

三、社会性原则

企业存在于社会之中，不可能脱离社会环境而存在。企业的使命就是对企业存在的意义和对社会价值的阐述。

坚持社会性原则，可以使企业文化体系在设计的时候能够有更高的境界，从而真正指导企业文化体系的方向。企业只有在为社会提供满意的服务或产品、满足社会需求的基础上获得回报，才能够真正赢得企业正常经营的利益，所以企业的经营活动要始终具备社会责任感，以客户和顾客的需求为经营活动的出发点，体现服务社会的理念，才能树立良好的企业形象，获得持续发展和长足进步。

企业的社会性原则不是要放弃经营原则无底线地迎合大众，而是要在合法经营、健康发展的过程中，取得良好的经营利润，不断发展壮大，回报社会。无底线地迎合个别人的低俗趣味，或作秀博眼球，或失去企业的社会尊严和道德底线，这都将给企业带来极大的伤害。

【经典案例 74】

世界知名的化学公司巴斯夫公司，被列为高度重视企业社会责任的 FTSFAgood 指数，多次被《财富》杂志评选为最受赞赏的公司。

在经营中，巴斯夫从不将经济利益凌驾于环保、安全和健康责任之上，能够很好地处理社会责任、环境责任和公司盈利之间的关系。为了配合德国政府出台的新的节能法规，巴斯夫利用资源和技术优势，设计了著名的“3 升”房，把采暖耗油量从 20 升降到了 3 升，二氧化碳排放量降至原来的 1/7，不仅为住户节省了大量采暖费用，而且取得了显著的环保效益。

在中国，巴斯夫提出了针对大学生的教育资助计划，首创了中国的经营生态效益分析系统，使企业在产品开发、优化工艺以及选择最具生态效益的解决方案中，能够兼顾经济和环境，多次被评为中国最具责任感企业。

在环境方面，巴斯夫注重责任关怀和生态效益分析，在行业内对环境、安全和健康等方面持续进行改善行动，提出“负责任的行为”这一文化理念。

无独有偶，可口可乐也在 2017 年发布了主题为《我们在乎》的可持续发展报告，全方位分享了可口可乐中国企业在可持续发展领域的最佳实践与宝贵经验，并邀请更多人一起加入可持续发展的生态链，“让在乎多一点，美好多一点”。

这份发展报告从水资源保护、可持续农业、妇女帮扶计划、农村儿童安全饮水、灾后应急饮用水供应、工厂运营管理、可持续发展战略等七个社会视角为切入点，展示了可口可乐中国是如何从自身优势和社区需求出发，在中国致力于推动可持续发展、为消费者及产业链上所有的相关群体打造长期健康发展的社会环境的。这也是可口可乐把公益文化和可持续发展理念融入业务和运营中所做的努力。

四、个性化原则

优秀企业会在长期发展中形成具有自己鲜明特点的文化。

要想把握好企业文化设计的个性化原则，就切不可照搬照抄其他优秀企业的文化精神。因为每个企业的成功之路都各有不同，所以自然会形成不同的企业文化特色。优秀企业的经验，可以借鉴、吸收，但更要有所突破和优化，从而把握好个性化的原则。

把握个性化的同时，要注意：尊重人的个性是企业文化设计中的关键和难点。

当企业文化根植于深厚的发展积淀并进行深刻思考和总结，就能使个性化原则自然而然地在企业文化设计过程中起到作用。

五、动态的前瞻性原则

企业文化在稳定价值核心的引导下，不断地凝聚力量，约束、调整甚至淘汰那些企业不倡导的行为及观念，发挥员工潜力并朝着同一个方向努力，这是一个动态过程，不仅推动了企业发展，也让企业文化本身具有生生不息的生命力。

如果简单地把企业文化当作一个静态的模型，当企业面对不确定的变化时，这个静态的模型就会无所适从，无法适应企业的发展要求。

所以企业文化一定要根据企业的发展状况随时调整，表现出强大的动态适应能力。

【经典案例75】

沃尔玛公司是世界上最大且财务和业务运营健康的零售型企业之一。在诸多成功驱动因素之中，企业文化被认为是其成功的根本原因。沃尔玛的十条业务经营原则一直指导其全球业务的发展。

第一，必须忠于事业。只有热爱工作，才会尽自己所能，把工作做到最好。并且可以通过对工作的热情，感染身边的每个人，也提高他们的效率。

第二，必须与员工分享利润。对待员工要像对待伙伴一样，这样员工也会把企业当成自己的合伙人。

第三，要不断地激励员工，但不能只靠金钱，必须想一些有趣的办法。

第四，尽可能和员工进行交流。员工知道得越多，理解得越深，他们对工作也就越关心，那么什么困难也不能阻拦他们。

第五，必须感激员工为公司做的每一件事。沃尔玛会经常在适当的时机感激员工做出的贡献。沃尔玛认为，不管你是什么国家、什么背景、什么宗教信仰，当有人赞赏你的工作表现时，你一定会感到非常高兴。

第六，提倡要庆祝每一次成功，而且要从中寻找乐趣。无论什么时候都要充满激情，要在工作中寻找乐趣。

第七，必须听取员工的意见。尤其在零售业，最了解信息的往往是最基层的员工。所以，听取他们的意见非常重要。

第八，必须超出顾客的期望。这是沃尔玛一贯的方向。只要做到这一点，就可以不断地吸引顾客光顾，使销售额不断提高。

第九，必须比对手更加节约成本。必须严格控制开销、控制损耗。既然“天天平价”是沃尔玛对顾客的不变承诺，为了实现这一承诺，就必须要有效降低成本。

第十，必须逆流而上、另辟蹊径，不要墨守成规。

另一个相反的案例则是美国安然公司因做假账导致美国历史上最大的公司破产丑闻，使自己成为欺诈以及堕落的象征。

管理学家在企业文化上找到了安然公司破产的原因。20 世纪 90 年代末期，业务上的成功使安然公司开始变得自高自大，过于强调个人表现导致了空虚和贪婪的滋生；内部的互相评估制度导致了唯令是从的文化，企业内部不再有反对的声音；由于追求漂亮的财务数字导致了内部的失控，内部交易、腐败和虚夸营业收入以及隐藏的债务随之产生，最终导致了企业的破产。

企业文化可以使公司产生凝聚力并且提供竞争优势，但过时的企业文化，包括核心价值观和管理原则及习惯，也可以扼杀一个企业。

一旦企业成功克服障碍，解决问题的方案就会提炼成固定的观念、方法、标准和思维定式，从而为解决新的类似的问题再次提供解决方案，最终形成相对稳定的企业文化，在遇到新问题时，会自然而然地使用同样的思维，而危机也往往就在这个时候不知不觉地产生了。

因此，在设计企业文化体系时，一定要牢牢把握动态的前瞻性原则，清醒地意识到企业文化一定要随着时代和企业的发展、环境的变化不断发展变化。更要有度量、有胆量，敢于让企业文化不断地自我挑战、自我扬弃、自我更新、自我成长。绝不能让故步自封的企业文化成为企业发展的障碍。

六、可操作性原则

在设计企业文化体系的每一个环节时，都要思考这个环节应当如何实施和行动。不能转化成行动的企业文化体系，一定是空虚的、不务实的体系。

衡量可操作性原则的三个要点：目标要明确、方法要简单、结果要可衡量。

目标明确，是指在设计企业文化每一个环节的时候或者策划每一次企业文化活动及项目的时候，都要首先解决“这件事或这个环节这样设计是为了什么？”这个问题，这个问题的答案一定不能是空泛的、无法衡量的，而必须是要完成某一项具体任务的。

方法简单，就是指实施的方法和标准要让最基层的员工都能理解为什么要做这件事，如何做这件事，这件事做成什么样才算成功。

结果可衡量，就是一定要尽量找到定量而非定性的指标，去评估企业文化体系到底在员工心目中深入到了什么层面，对员工的行为影响到了何种程度。

【经典案例 76】

2012 年，当加多宝遇到品牌危机时，加多宝人力资源部发起了“红色力量，我们在行动——坚持每天影响一个人”的主题活动。在策划这个项目时，面对“这个项目是为什么？”这个问题，如果答案仅仅是“稳定军心”四个字，那么充其量也只能是 60 分的水平。因为稳定军心，只是一个概念而已。影响军心的因素有很多，哪个是最关键的、最亟待解决的呢？

在敏锐观察到员工的情绪变化后，加多宝人力资源部分析：

一、面对突如其来的变化，公司未来战略需要明确，要让员工尽快知道下一步该做什么。

二、员工面对商标突然失利的不理解和对公司的高度忠诚，是巨大的情绪力量。这股情绪力量必须要尽快引导成正向的，而不能转化成负面的愤怒和悲观。

在这个基础上，“红色力量”的主题活动，就变成了一个连最基层员工都能理解和执行的倡议：坚持每天影响一个人。因为在当时，加多宝的品牌刚刚出现，在市场上还没有知名度，所以要让更多的人知道加多宝、了解加多宝、支持加多宝，就是这个倡议的核心。

在这个倡议的带动下，所有加多宝员工目标一下子清晰了。简单的方法，又激发了员工的无限创意，同时每天影响一个人的量化指标，让员工对结果可衡量。这个企业文化主题活动的成功，在加多宝的品牌转换过程中起到了巨大的积极作用。

8.1.3　企业文化实施的步骤

通过分析众多文化实施案例，很多优秀企业的文化体系可以划分为诊断体系、目标体系、识别体系、传播体系、保障体系、激励体系、评估体系、改进体系这八个体系。

这八个体系又通过诊断与规划、塑造传播、推进实施、评估与改进四个步骤，形成了一个有机的、动态的整体。

这八个体系、四个步骤在模式上参照了 PDCA 的模型，形成了一个不断发现问题、不断推进企业文化自我完善的闭环。

在这四个步骤中，每一步都包含了若干个子系统，在每一个子系统的设计和实施中，都要考虑到小目标与大目标的对接、方法是否简单易行，能够让大部分员工理解和执行、结果能否找到比较量化的依据进行衡量。

【经典案例 77】

科龙集团在经历了快速发展时期之后，开始对企业文化进行变革和融合。

（1）确定了“万龙耕心”的目标，并通过一系列活动，让全员参与到企业文化的塑造之中，共同讨论目标，并参与方案的策划。

（2）明确之后，进行文化战略沟通，集团营运调查与研讨活动相结合，让企业文化共识达至巅峰。

（3）进行宣导，使企业文化理念深植，借宣传活动等载体将企业文化灌输给每一位企业员工，成为全员共同遵守和奉行的价值观念、基本信条和行为准则。

同时通过精神文化共识化，建立行为规范。

（4）企业文化导入实施计划，通过企业文化主题活动的协办单位征选、教育培训等活动进行宣传。同时配合问卷调查、文化研讨、举办“总裁开放日”等方式推广宣导文化理念。

（5）项目评估，同时进行内部与外部评估。

通过上述深入务实的操作，使得企业文化最终深入人心，为科龙集团的全球化战略奠定了有力的文化基础和战略基础。

在这样的体系建设下，将企业文化构建为紧密衔接、相互支撑、持续改进的动态系统，形成规范化、制度化、科学化的优势与特点，构成有机运行的文化推进闭环。

8.2　企业文化的诊断与规划

这个步骤的主要任务有两个，一是要对企业文化的现状进行评估诊断，发现当前存在的最关键的问题是什么；二是要根据企业总体发展策略，确定企业文化建设的目标、规划的方向。

8.2.1　诊断系统

诊断系统的建立是为了充分了解现状，明确企业经营管理的基本特征和问题，有目的地收集相关信息并进行分析，从而找到最关键的问题和最需要解决的问题。

诊断系统的基本流程包括：盘点、归纳整理、分析判断、形成诊断报告。

盘点：要"摸清家底"，对企业文化资源进行全面的盘点，查清查实。企业在自主全面进行企业文化塑造之前，往往对过往的发展历史只有感性体会，没有理性的收集分析。所以对于企业文化积淀的资源和结果模糊不清，不能系统地了解企业文化的现状。

归纳整理：要用科学的方法，进行归纳整理，使之条理清晰。主要做法是以科学的企业文化体系和基本原理为依据，对企业文化资源进行分门别类，归纳整理，通过对大量现象的观察、研究，概括出具有指导意义的结论。

分析判断：通过科学的方法，分析、研究、判断，把握住企业文化的优劣势，明确差距和存在的问题等，提供可靠的决策依据和指明努力的方向。

企业文化诊断，不仅要向内分析，更要向外学习借鉴。诊断首先要根据企业实际和企业文化现状，分析企业文化现状形成的背景与原因，找到最关键的问题；向外学习借鉴是要从现代化企业管理特点出发，结合外部社会发展和经济发展趋势，以科学的企业文化管理理论为指导，学习借鉴其他优秀企业的企业文化发展成果，从而得出基本判定，有针对性地提出企业文化建设策划方案。

输出成果：企业文化诊断分析报告。

8.2.2 目标体系的提炼

企业文化目标体系的构建，是在诊断分析的基础上，明确企业文化建设的目标以及实现目标的路径和方法，从而能够指导、部署、推进和实施文化建设，确保企业文化建设有计划、系统地推进。

主要任务包括：

（1）确定企业文化战略目标，这个目标必须要与公司总体战略目标一致。

（2）明确企业文化推进的重点和原则，包括企业文化理念的识别、文化宣导的主要方式、制度体系的关键原则等。

（3）明确推进的规划及实施计划，规划要有可行性，计划要合理、有节奏、有评估、有方法。

实施方法：从诊断分析的信息和访谈调研中，提炼最精髓的内容，同时针对最需要解决的问题，明确核心价值观体系、推进目标体系和下一步推进工作的规划。

优秀的企业往往会在战略、文化、执行、组织结构这四个管理要素上有卓越表现，同时又在人才、领导力、创新、组织兼并与合作这四个次要管理要素中的任意两项上做好充分准备。这即是成功管理的“4+2 法则”。

【经典案例 78】

北京未名潮管理案例研究中心在对多家企业进行文化标杆研究和分析之后，提炼了企业文化的共性特征，也就是标杆企业的企业文化核心要素：

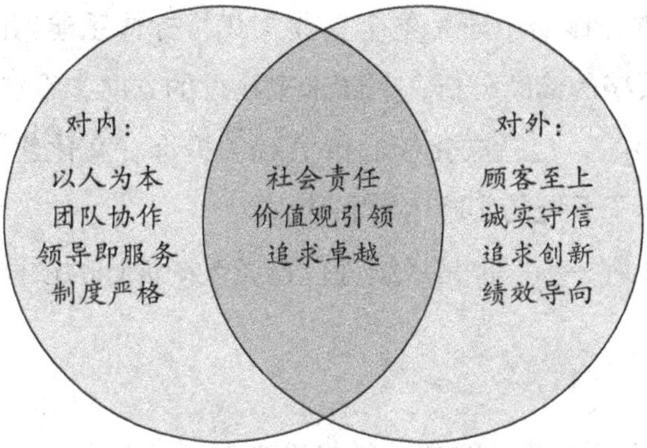

图 8–1　标杆企业文化核心要素结构模型

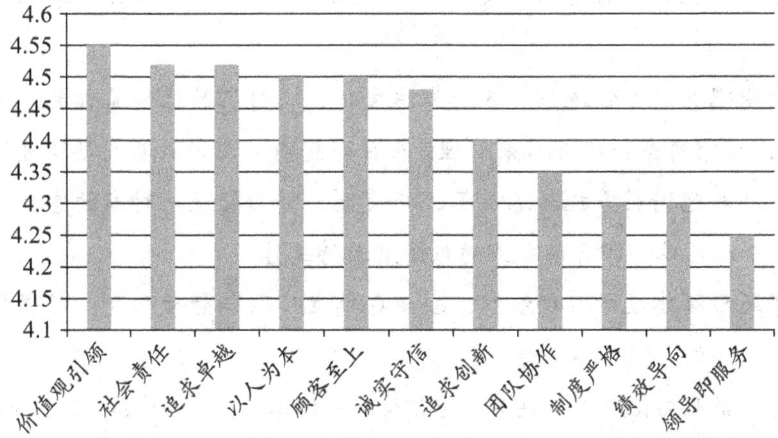

图 8–2　标杆企业文化核心要素评分情况

（资料来源：北京未名潮管理案例研究中心）

这部分工作的输出结果：企业文化核心要素、企业文化手册大纲、企业文化战略规划、企业文化推进规划及实施计划、企业文化识别系统的原则等。

8.2.3　工作流程及主要工作模块

图 8–3　诊断与规划步骤的流程

在这个步骤中，诊断调研是整个企业文化目标体系建构的基础，侧重于对企业文化发展战略的诊断分析，兼顾未来建设的方向和重点。

目标确定是核心，包括文化核心价值观的提炼、文化建设工作的整体推进规划、后续各个子系统的实施内容和计划。

制定规划是最后一步，也是后续进行物质系统设计的依据。

【经典案例 79】

在 20 多年的企业发展过程中，联想逐渐形成了自己独特的企业文化，将西方的制度文化与东方的家庭文化完美地结合在一起。联想非常重视内部制度的建设，而且对所有员工一视同仁，一旦违反了规定，就必须承担相应的责任。

同时联想也注重营造东方式的家庭文化，将自己的经销商称为“大联想体系”，把经销商当作内部人来管理；而且联想内部几乎所有高层均通过内部晋升产生。联想高层重视与基层员工的交流，努力营造一种家的感觉，让员工以对待家而不是一种普通职业的热情来对待工作。

联想还积极建设学习型组织，联想也建立了联想管理学院，对联想的干部进行系统培训。

联想的企业文化可以归纳为：既讲人情又讲体系，强调速度、执行和管理。这种独具特色的企业文化与联想的“贸工技”战略以及低成本、高效率的竞争策略高度匹配。

联想企业文化在面对经济环境变化，进行企业分拆重组过程中也遇到了挑战。在收购 IBM 的 PC 业务时，除业务压力外，企业文化融合的挑战更加艰巨。

联想收购的是一家规模远大于自己的跨国企业，IBM 有着非常悠久的历史和非常强势的企业文化，然而，在联想的中国员工中，缺乏能够在全球推广联想企业文化的人才。

从收购 IBM 的 PC 业务时起，联想原有的企业文化就和 IBM 那种非常包容、强调沟通的企业文化产生冲突。在中国市场上，相对强势的联想原有文化很快占据了上风，一些在 IBM 工作多年的老员工因为适应不了新的环境和企业文化而选择离开，留下的都是能被强势的联想文化所同化的员工。于是联想经过系统梳理，提出了全新的企业文化和价值观，并通过持续努力，使文化融合在内部得到了推进，走出了企业文化的迷航状态。

8.3　企业文化的塑造与宣导传播

塑造与宣导传播，是使企业文化正式展示的阶段。这个阶段要通过对识别体系的层面进行个性化设计，使企业文化的特点能够一目了然，在视觉共鸣的基础上，产生心灵共鸣。这个阶段既是企业文化展示的窗口，也是企业文化建设的基础。

这个步骤包括了识别体系的设计和传播体系的设计。

8.3.1　识别体系的设计

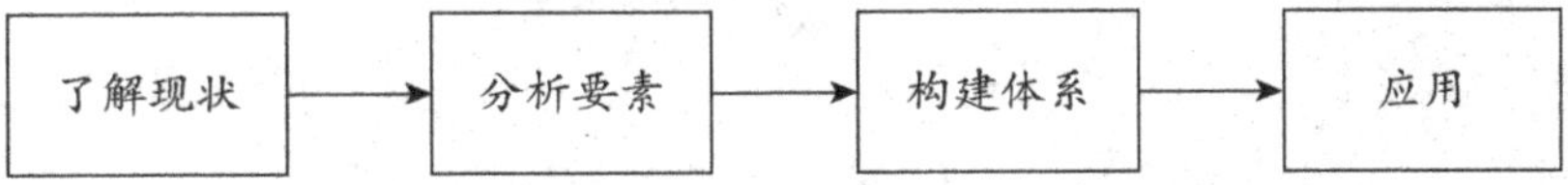

图 8-4　企业文化识别系统构建流程

确定 MI（理念识别）：确定全体职工的价值观。企业价值观是企业文化的核心，决定企业的命脉，关系企业的兴衰。

确立 VI（视觉识别）：包括文化识别系统的总原则、关键要素、统一的模式。同时要梳理标识的范围，包括企业标识、旗帜、广告语、服装、信笺、工号牌、印刷品等。以此规范员工行为礼仪和精神风貌，树立良好的企业形象。

确立 BI（行为识别）：对内包括对员工的宣导、培训、行为规范的确定、倡导导向的明确。对外包括企业的经营行为、社会责任行为如何体现等。

输出成果：企业文化理念体系、企业文化 VI 识别体系、企业文化手册（包括理念诠释、核心能力辞典、员工行为规范等）。

8.3.2　传播体系的设计

企业文化的传播体系，是指在识别系统的基础上，通过各种传播途径，将企业价值、理念、精神、品牌等信息传达给员工、消费者、合作伙伴、社会公众，不断提升企业文化的影响力和渗透力，推动内部员工和外部利益相关者对企业文化产生高度共识和认同。包括传播工作组织、传播主体、传播载体以及可视化的传播内容。

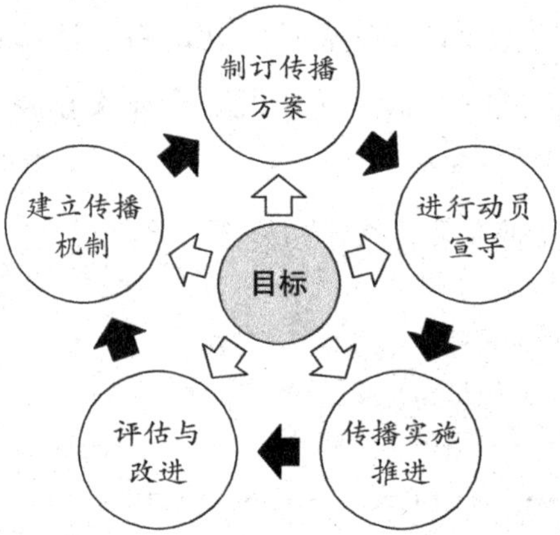

图 8-5　传播体系构建流程

1. 建立传播机制

建立企业文化宣导的立体化网络，明确各个传播环节的职责、目标和任务，以保证对企业文化诠释的统一、宣传到位。传播机制要将文化和战略同步对接，保证公司战略目标的宣导从上到下不走样。

2. 制订传播方案

在企业文化的目标下，统一设定和明确文化宣传的主体、目标、传播的原则、方式、责任部门、评估标准等。同时根据实际情况，把握节奏，确保文化宣导各个环节都能齐头并进。

3. 进行动员宣导

动员宣导要自上而下，这是企业文化内化于心的必经途径。宣导过程中，责任人、宣导人宣讲的专业能力、表达能力、推进节奏和覆盖范围都非常重要。

宣导内容要紧紧围绕企业文化的战略目标进行。

4. 传播实施推进

这个过程需要所有参与的部门协作配合，在统一的目标、节奏下各司其职，相互推动，并持续进行。

5. 评估与改进

评估与改进要做一个阶段评估一个阶段，及时发现每个阶段存在的问题和可改进的空间，及时调整，形成良性循环。

【经典案例 80】

以下为某大型央企的企业文化传播方案。

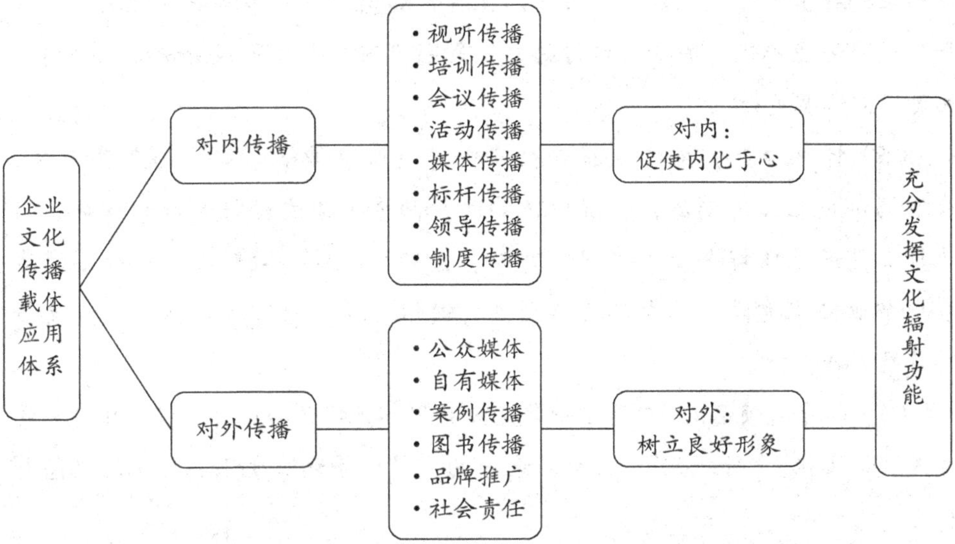

图 8-6　某大型央企的企业文化传播方案框架

1. 企业文化对内传播

促使企业全体员工认知、认同企业的愿景、使命、价值观、企业精神、行为准则等核心理念，并内化于心、外化于行，从而增强企业的凝聚力、执行力、创新力与核心竞争力，不断提升员工队伍能力与综合管理水平。

（1）视听传播。设计制作视觉标识、文字宣传资料、视频资料、荣誉室等，借助视觉、听觉系统传播企业标识、文化理念、案例故事与企业形象等。

（2）培训传播。结合培训体系构建工作，由企业领导、企业文化宣贯队伍、外聘专家等通过各种培训形式，传播企业文化建设相关理论知识、文化理念、企业文化建设规划与思路、实施路径与方法等。

（3）会议传播。利用各类会议，进行企业文化理念及相关工作要求的传播，如党组会议、全体员工会议、公司展会、部门工作例会、安全质量专题会议、研讨会、大型讲座会议、公司年会、表彰会等。

（4）活动传播。通过开展形式多样的企业文化活动，突出企业文化建设的重点、营造浓厚的企业文化建设氛围，让员工在轻松、互动的活动中体验式地接受和认同企业文化。

（5）媒体传播。通过企业内刊、企业内部的电视、广播、网站、微博、微信等媒体平台（包括自有媒体）解读企业文化核心理念与企业文化建设工作要求、展示企业文化建设动态信息、宣传典型人物与事迹等，促进员工认知与认同企业文化，并营造良好的文化氛围（部分内容与视听传播工作内容相关，需协调进行）。

（6）标杆传播。主要是指以企业内部员工身边的故事或事件为载体，清晰揭示企业文化内涵，明确价值导向，向员工树立标杆学习的榜样，引导员工更好地理解企业文化理念并以“榜样的力量”激励员工积极主动地参与企业文化建设。要求具有典型性、通俗易懂、语言生动活泼，以使传播效果最佳。

（7）领导引领示范：中高层领导充分利用各种场合与机会，以言传身教的方式“讲文化”“行文化”，用模范表率的力量引导和改变下属员工的思想与行为。

（8）制度传播。主要是指依据企业文化理念以及企业文化建设要求，修订、梳理和完善企业的各项规章制度与流程，使制度体系与新的文化理念体系保持一致，实现企业文化“固化于制”。

2. 企业文化对外传播

促使企业与股东、供应商、政府、社会、消费者等利益相关者进行友好沟通与互动，树立良好的社会形象，且有利于不断提升品牌的知名度、美誉度与忠诚度。

（1）公众媒体。根据企业文化传播的需要，适当借助服务社会公众的电视、报纸、杂志、网络等各类媒介载体传达企业文化理念、案例故事与品牌信息，以赢得消费者、供应商及社会公众的认同，并扩大品牌的影响力。

（2）自有媒体。通过建立网站、企业内刊、微博平台、微信平台等自媒体对外进行企业文化传播。使用过程中，应注意根据不同媒体的特点，进行精准的传播。

（3）案例传播。是指向高校及研究机构、媒体推荐企业文化及管理成果案例，通过深度的内容传播，达到企业文化深入人心的效果。

（4）图书传播。出版图书并对外公开发行，内容可涵盖企业历史、管理经验总结、优秀实践案例等。

（5）品牌推广。借助品牌管理部门的有关推广活动实现企业文化的有效传播。

（6）社会责任。积极组织、参与各类社会责任活动，充分展示企业敢于承担社会责任的气魄，并对外传达企业核心价值。

8.4　企业文化的推进与实施

这个步骤的主要任务，是通过机制管理使企业文化推进，从制度层面提供保障，使企业文化与人力资源管理紧密契合。这个步骤包括保障体系和激励体系。

保障，就是要有依据可循，确保企业文化在制度体系下顺畅推进。

激励，就是要在推动员工积极工作的同时，激发员工深度参与企业文化建设的意愿和积极性，激发更多人明确了解企业文化的导向，形成文化合力。

8.4.1　保障体系的设计

保障体系是企业文化推进中分量最重的部分。它的任务就是要让企业文化深入植根于企业经营管理的方方面面，实现企业战略、经营与文化的深度融合，不断推动管理创新，提升管理经营水平和竞争力。

保障体系的重要工作是与制度建立企业文化推进过程中的必要制度，保障企业文化建设过程有章可循，有制可依，有标准可评估。保障体系的主要内容包括：企业文化管理制度、企业文化与培训体系的对接、企业文化与人才发展制度的对接、企业文化与绩效制度的对接、企业文化实施管理标准、部门团队建设中的企业文化融入等。

这部分工作中需要注意的是，制度及规范的描述要清晰、有执行性，奖励和处罚都要有依据；与企业整体管理工作要互相衔接，不能出现矛盾或冲突。

【经典案例 81】

新奥公司平衡计分卡的最大特色在于根据战略的要求，结合企业实际确定了战略目标，把平衡计分卡分设到各级组织和个人，同时把公司的战略目标、企业文化也落实到了组织和个人。在个人平衡计分卡中，对员工提出了三个主题：一是有明确的事业发展方向；二是得到持续的能力提升；三是能实现价值回报。这三个需要被纳入个人平衡计分卡，并通过明确员工对组织价值贡献、需要的资源支持和能力提升途径、个人价值共享和职业发展目标等，将这三个需要进行有效连接。以此将员工需要与企业愿景、组织目标有机结合，使文化价值观有了刚性保障，从而有效推动组织战略实施。

8.4.2 激励体系的设计

激励体系与最基本的原则就是激励正向行为。企业文化要鼓励什么样的行为，激励体系在设计时就要对什么样的行为给予奖励。同时，对于不能容忍的行为和观念，建立清晰的“高压线”管理机制，严格约束触碰企业底线的任何行为、观念，一旦出现，绝不姑息。

激励体系通过引导、约束、奖励、惩罚四个方面对企业文化的建设落地起到促进作用。

1. 主要任务

建立评价考核标准，确保企业文化建设有目标、有要求、有标准、有评价，有激励，以建立企业文化的长效机制；

建立系统全面的激励体系，塑造良性竞争的工作氛围，以发挥员工的潜力；

建立具体的行为规范与激励制度、荣誉体系，激发员工的内在动力，充分发挥员工的主观能动性。

2. 原则及要求

公平公正：在尊重员工的前提下，有明确的目标和标准，公平公正地设计和实施。

注重实效：从内容到实施的方法上，都要纳入人力资源管理体系的有机组成部分，对接薪酬与人才发展，与业绩表现和绩效考核结合，注意可操作性和实施效果的可评估性。

8.5 企业文化的评估与改进

评估与改进，是企业文化建设中的最后环节，也是一个新循环的开始。企业文化是否能够不断发展、更新、优化，这个步骤将起到很重要的作用。

评估与改进要贯穿到企业文化建设的整体过程之中，客观、真实地了解企业文化建设中的真实情况、出现的问题和可改进的空间。这是企业文化实现自我完善和提升的关键。

8.5.1 评估体系

评估体系包括企业文化建设工作的过程评估和效果评估两部分。二者缺一不可。没有过程控制，就没有结果控制，良好的结果一定产生在过程之中。但在过程推进时要注意不能陷入过程细节，不看方向目标。

过程评估主要是指对于工作计划和落实情况的阶段评估，内容涵盖策略规划、理念提炼、方案设计、推进计划、实施保障等各个层面和各个环节。过程评估要与阶段回顾相结合，一要及时、二要具体、三要有对下一阶段的具体改善措施。

效果评估就是要对企业文化最终结果以及推进过程中的阶段性结果进行评估。具体维度包括凝聚力、领导力、执行力、成长力这四个指标。

评估体系的流程包括：

明确评估标准——制订评估方案——实施评估——应用评估结果。

原则及要求：

1. 科学性要求：评估标准要准确、清晰、量化、可衡量；方法要科学、可操作性强；工具要简单、恰当；内容重点突出，要有关键点。

2. 时效性要求

评估要在每个阶段性都设定评估环节，及时反馈，以利于下一阶段的改进。

评估的主要内容为对企业文化的认知度、理解度、认同度，以及员工心目中企业文化形象与企业文化建设目标的差距。

8.5.2　验收与改进计划

验收与改进，是指在评估结果的基础上，明确企业文化推进是否达到目标，是否起到了预期的效果。同时要总结梳理在整个过程中的经验和问题，制订改进计划，以便在新的循环中，不断改进、提高。

内容主要包括总结成功经验，形成企业文化建设成果总结报告。针对存在的问题，提出下一步的改进方向和具体措施，形成改进方案，促进企业文化建设水平不断提高。

【经典案例82】

科龙集团是国内本土的大型电器制造企业。曾获得世界经济论坛组织授予的"最佳全球增长公司奖"。在其发展过程中，企业文化建设起到了巨大的作用。

科龙集团在经历了创业期、成长期的快速发展后，开启了全球化战略。大规模的兼并重组，使科龙集团面临着文化融合的"瓶颈"，于是科龙开始了新的文化建设历程，开启了"万龙耕心"工程。

"万龙耕心"工程的目标，就是要塑造一种优秀的企业文化，发挥企业文化的辐射力和亲和力，以此来统一员工的思想行为，以增强企业的凝聚力和战斗力。

通过策划并实施系列活动，使科龙1.2万名员工全部参与企业文化塑造工程，明确企业发展战略，为科龙的二次创业创造辉煌的业绩做好准备。

“万龙耕心”工程首先通过企业文化再造，明确科龙集团的总体经营目标；凝聚员工的向心力；形成特色的企业文化；寻找科龙新的优势点；进行品牌形象延伸；提高全员素质。

在此基础上，通过观念沟通、战略沟通，明确经营文化定位。

在行动上，通过制定企业文化推进制度、宣传制度、组织推广宣传活动、建立行为规范、进行培训教育等，进行组织氛围管理；通过广告宣传、内部发布会、问卷调查、举办文化研讨营、举办企业文化新纲领发布暨誓师大会、定期举办“总裁开放日”、进行榜样表彰系列活动等不断深入推进企业文化对员工的心理契约建设和行为规范约束，最后对企业文化宣导推进工作进行内部和外部评估，以检验推进效果。

“万龙耕心”工程历时半年，最终取得了良好的效果。

9 第九章 企业文化与人力资源专业担当

对人的能力进行管理的能力才是企业的核心竞争力。人力资源改革，受益最大的是那些有奋斗精神、勇于承担责任、冲锋在前并做出贡献的员工。

——任正非

企业文化管理，是人力资源管理体系中的最高境界。企业文化必须纳入人力资源管理的整个系统之中，成为人力资源管理系统的一个有机组成部分，通过系统对接，业务和战略形成联动，让企业文化成为人力资源管理的精神内核，让人力资源管理成为企业文化的专业担当。

9.1 基于企业文化和战略的人力资源管理

企业文化和战略是对人力资源管理的促进，使人力资源的专业系统拥有更明确的目标，也使系统中的模块都聚焦在同一个目标上，从而形成联动。

文化的变革和整合，成为影响企业战略实施的关键因素，而文化变革和整合的关键就在于人力资源管理。人力资源管理要创造员工具有高投入度、高满意度、能够发挥潜能的工作环境。人力资源的有效管理发挥得好，就能够大大增加组织战略变革的推动力和执行力。

【经典案例 83】

在 GE，所有员工分为三类：德才兼备的，留用或提升；德好才平的，进行培训后再尝试；德差才高的，坚决淘汰。这里面的“德”，就是企业文化要求的员工对公司高度的忠诚。组织文化体现了组织价值，也体现在公司的人才管理理念上。

人力资源管理必须在战略规划的基础上实施。

人力资源管理者要理解企业战略、文化和管理体系在企业运营中的影响，从而反思和明确战略对人力资源管理的要求。只有了解企业运营中的真正需要解决的问题和要求，才能准确找到解决方案，从而积极行动、快速反应。

人力资源管理要随时根据企业的需求变化和战略要求，及时进行调整，以跟进企业发展的步骤，根据变革后人力资源的使命、愿景，制定战略性人力资源规划。

人力资源的系统还需要根据组织目标进行建设，不能照搬照抄其他企业的规章管理制度，更不能为了管理而管理、为了政策而政策，盲目管理。

【经典案例 84】

GE 全球化的战略，除了体现在产品和服务市场上，还同时体现到了人才培养上。因为 GE 清楚地看到，随着市场不断国际化，必然引起人才国际化，GE 果断决定，从全球化的战略中获得人才，因此在人力资源的招聘、甄选、培训、薪酬等方面都体现出了企业受这一战略的影响。

同时，GE 还通过沟通与培训使员工认识到战略，明确战略组织对员工行为和绩效的期望、要求，使员工自觉调整自身目标，与不断变化的组织目标相一致。GE 在战略中强调六西格玛战略，要让战略对人力资源的行为产生影响，就需要培训和沟通，将 GE 的人才培养成为符合六西格玛标准和方向的人才，为今后的人才储备打下基础。GE 设有统一的专门的人力资源培训中心，负责向员工宣传公司的价值观及进行业务技能培训；GE 还制定有一套严格的人力资源开发程序；GE 对领导才能和领导模式等也都有明确的要求。这些使得优秀的人才能不断脱颖而出，为公司的发展提供了人才保障。

9.2 企业文化与组织结构管理

组织结构，也称为组织架构，是企业实现内部高效运转，取得良好绩效的先决条件。

组织结构设计，要整合和优化企业的各种资源，尤其是人力资源，确定在目前阶段企业运营所需要的最合理的管控模式，从而实现组织资源的最大效益和绩效持续提升。企业组织结构设计的根本任务，就是要在企业使命的引导下，为实现企业的战略任务和经营目标服务。

【观点 6】

现代管理学之父彼得·德鲁克对组织结构进行了这样的剖析：

（1）组织结构不是“自发演变”的，在一个组织中，自发演变的只有混乱、摩擦和不良绩效，所以设计组织架构需要思考、分析和系统地研究。

（2）设计组织架构并不是第一步，而是最后一步。第一步是对组织架构的基本构成单位进行识别和组织。其中，组织结构的基本构成单位是指那些必须包含在最后的结构之中，并承担整个组织的“结构负荷”的那些业务活动。并且，基本构成单位是由它们所做贡献的种类来决定的。

（3）战略决定结构。结构是实现某一机构的各种目标的一种手段，为了确保效率和合理性，必须使组织结构与战略相适应，即战略决定结构。有关结构的任何工作，都必须从目标和战略出发。

（4）日常的经营管理、创新和高层管理这三种不同的工作必须组合在同一组织结构之中，组织结构必须一方面以任务为中心，另一方面以人为中心，并且既有一条权力的轴线，又有一条责任的轴线。

9.2.1 组织结构在企业文化不同阶段的作用

企业初创阶段，企业文化对战略组织结构具有先导性影响。

为了能够面对内外部环境，进行快速反应和决策，在企业初创期，企业文化会以战略思维的形式对企业业务运营、企业结构、人事、领导体制进行重新组合，使组织结构发生变化，也从精神上、物质上对企业各个部门进行渗透，形成核心的准则和价值观。因此，组织结构作为企业文化的传播载体和企业战略实施的客体，在起源期势必受到文化和战略的先导性影响。

企业文化和战略在积累发展阶段对组织结构具有调适性影响。

企业文化和战略经历了起源阶段的形成大体方向和内容时，就形成了与之适应的企业组织结构的最初体系，企业的运营体系也就基本建立。但是，由于外部环境及企业内部条件不断发生变化，企业文化也会随之而进行变革，每个企业的文化都不可能是一成不变的，积累稳定之后的企业文化才能真正渗透到企业各个部门，对企业政策制定、机构的确定和调整具有先导性的决定作用。组织结构与此同时也将经过调整和适应达到一个与文化和战略相和谐的体系。

企业文化和战略在稳定阶段对组织结构具有决定性影响。

企业文化和战略经历了起源和积累之后，便进入了稳定期，由此决定了组织结构的最终形成。在企业稳定文化形成之后，企业的战略也具有了确定性，企业的战略管理也就形成了自己的系统。

企业文化和战略虽然会对组织结构具有影响，但是也受到组织结构的影响，组织结构也会对企业文化和战略进行调整，以达到三者之间的融洽关系。

综上所述，企业文化和战略在企业经营活动中具有先导性，它确定了企业组织结构的类型及确立方式。而企业的组织结构又必须适应企业文化和战略的要求，随企业文化和战略的发展变化而变化，并对文化和战略具有反作用。

【经典案例 85】

京东集团对未来 12 年的管理愿景做了全新的展望，提出了京东人力资源管理的“OTC 价值主张”：

- 基业长青，文化先行。
- 战略落地，人才先行。
- 制胜未来，组织先行。

（1）“基业长青，文化先行”，意即人力资源管理的第一个抓手是文化。

独特的企业文化是凝聚组织和人才价值，保证企业长期竞争力的基础。如果一家企业只是追求短期利益，和员工之间没有精神层面的统一和契约，是不可能长青的，这样的企业是没有灵魂的企业。

（2）“战略落地，人才先行”，人才是HR管理的第二个抓手，人才是推动企业战略落地与组织变革的核心力量。HR需要帮助企业识别与培养实施战略、推动变革最适合的人才。

依照这个理念，京东引进了大批全球顶尖的技术人才加入，支持京东未来12年的技术战略落地。随着业务多元化发展，京东还会吸引越来越多的跨界人才、复合型人才加入。

（3）最后一个抓手是组织，“制胜未来，组织先行”。组织能力建设将成为企业制胜未来的关键因素。

为此，京东人力资源部门从组织管理机制、价值驱动、开放生态建设方面提出京东组织管理的三个革新举措。

一、组织管理机制革新的主要任务，是要建立客户导向的网络型组织

建设“客户导向的网络型组织”需要做三件事：

1. 建立“客户导向的平台架构”。

2. 建立“内部任务市场”。

3. 建立“网状评价关系”。

二、组织价值驱动革新

未来的组织将不再靠管理驱动，而是以价值为驱动。

因此企业要实现从管理驱动到以价值为驱动的转型，需要组织、人才、文化三个抓手同时着力。

文化层面，塑造有独特DNA的企业文化、领导力文化和团队文化，把有共同价值观的人才吸引到一个平台上。

人才层面，运用科学的评估方法和体系化的培养手段，为企业不断储备与加速培养支持未来业务发展的人才。京东开发了智能人才管理系统，基于大数据深度挖掘人才预测分析及智能推荐，让人才资源变得“可见”。

组织层面，组织更加透明，建立一套科学、公平、开放的管理机制，促使大家为同一个愿景而努力；组织要更加灵活，创造一种良好的氛围和机制，

给予年轻人加速成长的平台与自我发挥的空间。

三、组织开放生态革新

京东提出业务的每个参与者都应该建构在一起，构成未来共生、互生、再生的零售生态。

“共生、互生、再生”的生态可以用“竹林生态”做形象的诠释。在地面上，竹林的个体是各自独立的，但在地下的根系却交织在一起，相互交叉、渗透，是共生关系。

未来，生态伙伴之间从业务、人才到组织都会有很多的交互、渗透，越来越多有共同价值观的企业会形成“竹林生态”，这种生态一定具备三个特质，即开放、赋能、共创，从而实现包容性增长。

9.2.2　如何判断组织结构与企业文化是否匹配

在企业组织结构设计中的首要任务，是找到发现组织结构中最关键的部分，也就是在企业中“承担重任”的部分，这部分的经营将会成为企业运营的关键活动，也就是核心业务。要做好核心业务结构的配置，使之与企业文化互相匹配，在组织结构设计时就必须要澄清以下问题：

（1）公司的战略目标是什么，为什么会制定这样的战略目标？

（2）这个战略目标对于达成使命，有什么样的作用？这些作用可以分为几类、几个阶段？

（3）为了达到这些目标，公司必须在哪个领域有出色的表现或变革？

（4）哪些领域的绩效不佳会影响到企业的成果，甚至会影响到企业的存在？

（5）企业中具有最重要价值的经营行为是什么？与之相配合从而促进这个行为圆满完成的行为又有哪些？

这些问题的梳理，可以帮助企业识别出组织架构的关键活动，并把它们配置在组织的核心地位。以此为基础，接下来就是按照各种活动所做出贡献的类别进行归类和分配，使它们与企业战略相匹配。

匹配时最重要的一个原则就是从结果出发。首先要看最终需要达到的企业经营结果是什么，然后去识别与整个企业绩效直接或间接相关的成果的各种活动。在这些活动中，有些直接产生收益，有些则贡献出可以衡量的成果。例如，创新活动、销售活动、人员的招募与培训以及信息活动等。

其次是要找到为“承担重任”的部分提供服务或协助的支持性活动有哪些，都是由哪些职能机构发出的。这类行为包括技能培训、流程梳理、专业咨询等。

这类行为输出的结果内容，必须受到企业文化的引导，与企业文化高度吻合。否则只会起到反作用。

第三类活动是同企业成果没有直接或间接关系的纯粹的辅助性活动。例如，保健和厂务活动等。这些活动在表面上与经营业务没有直接关系，但却在塑造与文化相匹配的企业工作氛围方面，从服务细节能使企业员工真正感受到企业文化的感染有至关重要的作用。

9.2.3 企业文化如何在组织结构配置过程中发挥作用

要搭建起一个高效运营的组织架构，还需要另外两项工作：决策分析和关系分析。

决策分析，就是在取得实现目标所必需的绩效过程中要做的经营决定。这个决策的过程，绝不应该是孤立的，必须要从文化价值观出发，必须要体现企业文化所指导的方向。

这些决策在涉及或影响到的行为中起到什么作用、什么样的人必须参与决策等，都是组织结构要面对的问题，这些问题都需要在企业文化引导的战略框架下得到解决。

关系分析，就是在设计组织的基本构成单位的过程中，要分析和明确组织各个机构彼此之间的关系与互动方式，确定组织中的关键经营行为、关键管理行为要归属到哪个部门中。负责某项业务或职能的管理人员应该同哪些人一起共同完成，并为组织起到什么样的作用。

在组织结构中，把一项活动放在适当位置的基本原则，是使影响它的各种因素尽可能少。同时，这项活动应该放在决定性的关系上，即决定其成功与贡献效果的关系上，并且应该相对简单、易于接近并成为该单位的中心。规则是：使关系尽可能少，但每一项关系都要发挥作用。

正是在企业文化的决策分析和关系分析中，组织结构配置起着重要的作用。

一个企业的文化是严谨的，还是开放的，这个文化选择在最开始的决策和关系分析中，就成为定位的依据。在这样的定位下，配合战略的要求，决策的方向要与文化一致，关系的配置要与文化吻合，才能最终形成与文化、战略相协同的组织机构。

【经典案例 86】

海尔集团创建了与文化和组织战略高度匹配的组织结构运营。30 年来，海尔始终以创造用户价值为目标，历经名牌战略、多元化发展战略、国际化战略、全球化品牌战略、网络化战略五个发展阶段。

第一阶段，名牌战略阶段（1984~1991 年）：海尔要做市场上最好的冰箱。在“始终以创造用户价值为目标”的企业文化引导下，从质量管理开始，开启了海尔的名牌战略阶段。由此，海尔采取了日清管理法，对每人每天做的事进行控制和清理，保证产品质量。由于产品单一，海尔采取的是直线职能制组织结构模式。

第二阶段，多元化发展战略阶段（1992~1998 年）。海尔转向多样化发展战略，以吃休克鱼的低成本扩张方式，迅速构建起国际化大公司的规模。为适合多元化企业战略要求，海尔建立以产品为基础的事业部制结构。总部与分部间权责明确，体现权力的下放，组织结构不断趋向于扁平化。

第三阶段，国际化战略阶段（1999~2005 年）。作为中国企业国际化先行者，海尔开拓了“国际本土化”策略，当地设计、当地制造、当地销售，当地融资、当地融智。这一阶段的企业组织结构形式以事业部形式为主，企业组织结构更加趋向于扁平化、网络化、多样化。

第四阶段，全球化品牌战略阶段（2006~2011 年）。2006 年起海尔把“全球化品牌战略”作为自己新的战略方向，选择以市场链为基础面向顾客需求的生产流程再造，并确立相应报酬激励制度，以提高企业活力。企业组织结构更加柔性化、多样化、网络化。

第五阶段，网络化战略阶段（2012 至今）。海尔面对市场经济的变化和需求，创造性地提出“以开放式研发平台建设为核心的创新体系”，使全球化品牌战略中的东西方文化进行融合与互动，打造企业互联网化。从中国制造走向中国智造。在这种战略引导下，海尔的组织结构更加灵活，推进了架构的边界融合，使每个架构中的子单元既独立运作，又融入整体的商业系统。

海尔文化本身是一种应变的文化，是一整套随着时代发展和企业自身发展相适应的观念体系。海尔文化价值观是随着时代的变化不断演变的。张瑞敏说过，没有成功的企业，只有时代的企业。海尔的价值观也体现了这一点。以海尔的创新文化为例，它在每个时期都有不同的内涵，不断发展成长，形成一个生态系统。海尔文化是动态的，是不断优化的，但其核心的价值观的主线却始终没有改变。

9.3 企业文化与人才发展体系建设

人才发展体系，是人力资源为企业提供可持续的内部人才动力的重要系统。人才发展体系并不仅仅要培养高素质、高潜质的人才，更重要的是在工作中整合价值观，唤起使命感，并通过各种方法和培养手段锻炼和培养。人才发展体系和企业文化体系可以说是深度配合，无法分割。

9.3.1 人才发展体系的内容

人才发展体系，包括两个方面。

第一是人才梯队建设，也就是要在现在骨干人才正在发挥作用时，未雨绸缪地做好人才储备，形成不同层级、不同水平的人才，避免人才断层。

第二是要让优秀有潜质的员工在高度认同企业文化的基础上，通过系统培训与培养、职业生涯发展规划与辅导等，使员工本身能够随着企业发展不断提升专业能力、职业视野、管理能力，得到价值提升。

9.3.2 人才培养的两个维度

企业文化是引导人才发展的方向、明确人才培养的标准的重要依据。这个依据可以从两个维度进行分析。

业绩表现：即员工的业绩产出情况。这是一个非常重要的依据。业绩评价系统是否科学、客观、公平，是这个依据是否有效的关键。

潜质评价：员工是否具备发展的潜质，也是重要的依据。这其中就包括了价值观的方向与企业文化是否一致。

9.3.3 人才培养的主要步骤

人才发展体系是要建立一套动态机制，纳入对于企业所需要的人才的考察、选拔、培养、使用、淘汰等。在这个动态机制中，需要依据企业文化和战略明确的方向和经营要求，通过以下几个步骤来推进。

（1）厘清公司战略：要想为达成企业战略目标提供人才保证，厘清公司战略是基础。

（2）制定战略人力资源规划：战略人力资源规划，是基于战略的出发点，对未来经营管理所需要的人才数量和质量进行规划。

（3）人才盘点：盘点需求和现状之间的差距，包括人才的数量和质量。

（4）建立各岗位胜任力模型：要通过对核心能力（心智模式）、通用能力和专业能力三个方面进行梳理，建立人才能力素质模型，为人才发展和人才培养提供依据。

核心能力，是指能力体系中紧密承接企业文化和战略的重要方面，是在企业价值观和战略基础上形成的价值观体现。如果企业文化是要求创新，那么就要重点分析人才的创造能力。

通用能力，是指在核心能力之下完成所负责工作的各种技能。这些能力往往是综合的、相互影响的，同时还包含一些隐性能力，如沟通能力、抗压能力等。

专业能力，是指特定行业、特定公司和岗位需要的特定的能力。这些能力一般要通过系统学习或者专业培训得来。

（5）构建职业发展路径：建立在胜任力模型基础上的，包括横向发展和纵向发展的员工发展空间、方向和渠道。

（6）人才选拔：把工作要求转化为能力，再把能力转化为工作要求的过程。

并在这个过程中进行人才的选择和定向培养。这个步骤中的一个重要工作就是岗位配置，配置过程中，既要看到对人的能力与标准的衡量，又要转化为优化或提升岗位的要求。

（7）人才培养：通过多种方法，针对上面的各项能力，帮助员工提高。常见的方法包括：项目实践、导师辅导、岗位轮换、培训。

（8）人才使用：让人才进行工作实践。在这个阶段的初期，容错机制非常重要，尤其要包容工作实践和创新的非主观失误。

（9）人才评估：定期对后备人才的使用情况进行跟踪考评，以发现问题并及时解决，同时还可以对人才梯队建设中可能存在的问题进行修正。

（10）人才梯队建设保障机制：将人才发展机制与培训制度、晋升制度、薪酬制度等各项制度进行对接，使人才发展有入口、有抓手、有管控环节、有效果评估。但最重要的是，要有用人机制和企业文化理念的宣传和贯彻作为保证。

【经典案例 87】

管理学家拉姆查兰在《人才管理大师》一书中，对印度斯坦利华公司的人才培养管理体系实践进行了这样的评价：

（1）HUL 公司从第一天开始就设定明确的目标：以培养那些能成为最高级的领导人为己任。

（2）公司很少会出现让公司高管紧急救场的场合。见习和辅导的良性循环会让新进员工逐渐成长起来，组织实力也会因此不断增强。

完备的人才培养机制储备了后备人才，平庸的公司四处救火，优秀的企业防患于未然。一层一层随着企业发展成长起来的储备人才，了解公司的价值观，认同公司的使命，掌握一定的工作技能，只待公司一声令下，立即奔赴需要的岗位，承担自己的使命。

（3）招聘是人才管理过程中最关键的步骤。HUL 会对他们进行系统评估，选择后备干部候选人时分三个步骤：小组讨论、初次面试和最后面试。招对人比培养人重要百倍。一个“对”的人培训起来是轻松的，他很快能将自己调整到与企业一致的频道。

（4）公司的管理者会判断求职者是否拥有各方面的能力，不仅拥有必要的技能，还非常看重人才的软实力。“良好的判断力，为人诚实，性格要好，”这些能力在一定程度上无法量化，而这些恰恰是 HUL 最重视的。

（5）人才是历练出来的，HUL 重视在一线磨炼优秀员工的心智，并利用这个过程使员工真正了解市场一线的境况。

HUL 在人才管理系统方面信奉一点：领导人必须经历艰巨任务的磨炼才能成长。让公司里最具潜力的人做最难、最严酷的工作，甚至后备干部在实习期就是如此。

（6）人才之所以能够脱颖而出，是因为他们的绩效和处理工作的方式。领导人必须放下架子，花时间跟低级别经理人在一起。

低级别经理人在这个过程中得到了上司的工作指导，更重要的是他们感受到了公司的重视，彼此之间的关系更融洽，于是低级经理人更乐意服从领导者的指令。

（7）最重要的是经理人的品质。性格和品质决定一个人是否能升至高位。

对于领导者来说，个人能力和才华固然重要，但更重要的是能否赢得他人的支持，是否拥有良好的人际关系，能否与团队成员达成共识，是否能激励并鼓舞大家朝着同一个目标奋进。

（8）如果想完成某个任务，就必须学会聆听、理解他人的需要，并获得人们的支持，这是领导者最宝贵的技能之一。

最后，关于 HUL 的人才培养机制，拉姆查兰做了总结：

- 从招聘第一天开始就有培养领导人才的特殊渠道；
- 持续关注领导成效和领导风格；
- 高级经理人会集体研讨，直接观察、评估、教练与辅导未来领导人；
- 所有级别的经理人都会重视教练辅导、教导新人；
- 在最关键的前三年，公司会为人才提供培养领导力的重要机会，使之积累尽可能多的跨职能、跨业务经验；
- 以艰巨的任务培养杰出的领导人。

企业人才梯队建设没有什么捷径可走，只有日复一日脚踏实地地行动，给储备领导者赋予重任，在困境中磨炼他们的承受力，经由大量的行动使未来领导者走向成熟，关注他们的团队精神、人际技能，由此企业最终将收获想要的成果。

9.4 企业文化与招聘体系建设

价值观决定了人们对一件事情的认可和接受，价值观相近的人际关系才是最稳定的人际关系。因此企业在聘用及留任人才上，都要优先选择与自身文化相契合，认同企业核心价值观的人才。这其中，招聘是重要的第一步。

招聘作为企业人力资源管理不可或缺的内容，除本身的专业担当以外，也是企业文化传播、维护和塑造的重要载体，再加上企业文化本身对于招聘工作本身也提出相应的要求，所以招聘工作从一开始，就必须要与企业文化紧密配合，在有效吸引、延揽优秀人才的同时，传播、推广企业文化，既借势企业文化，又为企业文化造势，充分发挥企业文化的作用，使得招聘体系更加完整、有效，成为企业运营的重要保障。

9.4.1 企业文化影响组织承诺与心理契约

组织承诺是指员工对于企业目标的认同，从而希望维持自己在企业中的身份的一种心理状态。一个员工对于企业文化的认同度越高、与企业文化价值观越匹配，那么对于企业的情感承诺、持续忠诚承诺和规范承诺的程度也会越高，组织承诺程度也越高。

也就是说，当个人与企业的价值观吻合程度越高时，工作满意度也越高，从而会产生更高的组织承诺和为组织奉献的意愿。所以，企业的人才工作就是要持续实现员工与企业价值观的良好匹配，招聘就是其中的首要环节。

1. 从职业素养考察组织承诺

高组织承诺度，很大程度受到职业习惯影响，所以在招聘中，要对职业习惯进行考察分析。如果是外部人才招聘，尤其是中高层管理人员招聘，对职业习惯和职业素养的考察，至关重要。

组织承诺，并不意味着一个人一旦对企业文化价值观形成认同，就会马上形成并一成不变。组织承诺会受到很多方面的影响，与职业眼界、职业胸怀、承受压力的能力、成就动机、职业操守等都息息相关。

一个优秀的职业经理人，往往具有良好的组织承诺，表现在认同企业文化价值观的方向之后，对组织的高投入和高敬业，一旦遇到工作障碍和困境，不会轻易放弃组织承诺。因此，对中高层管理人才的招聘考察，尤其要注意这方面内容的观察和剖析。

【经典案例 88】

万达集团在快速扩张中，为保证招聘质量，采用了“串联式招聘”，任何一关不通过，就会被淘汰。

例如，一个项目管理职位的人选，需要经过由集团人力资源副总裁、工程副总裁、集团常务副总裁至少 3 人组成的面试团进行压力面试。

万达在招聘中重视考察四个方面的内容：

（1）价值观。万达极其重视高端人才其文化融合能力及诚信的考察。万达要求加入万达的人员必须接受外派，在管理模式上采取职业经理人制度，以避免腐败和内斗。

（2）学历。原则上要求至少本科以上学历。

（3）经验。中高层级的管理人员，一般都会要求有在知名公司从事相关管理工作的经验。

（4）能力。包括业务能力和专业外的综合能力。

万达要求很高的执行力，价值观的考察是重点中的重点。无论候选人背景如何，如果价值观和文化的融入有风险，则一概不予录用。

2. 校园招聘中的组织承诺

校园招聘作为高素质、高潜质、低成本的人才延揽和吸引渠道，已经成为优秀企业招聘工作的必须环节。企业都希望在校园招聘中，吸引大批有优秀潜质的毕业生，经过内部的培养、历练，成长为企业发展的中坚力量。

企业在校园招聘都会非常重视毕业生的潜质、内在的价值观，却往往由于毕业生们没有职场经历而忽视了组织承诺度。其实校园招聘中的应届生们，其内心也会有组织承诺的倾向性，这是受其价值观影响的。

校园招聘中的组织承诺和社会招聘不同，应届生们没有职业经历为组织承诺和职业稳定性进行背书，这就需要企业在进行校园招聘时，要找到有效的方法，对候选人职业倾向和意愿进行深入考察，从而提高职业意愿与组织承诺的转化率，并通过后续的培训与辅导、工作融入、职责丰富化等措施，使候选人进入企业之后，继续保持职业价值与企业目标的黏性，提升组织承诺度。

【经典案例 89】

由于腾讯公司拥有良好的雇主品牌，又在持续的校园招聘实践中致力于创造“最佳体验校园招聘”，所以每年腾讯公司启动校园招聘后，都会收到海量优秀毕业生的申请，这些学生的潜质、能力往往不相上下，此时对应届生的组织承诺筛选，就至关重要。

首先腾讯在招聘的条件和标准上，有着独特的内容和统一的标准，即“寻找有梦想、爱演习的实力派”，并对“有梦想”“实力派”进行细致分析，提出精确指标和量化标准。

在面试官的选择上有着严格的要求。腾讯的面试官需要进行严格的挑选和考试，考试合格后还要参加人力资源部的培训，同时形成项目团队，在内部进行案例分享和心得交流，从人才招聘规划、面试遴选技巧等各方面进行再次学习和筛选，最终成绩优秀者才有资格成为腾讯校招的面试官。

在之后的校园宣讲、品牌认同宣导、申请、笔试、各阶段的面试过程中，腾讯面试官们都会遵循统一的指标和标准，用不同的方式和问题对候选人进行考察，除必备的技能、沟通、潜质等要素外，还要深入评估候选人对职位的理解、职业匹配度、职业认同度、职业目标与企业目标的趋同度、职业规划倾向、性格匹配度等，最终确保良好的招聘效果。

9.4.2 企业文化与招聘的关系

让人才与企业文化价值观相匹配，与企业要求的核心能力要求匹配，这就意味着，要支持企业长期的战略规划与实现，就需要将人才规划与之配套。

因此，企业文化与招聘的整体工作紧密关联，互相影响。

1. 企业文化影响招聘人才的标准、策略和渠道

文化对人才招聘的导向提出了根本要求。这个要求应当与人才发展的要求是一致的，更要与企业战略发展的要求一致。在这个根本要求的影响下，人才招聘的策略和渠道势必受到影响。

2. 招聘是企业文化宣导的平台

招聘广告和招聘信息的发布，是企业文化向外界展示的一个重要平台。招聘面试过程中，对人员的筛选、考察、试用期的评估与留用等，又成为文化执行的一个载体。一个新员工进入企业，往往是从招聘工作中最先感受到企业的文化影响力。

3. 招聘协助企业文化升级

当企业文化面临变革时，通常需要引进外部具有新思路和新能力的人才。这时候，招聘工作就成为企业文化升级的重要助手，以其本身的专业能力，帮助企业和企业文化达到目标，推进战略的实施。

【经典案例 90】

随着联想集团国际化战略的实施，联想集团每年都要从海内外招聘大量优秀的技术管理人才。由于人才来源范围较广，人才背景比较复杂，尤其是有海外背景的高级人才，由于教育背景、东西方文化差异等常常导致管理理念、价值观等方面的差异化，如果文化价值观和职业价值观的管理与融合做得不够深入和包容，就难以适应企业的要求。为此，联想进行了多方面的尝试。

（1）扩大企业文化内涵的包容性。联想在企业文化的确定过程中对原有的企业文化进行了修改，最终确立了更加包容的企业文化的核心价值观：服务客户、精准求实、诚信共享、创业创新。

（2）立足人性，体现以人为本。企业文化的建设需要深入挖掘人性中共有的成分，找到职业价值观多元化的源泉，并对此有效提炼和引导，这样能够有效地扩大企业文化的承载力。联想的企业文化深入地抓住了人性中的奉献、无私、诚实和创造力冲动等特征，使得差异性较大的员工职业价值观能够围绕这些人性的“内核”来展现各自的特色。

（3）体现部门差异，构建立体化的企业文化。企业文化建设应当体现出子系统间的个性和差异性。联想的企业文化是一个自上而下的立体化结构，各部门的组织文化也不尽相同。虽然各部门中具体的员工行为形成的组织文化不一，但它仅仅是企业文化的具体化、情景化而已。企业主流文化是在相对稳定的主流文化中包容各部门的组织文化。

（4）职前强化。任何联想的新员工，在成为正式员工之前，都要经历一个高强度的“入模子”程序。通过“入模子”程序，消解了员工职业价值观中与企业文化和发展战略不相适应的部分，使得员工更快地融入企业。

招聘和企业文化建设对接，可以促进员工的职业价值观与企业发展相适应，必须保持好两者之间的平衡，才能达到从人才建设的高度来促进企业发展的根本目的。

9.5 企业文化与员工关系管理

员工关系管理是人力资源管理中与人的关系最密切的工作内容，涉及企业的各个层面，并且从员工进入企业的第一天就开始了，其中最重要的内容就是员工的成长与发展管理，而这部分内容又与企业文化息息相关。所以员工关系管理一定要放到企业文化的大背景下思考和实施。

1. 员工关系管理的起点是企业文化的使命和愿景

有效的员工关系管理，一定要先从确立共同目标和价值观出发，整合企业内外部所有有利资源，搭建运营和管理体系，从而牵引整个组织不断发展和壮大，在企业战略目标得以实现的基础上，同时让员工的价值需求得以实现。

有这样的基础，企业的成员就都能够站在企业的立场，从公司利益出发，决定制度体系建设方向和工作行为规范的导向。这也随之形成了企业独特的管理特色、行为特色。所以，认同共同的企业愿景和价值观，是建设和完善企业员工关系管理体系的前提和基础。

2. 完善激励约束机制是员工关系管理的根本

有了共同的思想基础，共同的行为规范、经营规范、管理规范的导向就能够明确地建立。这些导向决定了企业内部的激励机制、约束机制的确立，明确了企业内外部利益相关者相互之间的权利、义务、行事准则等各方面框架。

以此为出发点，人力资源管理的激励与约束、发展与成长、规范与创新、合理利用关系等机制，就会形成和谐统一的制度体系，随着利益关系的改善调整和战略的推进，不断地产生建设性的冲突而促进系统的不断优化完善和自我成长。

3. 心理契约建设

心理契约是保留优秀员工非常重要的精神基础，往往发挥着比有形契约更稳定的作用。

从理论上讲，心理契约就是由员工需求、企业激励方式、员工自我定位以及相应的工作行为四个方面的循环构建而成的，并且这四个方面有着理性的决定关系。

企业在构建心理契约时，要以自身的人力资源结构为基础，通过与文化导向相符的激励方法和管理手段来引导并满足员工的心理需求，促动员工以相应的工作行为作为回报，并根据员工的反应在激励上做出适当的调整；员工则依据个人期望和企业的愿景目标，调整自己的心理需求，确定自己对企业的关系定位，结合企业发展目标和自身特点设定自己的职业生涯规划，并因此决定自己的工作绩效，与企业形成奋斗共识。

4. 推进非人力资源的人力资源管理

人力资源部虽然是企业人力资源管理的主体部门，但是面对员工最直接的管理者，是各业务单位或职能部门的负责人。人力资源部要搭建有效的员工关系管理平台，但同时更需要推进非人力资源的人力资源管理，让每个部门的负责人都真正成为第一线的人力资源经理。因此在日常工作的沟通管理中，部门的管理者才是真正面对员工的管理人员。

部门的负责人和人力资源部应该是联动员工的两个齿轮，在互相咬合、推进中使业务运转，使员工在工作行为中得到价值的释放和成就感的满足。因此，职能部门负责人和人力资源部门是员工关系管理的关键，是实施员工关系管理的首要责任人，他们的工作方式和效果，是企业员工关系管理水平和效果的直接体现。

综上所述，对于员工关系的管理比较多样，如果抛开文化只谈员工关系，员工关系管理就成了零碎芜杂的碎片化管理，起不到统合综效的作用。

【经典案例 91】

阿里巴巴的“政委机制”是企业文化与员工关系结合较好的范例。

阿里的人力资源分为职能型和业务型，前者负责人力资源管理的政策制定、工具研发等工作，后者则为政委。阿里政委，是阿里派驻到各业务线的人力资源管理者和价值观管理者，负责与业务经理共同做好所在团队的组织管理、员工发展、人才培养等方面的工作。

阿里政委的职责定位是：懂业务、促人才、推文化、提效能。主要工作内容包括：

- 参加业务会议，推动人才盘点，招聘时候看软性标准、价值观符不符合公司的文化；
- 员工的培养，重点项目的关注跟进，在项目全过程中抓标杆做宣传；
- 当知心大姐，做团队建设；
- 用公司现有的绩效薪酬激励体系去发展团队。

政委的具体工作都落在琐碎的场景上，只有把一件一件小事做好了，才能成为一个好的政委。

一年中阿里政委的重要节点如下：

- 1 月：战略共创，明确新一年的战略目标。
- 3 月：根据业务规划，调整组织架构，开展业务 Kickoff。
- 4 月：上年度考核，绩效、激励。
- 5~6 月：人才盘点，人才晋升。
- 7~12 月：复盘，双 11、双 12 重点项目。

虽然一年下来政委要做的事情很多，但是线路清晰。

阿里政委对于业务的学习和了解程度非常深入，他们往往能提出非常专业、直击要害的问题。同时在参与业务过程中，建立与员工的信任关系，不断推进企业文化，让文化体系通过人力资源的各个工作环节展现出来，使企业文化与人力资源工作在对接中充分发挥影响力。

阿里政委对业务有着深入的理解，这也是阿里的企业文化所严格要求的。

人力资源参与全部业务会议，会议后还要进行大量访谈，了解团队成员在工作中遇到的困难、挑战，需要怎样的支持帮助，同时还要了解他们个人生活中遇到的问题，对团队的状态做到心里有数。

9.6　企业文化与绩效激励

9.6.1　绩效与绩效文化

绩效包括个体绩效和组织绩效。

个体绩效就是员工的工作表现，一般有以下两个方面：

（1）工作结果，也就是业绩。包括工作效率、工作产生的效益或利润等；

（2）影响工作结果产生的行为、技能、能力和素质及态度等。

个体绩效既有静态的结果内容，也包括动态的过程内容，结果是工作的最终目标，过程则影响和控制目标的实现。

绩效在组织中的表现就是组织绩效，强调企业或经营单位作为一个整体而产生的集体绩效，通常包含产量、盈利、成本等财务性内容，也包含客户满意度、员工满意度、员工士气、员工成长与发展等非财务性内容。

组织绩效是通过人员个体绩效实现的，同时也是个体绩效的整合和放大。

无论个体绩效还是组织绩效，都会与企业文化引导的战略方向产生密切的联系。同时企业文化在执行落地过程中，绩效保障是其实施的重要制度基础。这两者结合，就产生绩效文化。

绩效文化，是指企业基于长远发展方向和愿景，通过一系列有效的整合与绩效评价，让员工逐步确立起企业所倡导的共同价值观，逐步形成以追求高绩效为核心的优秀企业文化。具体表现为组织的简约、流程的畅通、工艺的改进、工作的熟练、员工的职业化等。

9.6.2　企业文化与绩效文化的关系

企业文化包含了四个层次：企业物质文化、企业制度文化、企业行为文化、企业精神文化。其中物质文化是表层，制度文化为浅层，行为文化为中层，精神文化为深层。

而绩效管理则涉及企业文化的所有四个方面，并与它们紧密相关，而不只是与企业精神文化有关，更与制度层面、行为层面有极大的关系。绩效文化从某种意义上说，是企业文化从精神转化为制度和行为的依据和保障，它们都代表了企业的发展战略，要充分调动各方资源推进企业战略的实现。

由于不同的企业有不同的文化，因而使绩效文化产生极大差异。比如，百事可乐公司提倡的以结果为导向，强调短期绩效的明星文化，随之就形成鼓励快节奏产生效益，关注结果而在行为中充分授权的绩效体系；而惠普公司鼓励创新和内部人际关系的和谐，因此绩效文化就会向奖励长期贡献的团队进行导向等。

绩效文化就是要通过绩效管理体系告诉员工企业在倡导什么、奖励什么、惩罚什么、反对什么，以及企业的战略重点和发展方向，这样才能使企业文化变成实质性的执行行为和工作结果，与员工的薪酬、激励挂钩，从而成为调整员工行为的有效管理手段。

所以说，企业文化执行的精髓就落在了“绩效文化”上。

【经典案例 92】

在摩托罗拉，关于管理与绩效管理有一种新观念：企业 = 产品 + 服务，企业管理 = 人力资源管理，人力资源管理 = 绩效管理。绩效管理在摩托罗拉公司管理中占据重要位置。

摩托罗拉给绩效管理下的定义是：绩效管理是一个不断进行沟通的过程，在这个过程中员工和主管以合作伙伴的形式就下列问题达成一致。

（1）员工应该完成的工作；

（2）员工所做的工作如何为组织的目标实现做贡献；

（3）用具体的内容描述怎样才算把工作做好；

（4）员工和主管怎样才能共同努力帮助员工改进绩效；

（5）如何衡量绩效；

（6）确定影响绩效的障碍并将其克服。

由此可以看出绩效管理在摩托罗拉的地位和特点。

（1）绩效管理关注员工绩效的提高，从而为实现组织目标服务，这就将员工和企业的发展绑在一起，同时也将绩效管理的地位提升到战略层面。

（2）特别强调员工和主管是合作伙伴关系，给员工更大的自由和民主，也给主管和员工一个创新思维的空间，从而推动员工与管理者之间的互补，以使团队共同进步。

（3）强调管理过程的可操作性：比如，工作内容的描述要具体，衡量的目标要具体，影响绩效的障碍要具体。只有具体、量化的指标，才会有准确的衡量依据，才能准确解决运营过程中出现的问题。

（4）绩效管理是一个系统，系统中的各个组成部分互相作用，并以各自独立的方式一起工作以完成既定的目标。

摩托罗拉的绩效管理由五个部分组成：绩效计划始于目标制定，进行持续不断的绩效沟通，进行事实的收集、观察和记录，召开绩效评估会议，进行绩效诊断和提高。

一、绩效计划与目标制定

在绩效计划制订的开始，主管和员工在明确了年度工作目标后，会就下列问题进行讨论和沟通：

（1）员工应该做什么？

（2）工作应该做多好？

（3）为什么要做该项工作？

（4）什么时候要做该项工作？

（5）其他相关的问题：环境、能力、职业前途、培训等。

在此过程中，主管和员工达成一致的意见，并形成签字的记录，设立员工的绩效目标。摩托罗拉的绩效目标由两部分组成：业务目标和行为标准。这两部分就组成了员工全年的绩效目标，两部分相辅相成、互为补充，共同为员工的绩效提高和组织的绩效目标的实现服务。

二、持续不断的绩效沟通

沟通贯穿在绩效管理的整个过程，摩托罗拉强调全年的沟通和全通道的沟通。主要包括如下几个方面：

（1）沟通是一个双向的过程，目的是追踪绩效的进展，确定障碍，为双方提供所需信息；

（2）防止问题的出现或及时解决问题（前瞻性）；

（3）定期或非定期，正式或非正式，就某一问题专门对话。在这个过程中也要形成必要的文字记录，必要时经主管和员工双方签字认可。

三、事实的收集、观察和记录

为年终考核做准备，主管需要在平时注意收集事实，注意观察和记录必要的信息。包括以下两点：

（1）收集与绩效有关的信息；

（2）记录好的以及不好的行为。

收集信息应该全面，好的不好的都要记录，而且要形成书面文件，必要时要经主管与员工签字认可。

四、绩效评估会议

摩托罗拉的绩效评估会议非常讲究效率，主要包括以下四个方面：

（1）做好准备工作（员工自我评估）；

（2）对员工的绩效达成共识，根据事实而不是印象；

（3）评出绩效的级别；

（4）不仅是评估员工，而且是解决问题的机会。

最终形成书面的讨论结果，并以面谈沟通的形式将结果告知员工，之后就进入非常重要的诊断阶段。

五、绩效诊断和提高

这个过程是用来诊断绩效管理系统的有效性、用来改进和提高员工绩效的，主要包括以下四个方面：

（1）确定绩效缺陷及原因；

（2）通过指导解决问题；

（3）绩效不只是员工的责任；

（4）应该不断进行。

关于这一点，摩托罗拉也有一个非常实际有效的工具衡量，包括以下十个方面：

（1）我有针对我工作的具体、明确的目标；

（2）这些目标具有挑战性，但合理（不太难，也不太容易）；

（3）我认为这些目标对我有意义；

（4）我明白我的绩效（达到目标是如何评估的）；

（5）我觉得那些绩效标准是恰当的，因为它们测量的是我应该做的事情；

（6）在达到目标方面我做得如何，我能得到及时的反馈；

（7）我觉得我得到足够的培训，使我能得到及时准确的反馈；

（8）公司给我提供了足够的资源（如钱、仪器、帮手等），使我达到目标成为可能；

（9）当我达到目标时，我得到赞赏和认可；

（10）奖励体系是公平的，我因为自己的成功而得到奖励。

每一项有5个评分标准，这样通过打分可以得知自己一年以来的绩效管理水平如何，差距在哪里，从而做到拾遗补阙，改进和提高绩效管理的水平。

此外，摩托罗拉的绩效考核表里没有分数，而是运用等级法，实行强制分布，这样既能分出员工绩效的差别，又可尽可能地避免了在几分之差上的无休止的争论。

摩托罗拉绩效体系成功的关键：

（1）绩效管理在企业中上升到足够的战略高度；

（2）员工和主管是合作伙伴的关系；

（3）战略清晰、目标具有可操作性；

（4）无缝沟通、诊断与提高；

（5）绩效管理是一个系统；

（6）基于事实的信息收集与评估；

（7）进行简单有效的绩效激励管理。

基于自我实现的文化理念，既是摩托罗拉绩效管理的出发点，也是摩托罗拉绩效管理成功的关键。

10 第十章 企业文化建设纠偏

华为的企业文化是建立在国家优良文化基础上的企业文化，这个企业文化黏合全体员工团结合作，走群体奋斗的道路。有了这个平台，你的聪明才智才能很好地发挥，并有所成就。华为非常厌恶的是个人英雄主义，主张的是团队作战，胜则举杯相庆，败则拼死相救。

——任正非

企业文化的宣导所要打造的，是员工与员工之间、员工与企业之间不断进行良性互动的内部社区，这个社区所有的互动行为，都基于一个共同创造价值的核心。

企业文化推进和落地的困境往往是在宣导的过程中造成的，包括：仅仅重视表象化的符号却不知如何进行内涵建设；仅仅照搬或借鉴其他企业的文化却没有对自身的文化积淀进行提炼总结；仅仅是感性的渲染却没有理性的提升。

上述种种问题造成企业文化建设无从落地，因而效果不佳，因此在企业文化建设过程中的纠偏，是非常重要的工作内容。

正确的方向可能只有一种，但错误的方法却可能朝向四面八方。仅靠打补丁式的纠偏，只能够查漏补缺，进行零碎的修补。要想系统地分析可能出现的失误，从而有把握地避免可能出现的偏差，就要从企业文化整体进行解构，在关键模块中进行系统梳理，真正做到不忘初心，方得始终。

通常企业文化实施中的偏差有两种，一种是结构性偏差，从最初的方向和根源上就出现了问题，从而导致了推进实施中出现问题，这种偏差极其严重，会造成企业文化失去根本生命力，不仅会导致企业文化变成塑料花文化，而且会使企业战略失去方向，给企业发展带来致命的危机。

另一种是在实施推进过程中出现的执行性偏差，这种偏差往往与执行过程中没有持续评估和修正有关，也会与“为了企业文化而企业文化”的执行心态有关，这样的偏差虽然短期内不会给企业带来致命危机，但却会让经营效率降低，员工潜力得不到发挥，从而影响业绩的提升。

企业文化的纠偏过程中，可以从以下三个方面思考：

（1）企业文化的真正来源是哪里；

（2）企业文化最终要落到什么地方去；

（3）上述两个问题之间的过程中，采取的方法是否正确。

10.1　“天外来物”式的文化构建

这是一种危害极大的结构性偏差，其理论解构分析基于管理学大师埃德加·沙因关于企业文化的三个层次理论。

10.1.1　沙因的文化三层次

沙因认为，企业文化最根本的来源是共同默认的假设。只有当企业文化中基本假设、表达的信念、外在表象这三个层面都呈现出相对一致的状态时，才算真正建立了企业所要表达出来的价值观和文化。

所以，尽管一个公司与另外一个公司在表达的信念上，有很多相似之处，但在表象与共同默认的假设上却有极大差别，这不是两个公司出现了相悖的企业文化，而是这两个公司各自的三个层面都是相对一致，所以构成了各个相对独立的企业文化系统，与各自的业务体系交相辉映。

当一个企业文化在三个层面出现了偏差或者缺失时，就会使表象与理念不符、理念与共同默认的假设不符，从而导致出现矛盾或者冲突。

【经典案例 93】

由于行业性质、企业规模、员工素质等方面的差异，不同企业的文化有着不同的侧重点。我们可以从所有企业都存在的会议文化为例，以沙因三层次理论来分析企业文化出现的偏差。

1. 表象层

不少中国企业的会议上，都会出现这样的现象：会上宁静、祥和，会后却暗流涌动。在许多中国企业中，各级管理者在制定决策尤其是重大决策时，往往在会议上没有唇枪舌剑的攻击和面红耳赤的争论，甚至连最充分的讨论和交流都谈不上，给人一种“宁静祥和”的感觉。但是在走出会议室后，不同的“利益集团”又会在私下里议论纷纷，分析某项决策会给他们带来有利或不利的影响。最终的结果往往是“上有政策、下有对策”，最后采取了折中的方式执行决策，甚至阳奉阴违，无法达到最初决策时预期的目标和效果。

2. 表达的信念层

很多企业的文化中都会有“团结奋进”“开拓进取”这样描述表达信念的内容。从字面上看，这都是经典的理念，尽管在不同公司的文化体系中有不同的表述，但背后的基本精神都会比较相近。

3. 共同默认的假设层

“中庸尚和”的价值取向，《中庸》中提出：“喜怒哀乐之未发，谓之中，发而皆中节，谓之和”，“中庸尚和”的现代演绎是：如果在现场或面对面的沟通中，尤其是正式的会议沟通中，让别人失去面子，就会引起情绪上的反弹甚至会得罪人。这样一来，不仅会增加以后沟通上的困难，而且会产生难以预料的“不良后果”。

如果我们将上述三个层面放在一起考虑，就会发现在这样的企业中，“共同默认的假设”决定了最终的“表象”，但这两者又与中间的“表达的信念层”没有什么直接关系，也就是说，跳过了中间层，而直接把假设变成了表象。这就导致表象的行为与企业表达的信念相悖而产生矛盾。这样的文化结果，就是“天外来物”与公司原有的价值体系毫无关系，因而使企业文化建设难以落地。

因此，企业文化成为“天外来物”，这是一种结构性偏差，会直接影响企业文化建设的结果。这种“天外来物”式的文化构建，会使企业文化如无源之水，最终枯竭。

10.1.2　应对措施

要让企业文化真正落地，必须对企业文化的三个层面进行梳理，并最终使这三个层面达到统一，共同反映一个有意义的主题。

第一，共同默认的假设是最重要的。如果表象所表现出来的行为确实存在极大的问题，已经影响了企业的业务和发展，同时在梳理的过程中，已经发现其原因与共同默认的假设密切相关，此时就必须有变革和摒弃的勇气，从根本上改变共同默认的假设。这部分改变有可能困难，因为它是文化层级中最稳定、最隐晦的部分，但是一旦发现它不适应企业的要求，必须勇敢进行改变，否则企业文化的建设就只是纸上谈兵。

改变共同默认的假设，也并非特别艰难，只需要在企业家或管理团队中澄清这样的概念：有话放在桌面上，充分讨论清楚，对事不对人，同时结果必须不折不扣地完成，因为结果完成会使最终产生的利益对每个人都有益处……一旦达成这样的共识后，那么共同默认的假设，也是可以很快改变的。当这个改变发生后，“团结奋进”将不再是一句空话。

第二，要根据企业的实际情况，提出切实可行的操作方式，使这三个层次得到统一，从顺序上，可以先易后难，从节奏上，一定要完成一项改进后再推进下一项。

第三，要清楚地意识到，企业文化的建设，从根本上是倡导一些行为、同时约束一些行为，并且对最终的结果有评估，对倡导行为的达成有激励，对需要约束的行为，一旦出现，就必须制止，给予警告或惩戒。

【经典案例 94】

AT&T 曾经是世界上最大的电报电话公司，然而在全球经济技术变革中遇到危机，转型失败。2005 年 1 月 30 日，被西南贝尔宣布以 160 亿美元收购。

AT&T 的转型失败原因，主要源于战略和策略失误，AT&T 的拼盘式的兼并导致消化不良，无法实现内部有效整合。除此之外，企业文化建设的偏差，也是导致失败的重要原因，不仅没有在兼并中起到业务推进作用，反而呈现出巨大的消极作用。

第一，AT&T 确定战略转型时没有确立共同的企业使命与价值观。

AT&T 确定了转型战略后，只注重确定成为信息服务企业的战略转型目标，而没有为企业确立共同的企业使命与价值观，忽视了企业战略中企业文化的影响。员工没有共同的目标、价值观与共同的行为规则，各业务部门只关注本部门效益，不考虑企业整体利益，导致了内部各业务互相竞争，降低了公司整体利润。

第二，AT&T 在战略部署方面忽视了企业文化建设。

对于 AT&T，进行各项业务的整合过程中忽视了企业文化在提高企业核心竞争力方面的作用，没有在业务整合与战略部署的同时进行企业文化的建设与部署，员工没有感受到文化的影响，工作热情没有提高。甚至因为企业不断兼并、整合而人心惶惶，无心工作。

第三，并购后的各企业间，没有进行很好的企业文化融合。

企业并购以后，被并购企业的员工不喜欢并购企业的管理作风，由于没有做好文化整合，所以被并购后，企业很难管理，严重影响并购后企业的有效运作和企业最终的经济效益。AT&T 在完成并购后并没有整合原有各企业长期奉行的决策偏好和参照系统，发生了严重的文化冲突，产生大量内耗，严重影响了并购后企业的最终运行效果。企业文化在 AT&T 的转型中没有起到积极的作用，反而成了企业发展的阻力。

综上所述，虽然 AT&T 公司由曾经的辉煌到最终落败，其原因是多方面的，但不可否认的是，企业文化偏差在这个过程中产生了极大的消极作用。企业文化是企业发展的灵魂，重视企业文化的建设可以促使企业的顺利发展，而忽视企业文化则会导致企业不得不面对巨大的危机，甚至是毁灭性的失败。

10.2 缺失社会责任的文化构建

经济快速发展的趋势，给中国企业的发展带来了无限的机遇，在这个过程中，企业家尤其要把社会责任感与企业的使命紧密连接，这样才能从持续为社会服务和承担社会责任中，得到其应得的利益，构建共赢模式，获得持续发展的动力。

企业追求经济效益没有错，但作为社会环境中的企业公民，企业也是社会大系统中的子系统，具有社会属性。因此，企业作为社会财富的创造者、生态环境与社会环境的维护者，必须承担相应的社会责任和义务。

如果企业缺失社会责任、不履行相应的社会义务，虽然短时期内能得到经济利益，但长期如此，势必受到社会舆论的监督和谴责，需要付出更高的甚至惨痛的代价才能重新补上这一课。

【经典案例 95】

从某门户网站“血友吧事件”与“魏则西事件”背后的社会责任缺失分析。2006 年开始，一些血友病患者自发在某门户网站组建了网上聚集地，为了交流病情及治疗手段。2016年1月，原有吧主突然被撤换，新任吧主团队中的“陕西医大血友病研究院院长刘陕西教授”被网友质疑为骗子，并截图为证。网友还爆料，血友病吧并非首家，还有很多的病友吧通过多种方式将经营权出售，进行商业化运作。众多网友和媒体认为，从患者角度来看，将病友聚集的网上空间，变为广告信息甚至是虚假信息集散地，危害无疑很大。

紧接着，又出现了令人叹惜的“魏则西事件”。魏则西是西安电子科技大学的学生，2014 年 4 月，在他大学二年级的时候罹患滑膜肉瘤。2015 年，魏则西在某大型医院做完 4 次生物免疫疗法。这个疗法曾被他和父母视为“救命稻草”，求医过程中，这个医院的一位李姓主任曾许诺治愈率可达 80% 至 90%，至少保证 20 年。魏则西花费了 20 余万元，最终却没有任何疗效。

2016 年 2 月，知乎上有人提问：“你认为人性最大的‘恶’是什么？”魏则西将这根“救命稻草”的故事作为回答。医院，是在某著名门户网站上搜到的，排名领先。疗法“说得特别好”。他在文中提到，当时该医院的医生曾经对他说该院与国外大学合作，“有效率达到百分之八九十，看着我的报告单，对我爸妈说保我 20 年没问题”。结果却被网友告知生物免疫疗法是被国外临床淘汰的技术。魏则西还质疑网站竞价排名的医疗信息有误导之嫌。同时还有许多网友指出该医院实质上是以商业运作方式牟取暴利的“莆田系医院”。2016 年 4 月 12 日，魏则西去世，也让这家医院的生物细胞免疫疗法“走到台前”，与某网站的竞价排名搜索运作模式，成为被追问的对象，被推上了舆论的风口浪尖。

在这场商业利益与商业伦理的冲突中，不得不让我们开始思考，一个企业，尤其是一家规模已达到市场领先地位的大型企业，该如何平衡业务经营与社会责任之间的关系？

企业文化管理学者王吉鹏指出：能力越大，责任也就越大，大企业应当有大责任。这种责任，是对伦理道德的坚守，是对消费者权益至高无上的尊重，尤其是像医疗贴吧这样与人们的健康甚至生命息息相关的产品，更应该本着对健康负责、对生命负责的态度，更加严谨、规范、严格地遵守国家法律，按照社会道德的高标准来约束自身的经营理念。在面对利欲熏心的恶行时睁一只眼闭一只眼，不管不顾甚至有意纵容，就是无视社会责任、挥霍消费者信任的邪恶经营势力的帮凶。这种见利忘义的价值观一旦影响了企业文化，就等于摧毁了企业长远发展的根基。

企业文化的格局决定企业的格局，企业文化的境界决定企业发展的境界，要让企业文化具有大格局，高境界，就要站在社会责任的高度去构建企业的价值观、经营哲学和经营理念，就要保持经济效益和社会效益的平衡，在追求经济效益的同时，承担社会责任，这样才能真正赢得市场、赢得消费者。

10.3　企业文化仅仅是人力资源部的工作吗？

企业文化管理，应该是人力资源管理体系中的最高境界，要与企业发展历史、公司的战略导向、品牌策略、经营理念等宏观系统进行紧密对接。

企业从创始之日起就开始形成自己的文化，这种原生态文化对企业的持续发展是否有利，需要从企业家、业务部门、职能部门、人力资源部门共同审视。企业文化建设，需要各部门、各层级共同参与，才能真正推动。如果仅仅把企业文化作为人力资源一个部门的工作，是一个重大的误区。

企业文化很难通过直接寻找外部咨询顾问提出专业解决方案，一定要有“老板”的高度，才能与战略对接、与经营理念对接，对管理体系起到有效的引导和管理作用。一个企业的管理机制可以被复制，但其中的管理效果却无法复制。比如，企业招聘制度、薪酬制度可以照搬，但对人才的保留和激励效果却无法复制和照搬，在其中起到重要作用的，就是企业文化。

10.3.1 企业文化不是人力资源的子模块

人力资源工作要站在企业战略层面考虑业务问题，而企业文化要站在使命的高度，为战略提出方向，同时还要在各种经营机制和管理机制的有力协同下，在企业业务运营和工作系统中扎实落地。

这要求企业文化与人力资源系统强力协作，而不是从属于人力资源模块。因此，企业的人力资源最高负责人在思考企业文化建设的方向中，绝不可以把企业文化仅仅当成人力资源体系的一个模块来运作。从这个层面而言，企业文化不仅仅是人力资源部门的工作。

在企业文化建设中常常出现三个问题，即高度问题、清晰度问题和执行力问题。由于这三个问题存在，就导致企业文化成为无力、虚浮的口号，无法发挥应有作用。

所谓高度问题，就是在管理境界和业务层面站得不够高。如果人力资源本身的定位和境界没有达到企业的要求，那么企业文化作为其从属子模块，其命运可想而知。

所谓清晰度问题，就是思路不清楚、观点不明确。企业文化本身要解决的是从战略方向到经营理念再到工作行为规范的各个层面的问题，如果没有足够的高度，自然也无法纵览全局，只能在局部的迷局中打转，变成盲人摸象的工作模式。

所谓执行力问题，是因为没有高度和思路，就无法提出有效的行动机制、保障机制和激励机制，文化的概念也无法落地成为务实的行动计划，从而出现“文化墙上挂，行动地上爬”的囧局。

要想解决这个问题，就要明确企业文化的定位：虽然企业文化要借助人力资源管理平台进行建设和发展，但却承载着支撑企业持续发展的重任。治大国如烹小鲜，企业文化从企业创始初期，就开始发挥作用，而不同阶段的分别在于，初期是靠管理来建设企业文化的基础、积累企业沉淀的文化基因；快速发展期则要帮助企业厘清发展方向，从战略层面帮助企业选择正确的事；成熟上升期则要把共同默认的假设提炼为大家认同的价值观，在核心竞争力的打造上，让企业真正能够持续发展。

【经典案例 96】

自 2017 年 6 月以来，Uber 风波不断，数十位高管离职，公司陷入危机，这个事件也用经验教训告诉创业公司，企业文化极为重要，几乎与经营模式、创意理念以及融资同等重要。一个企业需要在创业早期就开始思考企业文化的问题。

一个得不到修正的文化战略，会使企业整体方向跑偏，从而出现危险巨大的工作环境，使企业陷入危机。Uber 毫无约束的激进文化战略在企业内部营造了一个被称之为“有毒”的工作环境：企业内部的权势滥用毫无节制，公司里有权势的人（经理们和高管团队）拥有过度的权力，凌驾于员工之上，最终从内部涌现大量职权滥用丑闻。

外国企业有文化败笔案例，中国企业也不例外。

2017 年年底，一段网络视频热传，在一个舞台上，十来个员工两两相对互相有节奏地扇着对方耳光，舞台上还有四个大字“狼性团队”。据说这是某公司声称为了打造团队凝聚力而采取的办法，虽然相关负责人在事后声称这只是对完不成任务的员工进行的措施，不是有意扇耳光，但从视频中能看出来，这是对员工身体和心灵的双重伤害。

照搬照抄的“狼性文化”，变成企业自以为是的文化格调和哗众取宠的集体闹剧。企业文化变成了侵害员工身心权益的幌子，成为企业装点门面的道具，“狼性”在毫无伦理的约束下变成了兽性。

企业面对残酷竞争时，的确需要血性、敏锐、坚韧、不满足于现状、持之以恒、不达目标不罢休的狼性，但绝不需要奇葩的号叫作秀，更不需要打着狼性团队的口号去践踏员工的基本尊严和人格。

华为公司的狼性营销之所以能够成为一种品牌效应，不是靠互扇耳光激发斗志，而是因为有高远的文化价值观做导向，科学有效的管理机制做保障，不断优化完善，推动了企业的健康发展。没有健康的文化，就没有健康的企业发展。企业需要管理和激励，文化要推动管理体系留住、发展优秀人才，让员工与企业共同成长。

因此，企业文化需要从企业战略高度为管理系统的进步造势，还要借势人力资源的各个模块，通过培训加强宣导，通过绩效进行明确，通过薪酬进行激励，通过员工关系进行深入。

10.3.2　企业文化不能仅仅是人力资源部的工作

企业发展的成功之路，每一步都为企业文化建设沉淀下宝贵的财富和经验。所以企业文化的建设必须是从公司战略到经营、从管理到体系、从精神到物质、从要求到行动的全过程。这些过程如果仅仅落到人力资源部门，势必导致狭隘文化的出现，无法形成一致，从而变成一盘散沙。

企业文化必须依托人力资源管理系统作为建设的基础和平台，但更重要的是要以这个平台作为着力点，驱动各个系统同步推进。

从战略层面，企业文化与老板有关，人力资源部门必须把企业文化与企业战略紧紧联系，使之一致；

从经营层面，企业文化与业务单位有关，人力资源部门要搭建系统，让企业文化通过管理机制、绩效激励等各个渠道，推动业务的发展；

从管理层面，企业文化与职能管理相关，要从效益、成本、增长性指标、员工成长与发展等各方面，一方面倡导推动企业要求和期望的行为，另一方面约束企业摒弃、杜绝的行为出现，这就需要包括财务、成本、人力资源、业务管理等各机制配套而行；

从精神与物质对接层面，企业文化要把员工认可的统一的价值观变成日常工作中可执行、可评估、可改善的工作行为，这就需要各部门各级管理者身体力行，每个员工协同配合，共同建设务实、稳健的企业文化体系。

【经典案例97】

支持阿里巴巴走到今天的最重要的因素就是企业文化。阿里文化在建立之初，就一直思考着以下三个问题：

（1）阿里的文化是什么？

（2）第一层文化和第二层文化的关系是什么？

（3）阿里的价值观是怎样构建的？

针对上述三个问题，阿里巴巴建立了自己的文化体系。

一、底层文化

1.“去‘总’文化”

在阿里内部，彼此之间不称职衔，只称花名。这是一种“去‘总’文化”，也是简单开放的文化基石。阿里要打造一个环境，让员工与员工、员工与管理者之间变得更简单。

2.去办公室文化

阿里的总裁几乎都没有独立的办公室，这是因为阿里清醒地认识到，大企业病往往是从自建壁垒开始。所以去办公室文化，就是杜绝人为建造沟通壁垒的开始。

3.娱乐文化

由于阿里成立初期，市场竞争极其残酷，业务人员压力特别大。所以团队聚会中，主管通过讲笑话、表演节目等方式，让员工放松下来，舒缓压力。

至今的阿里年会，马云都会亲自表演节目，这也是阿里娱乐文化的体现。在年会上，只有展示，没有竞争；只有努力的员工，没有独宠的明星。年会是阿里员工们的狂欢，不仅是一场庆祝集会，更是文化的集中展示，所有参加的员工都感受到自己作为其中一分子的自豪感。

4.公益文化

企业的公益文化，并不仅仅由受助者去做，更要由企业员工去做，因为这代表了员工对自己、对企业、对社会的回报。公益文化让员工感恩社会，让团队变得有温度，能够真正换位思考，从而理解客户的真正需求。

5.“家的文化”

“家的文化”起源于SARS时期。当时阿里一名员工参加广交会回来，出现疑似感染的症状。阿里只能让员工放假回家，而“家的文化”使所有的员工在没有强制要求的前提下，把电脑抱回家，把家变成办公室，员工全部联网，在整个放假期间没有耽误任何客户的项目。这种“家的文化”，让团队不放弃任何为客户服务的机会，因此为阿里带来了巨大的机会，使得阿里的业务在非典肆虐的两个月里翻了一番。

6. 分享文化

阿里的业务员每天跑业务回来，都会站在桌子上，和大家分享一天的成就。这种分享让员工感觉到荣耀，变成有效激励。

二、创新文化

1. 小二文化

小二是淘宝的标志。阿里把自己定位为小二文化，就是要把客户作为顶层。淘宝的小二，把“亲”这种精神文化，融入与每一位客户交流的过程中。

2. 倒立文化

支付宝时代出现了“倒立文化”，也就是换个视野看世界、看问题。早期支付宝办公室里的几面墙，每天都有很多员工在倒立。这是希望大家能真正站在客户的角度去体验，换一个角度去看世界，而不能仅仅站在自己的角度去思考客户的问题。

3. 危机文化

因为创新时时有危机。形势大好时，危险同样在。低谷的时候要创新，巅峰的时候也要创新。当碰到危机的时候，当最顺风顺水的时候，还有没有动力、有没有能力去创新？这是所有的管理者都要思考的问题。

如果没有第一层文化中的简单、开放、有温度，那么第二层创新文化就是伪命题。因为第一层的文化让第二层的文化变得真正有穿透力、有新的思考。底层文化保障了创新和创新的执行、落地。

因为这种文化，让阿里在遇到困难、遇到危机的时候，能够冷静地思考，走到今天。

从阿里文化冰山下的支撑力可以看到，企业文化必须与企业最高层的领导人、中坚骨干力量、各业务经营单位、各职能管理体系共同配合，在人力资源搭建的舞台上，共同创造企业发展的新篇章。

10.4 避免建设执行中的偏差

执行性偏差，虽然不像结构性偏差一样会导致企业在短期内陷入巨大危机，但由于缺少执行过程中的评估修正，出现“为企业文化而企业文化”的执行心态，导致经营效率降低、员工潜力得不到发挥，从而影响业绩的提升。

10.4.1 片断化与程式化推进

这个偏差是典型的“为企业文化而企业文化”的工作方式所致。企业文化的建设中容易出现的问题是，一旦企业文化的规划已经明确，实施计划开始推进，往往就会忽视评估、反思和修正，忘记规划伊始的目标是什么，每个实施计划的目的是什么。于是陷入细节之中，只见片断，不见系统。

企业文化理念提炼初期，的确需要“解构”，从历史的角度，撷取成功的亮点，总结精华。但只有解构、没有结构，凝炼出来的“精华”就成了无源之水，失去活力，成为摆在墙角的干花。

所以在解构文化之后，再复盘结构是非常重要的。

出现片断化推进的原因，主要有两个：

一是希望快速推进，于是在每个环节遇到问题或者推进新的环节时，由于缺乏系统思考能力，就迅速地形成预设判断，以便“省事”“快速”地推进。

二是脱离经营和业务实际，把企业文化建设当成一项“运动”式的工作。企业文化管理者“策划”一种文化理念，搞出一套行为规范，每年组织筹备一两次大型活动，就以为完成了任务。殊不知这样的做法与真正意义上的企业文化建设相去甚远。

虽然在企业文化建设的执行层面不需要像最初建立体系时，用战略的高度和历史的高度去解构和结构文化，但是在执行过程中，时时回顾目标，反思怎样才能使执行的方法更优化、真正打动员工的心，从而使大家关注战略、关注目标。这个过程，相比辛苦加班做一堆模型、表格、PPT来得更累心。尤其是企业文化在每年的节点推进时，想要不断创新、不断提升，的确是煎熬人力资源团队的事情。但要想让企业文化真正达到成效，就一定要竭尽全力地思考目标到底是什么、做这些事情的目的又到底是为了什么，用什么方式才能让效果最好。

经常见到的例子，优秀的企业经历了发展和变革，克服了许多障碍、赢得了竞争的挑战，也建立了自身优秀的企业文化体系。这些优秀的文化，在企业变革期、挑战期，往往在执行中会出现很多亮点，许多有创造性的想法、方法，使企业文化活动涌现巨大的力量，感染全体员工上下一心，共同奋斗。

当危机或挑战期度过之后，优秀的文化沉淀下来，企业文化体系基本固定，却往往出现了形式雷同、思维僵化的企业文化执行误区：一年一度的员工年会，成了“年年必看却不看”的鸡肋，台上弘扬企业文化的节目无法打动员工，员工坐在台下只为了最后一刻的抽奖。甚至每年的优秀员工评选都成了程式化的应景流程：人力资源部发表格，业务部门填表格，人力资源部收表格，汇总后再公布。对优秀员工到底优秀在哪些方面、卓越团队到底卓越在什么地方，人力资源部愈发茫然……

这样的文化建设最终只能成为一潭寡淡的死水，最终把企业文化做成可有可无的墙上口号，失去企业文化应有的生命力和影响。

这其中最主要的原因有几个：

一是缺乏打破舒适区的勇气和能力，对每年的工作没有更高的目标要求，得过且过；

二是没有系统化思考，没有创新的意识和渴望；

三是认为领导签字等于推进结果，所有的事情都是领导的事，作为执行者就是尽快弄完方案和通知，然后让领导签字，字一签完，就代表这件工作的结束……

长此以往，就形成了官僚风气和僵化思维。大企业病一旦出现，往往最先出现的症状就是“官僚主义”，一旦出现，往往不易消除。

评估是否出现文化执行的片断化、程式化的偏差，可以参考以下这张自测表。

- 目标不明：每个方案说不出具体目标，代之以激发士气、凝聚人心这种空洞的概念作为目标。
- 管控不当：由于事先没有筹划系统，认为拿到领导签字就是任务完成的标志，所以很多方案一出台，各部门议论纷纷，或者认为标准不清，或者认为评估无度，甚至会把评选先进的好事变成部门扯皮的坏事。
- 思想僵化：没有创新，今年的方案甚至与五年前的方案大同小异，讲话稿、发言稿、内刊寄语满满的空话套话，无新意、不务实。

如果上述三种病症已出现一种以上，就必须引起高度的重视。这样的执行结果，十有八九是无效的。如果三种俱现，就基本注定失败了。

10.4.2 随意主观的家长式企业文化

企业文化的境界高低，与企业的创始人或一把手的精神境界和素养有着直接的关系，这种境界与社会责任感和对社会的领悟与感受有关。

事实上，企业文化虽然源于创始人文化或一把手文化，但最终要成为企业全体员工遵从的文化。企业应该按照企业与文化的共同规律，与公众、消费者、员工调频至同一频道上，对接内外部环境的要求，勇于抛弃不合时宜的内容，务实建设，而不能完全以个人偏好左右文化的宣导和方向。

一是企业家本身的经验主义和错位的权力观念。企业创业者错位的权力观念。在企业创业期和发展期，企业家个人的作用不可磨灭，甚至是至关重要的。这个时候，过于自负和错位的权力观念往往带来很大的危机。通常表现在首先破坏制度的就是企业家和管理者，因为他们会认为破坏制度本身就是自己权力和地位的象征，同时也认为自己的贡献可以凌驾在规则之上。

二是僵化的思想观念束缚。

三是观念与境界的局限，导致一些境界不高的企业家只看到了诸如杰克·韦尔奇、任正非、马云、马化腾、刘强东等精英领袖表面的风光，产生盲目崇拜，却忽略了背后的管理哲学和管理智慧。

这三个原因，是导致企业文化随意主观偏差的主要因素。

解决的策略首先要改变企业家的思想观念和习惯。优秀的企业家都是自律的，都有着强烈的企业规则的建立意识和规范管理意识。有这样一句话：小公司通过管理建文化，大公司通过文化促管理。所以企业家首先要把自己和企业放到社会环境中一并考虑，建立适合业务实际和社会要求的组织结构，不断完善内部管理，同时关注人的因素，激励优秀的人才创造企业价值。

其次要从管理实践出发，建构企业文化整体系统，企业文化不能脱离企业的实践，否则就会成为一纸空文。

最后要关注企业文化的创新，不能把个人偏好当成创新，要按照科学合理的方式去构建。

【经典案例 98】

"三鹿"曾经是中国奶粉企业的辉煌。在企业取得一定成功之后，三鹿也非常重视企业文化建设，在提炼企业精神、打造企业品牌、推进企业文化整合与重塑等方面做了很多努力和尝试，为企业形象的树立起到积极影响。

然而，就是这样一家拥有五十多年发展历程的企业，却因为三聚氰胺事件，断送了蓬勃发展的前程。分析其中原因，企业文化建设中社会责任感的局限性以及企业社会责任机制的不健全固然是重要原因，但这其中的家长式企业文化，也应当在整个事件中负有不可推卸的责任。

三鹿的原董事长田文华是典型的家长式的企业家，在企业具有强大的人格魅力和影响力。田文华从基层做起，一步一个脚印，逐渐赢得了企业员工的信任，在她的带领下三鹿取得了前所未有的成功，所以她所做的各种决定都被企业员工普遍接受，公司的各种方案、计划、制度、决定等都要她拍板，其他人只会遵照执行，不会发出不同的声音。当时向奶粉中添加三聚氰胺这件事她是知道的，但是她没有提出异议，企业的其他人员也只是遵照她的"意思"没有提出异议，最终导致了这场无可挽回的灾难。不仅企业失败了，更严重的是造成了巨大的社会不良影响。

家长式企业文化是企业的定时炸弹，当企业发展到一定规模时，就必须建立起严格的分工协作企业管理机制，注重企业产品的品牌建设，这相当于分散企业管理的风险，“一个人”的企业注定不能与整个市场相抗衡。

10.4.3 急功近利的企业文化

急功近利，是企业文化之大忌。企业文化需要积累，没有沉淀和积累，就没有深厚的文化基础。企业文化不是手段，而是结果。以急功近利之心操纵企业文化，与企业文化建设的初衷是背道而驰的。

当前的经济环境下，急功近利是一个通病。企业文化首先不能急功近利，否则就无法对企业的价值观起到导向作用。企业要长期良好发展，在经营战略、经营理念上需要有前瞻性，而不能只顾眼前利益。急于求成、贪图眼前的成效和利益，是急功近利的典型表现。

要保持企业从产品到品牌、管理、服务的一贯性，就要建立优秀的企业文化和企业激励。比如，联想的核心价值观包括：企业利益第一，求实进取，以人为本，这个理念从联想创立之初就一直坚持，最初帮助联想在不断的并购重组中，保持文化稳定性的同时，还能够不断自我发展、自我优化。

【经典案例 99】

英国《金融时报》曾经刊登了一篇名为《高盛前员工谴责其“有毒”文化》的报道。文章披露，高盛公司遭到了来自其内部成员的罕见公开批评：一位离职的副总裁称高盛内部把客户称为“傻瓜”，这是一种“有毒”的文化。

格雷格·史密斯是高盛的一位管理者。他对自己服务了近 12 年的雇主发起了尖锐的批评，称自己辞职是因为在过去十年中，高盛无视客户，把客户置于公司优先事项中最不重要的位置。

他表示，公司的高管将客户称为“傻瓜”，而公司的理念是把从客户身上赚取最大利润放在首位。

“未来的历史在谈到高盛时，或许会写到现任 CEO 劳埃德·布兰克费恩和总裁盖瑞·柯恩让公司文化在他们的管理下失去了控制”史密斯写道，“我确信，高盛道德上的败坏将对其长期生存构成最严重的威胁”。

急功近利，是很多企业共同的失败基因。尤其是初创期间，功利而不择手段地让企业迅速获利，成为这些企业“病态”的道德观。急功近利的企业，对消费者的需求和智商极为蔑视，在营销和推广上夸大其词、随心所欲，对游戏规则毫不在意，对竞争对手无所不用其极。这种源于共同默认的假设，就是“成者王侯败者寇”的价值观，在企业文化方面根本没有建立道德的根基。

10.4.4　单向思考的推进，不思考员工真正的需求

单向思考的文化也是企业文化推进和建设中常见的误区。利益相关者能否都从企业文化中获取其应得的利益，是企业文化建设过程中达成共识的最重要的一步。任何不考虑其他各利益方的文化建设，都是企业文化建设中的偏差。

单向思考的本质，是企业文化的双重标准。有些企业的核心价值观是顾客至上，真实诚信，而这个理念仅仅表现在对下游渠道的客户上，对上游供应商却一味挤压其应得的微薄利益，长期拖欠应付款，账期一延再延，甚至危及上游企业的生存。再如，有的企业文化表达的价值观是“以人为本”，但在表象上却存在着双重标准。对顾客百依百顺，但对员工则根本不关注他们在企业的成长发展，甚至出现不合理的苛求或侵权行为。这些都是单向思维的偏差。

【经典案例 100】

摆脱了“狗咬狗”的狼性文化，微软才起死回生。2014 年之前，微软形成了一种竞争至上的狼性文化。

在严苛的绩效管理系统下，团队中的其中一部分人被贴上了优秀的标签，而另一群人的表现无论多么优秀，只要在其所在团队中是落后的一方，就会被视为“老鼠屎”，面临被解雇的窘境。

长期担任微软高管的蒂姆·奥布莱恩曾将这种公司文化比作“狗咬狗”。在这种畸形的绩效制度下，员工想的不是如何赢得外部市场竞争，而是如何比赢队友，以免成为团队的吊车尾：“这就像是一群被狮子追赶的人。为了活命，你不必成为跑得最快的，你只需要比最慢的人跑得快就够了。”

充斥着激烈竞争的企业文化，同事之间的钩心斗角，让投资者和内部员工都为这家公司的未来捏一把汗，微软的股价也一直停滞不前。

2014年，萨提亚·纳德拉被任命为微软公司新的CEO，上任三年多，就让微软的股价累计上涨了80%，公司股价突破了历史最高价。这是因为纳德拉首先带领微软开始了一场犹如地震般的企业文化转型：他认为员工应该专注于合作，而不是在竞争中诚惶诚恐；员工可以犯错，但要在犯错的同时保持好奇心，不断地学习新事物。

纳德拉说："我比以往更清楚地意识到，我的工作是培育企业文化。如果不专注于培育出让员工尽心尽力的企业文化，那么只能是一事无成。"

企业文化转型后，管理混乱和钩心斗角的现象都在逐渐减少，员工之间开始建立信任，互相分享新想法并展开真正的合作。微软的企业文化开始了巨大的改变，鼓励员工冒险创新，并向员工传达这样的理念：与其想着如何应对竞争对手推出的优秀产品，还不如专注于创新，通过另辟蹊径夺回主动权。

创新是企业的生命线，微软通过企业文化变革培育创新构想，是其作为优秀公司经久不衰的关键。

在企业发展过程中，因为经营业务的要求，企业必须满足外部客户、消费者、社会各方合作伙伴的需求，才能够得到发展。因此单向思考的企业文化偏差，更多地出现企业只关注自身的财务指标，而不深入思考员工真正的需求，仅仅把"以人为本"这四个字当成口号，没有真正保障员工的经济需求、发展需求、成就需求。这是企业文化建设中常见的误区。

【经典案例101】

太阳神和娃哈哈，都曾经是中国改革开放时期的奇迹型企业。

改革开放初期，中国新兴企业还处在一种十分原始的状态，整个中国经济刚刚从产品经济向商品经济转型，人们更关注的是企业家在内部机制上的改革、生产环节上的成本降低和管理的创新，那些在品牌宣传策略中有创新想法的企业，均获得了"意外的成功"。太阳神就是其中一员，在当时率先开启CI战略，具有很强的超前意识。

CI的全称是“企业形象识别系统”，包括视觉识别系统、企业经营理念系统和员工行为识别系统，是现代企业的一种经营管理方法。它起源于20世纪50年代的美国，80年代初期由日本的广告专家进行了提升和规范，并在全球企业界广为传播。太阳神创始人怀汉新在接触到这一新概念后，便直觉地意识到它的价值，迅速设计完成全新的太阳神CI识别系统：用象征太阳的圆形和“APOLLO”首写字母“A”字的三角变形组合，设定了“太阳神”的商标图案，用单纯的圆与三角构成既对比又和谐的形态，来表达企业向上升腾的意境，同时体现“人为中心”的企业经营理念。红、黑、白三种标准色，形成强烈反差，代表健康向上的商品功能、永不满足的企业目标、不断创新的经营理念。这个充满了内涵和现代气息的形象甫一诞生，便如鹤立鸡群般地从众多平庸而简陋的国产品牌中脱颖而出。

在一些广告人的协作配合下，太阳神的CI系统导入工程激起一轮引人注目的新闻冲击波，由此，在中国掀起了所谓的“CI战略策划风暴”。这一轮CI热浪持续多年，至今余波荡漾。但有不少企业没有扎实地从各个方面建立自身的现代化管理体制，而是热衷于简单的CI设计，用CI代替管理，似乎只要能在新闻媒体上进行火爆的炒作，就会成为名牌企业，因而最终导致失败。CI设计是必要的，但不能过分地夸大它的作用，因为企业要成为百年老店，最终还是要靠扎扎实实的管理，建立现代化的管理体制。

1993年，娃哈哈的年销售额仅为太阳神的1/3，被太阳神远远地抛下了一大截。然而，娃哈哈在这一阶段的一个战略转移却决定了两家企业最终的不同命运。

在那个所有保健品企业都大赚其钱的时候，娃哈哈便已经意识到了保健品产业的成长局限性。宗庆后很早就发现，中国保健品市场的消费群心理及同业竞争都处在一种很不规范、很不健康的状态中，企业或许很容易在这里捞取充满暴利色彩的“第一桶金”，可是却很难在这里取得正常的、稳定的发展。因此，宗庆后在兼并杭州罐头厂之后，就毅然地决定从保健品产业逐步淡出，开辟新的战线。他在原来的罐头生产线的基础上改造完成了一条果奶生产线，开始推出娃哈哈果奶，悄然完成了从保健品向饮料市场挺进的战略转移。

事实证明，他的这个判断无疑是英明的，后来巨人、三株、飞龙的迅速暴发和衰落以及太阳神的命运为此举作了生动的注脚。

第四篇

企业文化管理之器：载体与必备的工具

- 构建有个性的企业文化识别系统
- 建立动态化的企业文化载体设计
- 建设灵活强大的自媒体推进文化
- 有效运用科学的理论和实用工具

11 第十一章 企业文化的载体

如果缺乏富有表现力的事件，任何企业文化都会消亡。没有了仪式和庆典，那些重要的价值观就难以对人们产生影响。

——特伦斯·迪尔、艾伦·肯尼迪

企业文化的载体，是指以各种物化形式和精神形式承载、传播企业文化的媒介体和传播工具，它是企业文化得以形成与扩散的重要途径与手段。企业文化的载体是企业文化的表象，从企业文化结构上说，也是从精神文化反映出来，具体到制度文化、行为文化、物质文化等方面的内容，是外显层面最重要的内容，是在企业文化精神指导下的物质表现。

企业文化，不是无本之木，也不是无源之水。一个优秀的企业文化要真正地生根发芽，需要一系列的载体作支撑。这些载体不是一些单纯的面或点，而是错落有致、节奏配合有序的立体承载系统和能够自我生长及完善的载体。

11.1 企业文化载体的作用与分类

文化的认同，要做到内化于心、外化于行，载体建设起着非常重要的作用。企业文化通过适合的、有创意的载体，把源于内部“原生态”共同默认的假设，通过提炼和总结，变成有高度、有境界、凝练精华的文化体系，同时向外界展示企业的使命与愿景、管理信念等信息，把企业经营哲学通过形象的形式展现在内外部所有伙伴面前，使大家对企业文化有感性认识，迅速形成内心的共鸣。

企业文化载体种类繁多，从内外两个维度，可以大致分为以下几种。

内部载体：主要是对员工进行企业文化宣传教育的各类企业文化的载体，具体又可分为物质文化载体和行为文化载体两种。

物质载体：包括企业及企业文化识别系统、企业文化手册、核心能力辞典、企业文化宣传栏、企业内刊等所有能够公开向员工传递信心的平台和渠道。

行为载体：包括员工大会、内部各种培训、企业文化主题系列活动、企业内部各种会议、活动、沙龙、表彰、管理层开放日等带有沟通性质的活动。

外部企业文化载体：是向外部公众进行企业形象与口碑宣传的载体。主要包括：企业官方网站、官方微博或微信等企业自媒体、企业宣传手册、CI 系统、品牌系统、产品介绍、新闻发布会 / 新产品发布会、各类公益活动、行业交流等。

其实，只要有心，任何地方都可以成为企业文化的宣传阵地和建设载体。

11.2　基于 CIS 的企业文化载体设计

企业文化要通过一定的物质实体和手段，建构一套结构完整的文化理念与形象的塑造系统，在建设与实施过程中表现出来，才能使企业员工产生目标认同。这种物质实体和手段，就是企业文化的载体。CIS 理论为企业文化载体的建设和设计提供了比较完善的问题解决模式。

11.2.1　CIS 的含义

CIS 的全称是 Corporate Identity System，即企业识别系统，是指企业运用整体传递系统，采取多种传播和沟通手段，将其产品、服务和蕴含在其中的经营理念及时地传递给社会公众，以塑造良好的企业形象，赢得消费者对企业的认同，从而提高企业的市场竞争能力，以突出企业个性、彰显企业魅力、塑造企业良好形象。

CIS 的实质就是把企业形象作为一个整体进行建设和发展，良好的 CIS 设计，是协助企业长期开拓市场的利器。

最初的CIS仅仅作为统一企业视觉识别，用于提高企业产品知名度，进而达到扩大销售目的的手段。其出现是源于工业时代企业的大量涌现，以及相应的激烈市场竞争的结果。

20世纪40年代至50年代，美国的IBM、CBS和西屋电器公司，创立了CIS体系的雏形，其中以IBM公司的标志设计最为著名，因此成为CIS的创始标志。

CIS的导入使很多企业取得了良好的经营业绩，1970年可口可乐公司导入了CIS，改造了世界各地的可口可乐标志，使CIS进入了成熟阶段。

20世纪80年代，CIS进入中国，迅速发展，曾经的太阳神集团、三九集团、健力宝集团、李宁运动用品等，都通过CIS取得了有目共睹的成果。近年来，随着管理理论的不断发展，我国越来越多的企业把CIS设计与企业文化建设联系起来，用CIS推进企业文化物质体系建设，成为企业文化体系建设中非常重要的工具。

11.2.2 CIS的构成要素

CIS作为一种现代企业经营战略，是企业形象的体现和外化，运用得当，可以让人鲜明地识别文化系统的精髓，更好地引导方向、凝聚人心、传播企业理念、树立品牌形象。

（1）企业的理念识别，包括企业的经营信条、企业精神、座右铭、企业风格、经营战略策略、广告、员工的价值观等；

（2）企业行为识别，对内包括对管理者和员工的培训教育（如服务态度、服务标准、工作规范等）、生产保护与福利、工作环境、生产效益、环境保护策略等；对外包括市场调查、产品开发、公共关系、促销活动、流通政策、投资者关系、股市对策、公益性、文化活动等。

（3）企业视觉识别，包括基本设计、关系应用、辅助应用三个部分。基本设计包括：企业名称、品牌标志、标准字体、标准色系及造型、象征图案、宣传标语、口号、吉祥物等。关系应用包括办公器具、设备、招牌、标识牌、旗帜、建筑外观、橱窗、衣着制服、交通工具、包装用品、广告传播、展示及陈列等。辅助应用包括样本使用法、物样使用规格及其他附加使用等。

11.2.3 动态化的 CIS

随着企业管理理论的快速发展，对 CIS 的研究不仅仅停留在静态层面，而是更关注动态化的 CIS。

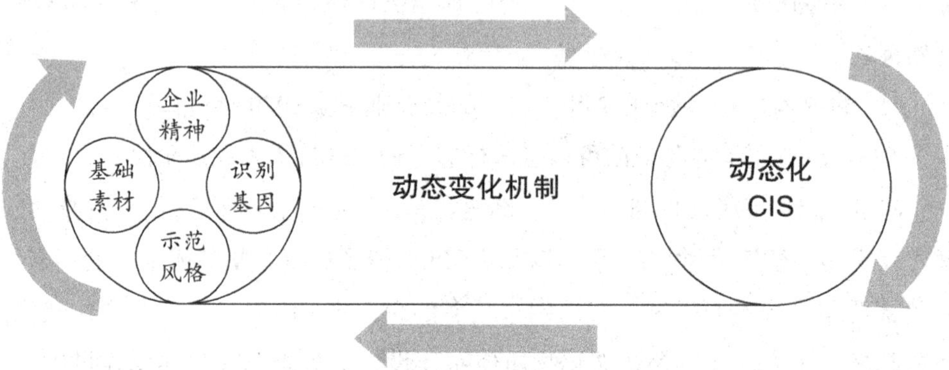

图 11-1 动态变化的 CIS 机制

CIS 是非常有用的文化工具，能够在动态运用中充分发挥统一价值理念、规范集体行为、统一环境和氛围、指导经营管理的重要作用，不断提升企业组织的凝聚力和战斗力。

动态化的 CIS 应当作为企业文化载体设计规范的依据，除了应用在企业文化识别系统，也包括企业内刊、活动设计、自媒体设计等各个实施载体，应当在设计时得到统一应用。

在 CIS 应用时，一定要把企业文化当成动态的系统，在企业文化载体设计时，考虑动态因素，建立动态化的机制，才能让企业文化真正鲜活起来。

采集 CIS 的来源时，要从企业精神中找到识别基因，再通过基本素材和识别风格使之具有个性化，同时要在这几方面互相印证、互相作用，使之成为统一的系统。在这个过程中，企业精神、识别基因、基本素材和识别风格，决定了整体的 CIS 设计，而 CIS 设计的最终结果又会反过来影响企业精神的呈现，进而使人们通过这个设计结果影响对企业精神的理解。

11.3 企业文化识别系统

基于 CIS 的工作，企业文化载体设计也要包括三个内容：理念识别系统、行为识别系统、视觉识别系统。这三个内容组成了企业文化对外的整体形象，也是企业文化建设的基础。

企业文化识别系统的构建，是一切企业文化行动的基础，其中的理念识别系统是全体员工工作与行为的最高纲领，也是员工树立共同价值观的重要前提，同时还是企业文化对外展示的窗口，是企业文化体系的外显形象体系。它与培训宣导体系结合，通过融入体系、激励体系等共同发挥作用，使企业文化形象得到深刻理解，从而深入人心。

11.3.1 企业文化理念识别系统

企业文化理念识别系统，就是将精神层面的文化理念，提炼、总结、概括成为企业外的利益相关者可以识别、理解、共同接受的内容，是整个识别系统的前提，也是识别系统的核心。这个系统一旦建立，就成为企业员工共同遵守的最高行动纲领。

理念识别系统的建立，通过对历史传承的总结、对企业文化价值观精髓的提炼，形成企业文化的核心理念，再推导出具体的核心理念。

理念识别系统，一般包括企业的使命、愿景、核心价值观、企业精神、企业经营理念、管理理念等内容。

除此之外，理念识别系统还包括企业经营哲学、企业作风、企业工作态度等多方面内容，但其核心都是基于企业的价值观而形成的对未来、社会、员工、经营、目标、消费者等各个方面所形成的共同默认的假设。

11.3.2 企业文化行为识别系统

企业文化行为识别系统是企业文化在员工行动中的具体规范要求和指导，是企业生产经营过程中，对所有企业行为、员工操作行为实行系统化、标准化、规范化的统一管理，包括企业内部的组织、管理、教育以及对社会的一切活动，直接反映了企业文化在企业行为层面表现出来的个性和特殊性，是企业实践经营理念与创造企业文化的准则，是对企业运作方式所做的统一规划而形成的动态识别系统。

行为识别系统包括两类，一类与生产经营活动相关，如工作准则、工作规范、服务规范等；另一类与企业内部的人际沟通有关，包括培训准则、会议要求等。企业文化的行为系统是动态的，一方面受理念体系的指导，另一方面又通过行为活动影响理念体系的实施，或者创造新的精神文化。

之所以要建设良好的行为识别系统，是因为企业文化要通过人的行为，展现给外界其内在的精神。外部客户或消费者，要了解一个企业，最先往往是通过企业成员的行为。行为系统只有与企业理念识别系统高度完美统一起来，才能够建立起真正的行为识别系统，

【经典案例 102】

松下公司为了使企业理念深入每个员工的潜意识里，曾开展了一系列宣传教育活动。全日本每个分公司、办事处和工厂都要举办的早会就是这些活动中一项有名的活动。在早会上 20 万名员工都要高声朗诵松下董事长颁布的“松下公司要遵守的七大精神”。

凡是成功企业文化塑造都有一个共同的特点，那就是行为识别都与企业理念一致。麦当劳公司之所以赢得世界良好的评价，是因为在全世界范围的连锁店做到了企业理念与行为一致。他们经常派出监察员巡视各连锁店。监察员再把审查结果向总公司或地区总部报告，如果审查结果不良，该店的店长考绩就会受很大影响。在温尼伯克的麦当劳特许快餐店里，一次发现了一只苍蝇，虽然只是一只苍蝇，但是它破坏了麦当劳的质量、服务、清洁的企业理念。两星期后，这家快餐店的特许权被吊销。这件事被宣传后，对所有麦当劳快餐店起到教育作用。

有效的行为识别系统，需要配合企业文化体系中的其他载体共同起作用，用正确的价值观、行为规范统一人们的行为，用一种强大的、无形的精神意识

使员工内心达成共识。没有文化行为的落地，企业文化的价值观就无从推进，也就不可能形成优秀的企业文化。如果不重视企业的行为文化，企业员工就不可能逐渐形成统一的企业价值观，企业也不可能建立起优秀的企业文化。

11.3.3 企业文化视觉识别系统

建立清晰、简洁的企业文化可视系统，是企业文化建设中非常重要的基础工作。企业文化可视系统，同时也是企业整体可视系统的重要组成部分，对企业形象的树立具有重要的作用。

企业文化的视觉识别系统，是在理念识别系统和行为识别系统的基础上，通过一系列形象设计，将企业经营理念、行为规范等，即企业文化内涵，传递给社会公众的系统策略，是企业全部视觉形象的总和。

企业 VI 包括标志、包装、标准色等元素以及这些元素在企业内部的制服、交通工具、文具等介质上的应用。它着力于组织整体形象的塑造，在大众中提升企业声誉度和亲和力，从而对企业及其产品产生一致的认同感和价值观。

需要关注的是，企业文化的视觉识别系统，应当成为企业整体视觉系统的一个有机组成部分，两者需要高度统一，绝不可割裂开来，应当与品牌系统和企业形象系统融为一体。

企业视觉识别系统是企业形象的具体视觉化表现，核心内容是通过形象的标识、图形和文字等内容展示企业文化的系统工程。它将繁杂、晦涩的企业信息，高度概括成简洁易懂的识别符号，通过外在的形象，在短时间内反映企业内在的本质，以独特的构思、新颖的形象，丰富的文化内涵给大众留下完整、美好、难忘的印象。因此，企业文化和视觉识别系统是互为表里，相辅相成的有机整体。

【经典案例 103】

基于 CIS 的可口可乐企业文化识别系统是这样建立的：

一、理念识别系统（MIS）

MIS 是 CIS 设计的关键，建立正确的 MIS 可以为企业指明发展方向。可口可乐的经营理念明确了员工对于企业的价值，让员工对企业充满激情，提高员工对企业的忠诚度，有利于营造良好健康的企业文化氛围。

二、行为识别系统（BIS）

1. 以客户为重

（1）积极的身体语言。

（2）保持眼神接触。

（3）保持愉快的语调。

（4）解释做法的原因。

2. 善用聆听技巧：倾听——确认——探索——响应

3. 克服异议 / 难题 / 投诉

（1）倾听时不打断，总结客户对问题的看法。

（2）如果必要，提问以获得更多信息。

（3）解释问题发生的原因，其中哪些步骤可以改正，并试探客户的反应。

（4）采取适当步骤并跟踪结果。

4. 保持和提高自信心

（1）记住客户的名字并主动称呼客户。

（2）避免用术语。

（3）对待客户同事用同样的态度。

5. 令满腔愤怒的客户平复情绪，回心转意

（1）致歉。

（2）表示体谅。

（3）承担责任（不自责，不责怪他人来解决问题）。

（4）提供解决方法。

可口可乐的 BIS 让人感到了可口可乐作为一个大企业应有的风度与修养，给人一种亲切且不做作的感觉，遇到问题不推诿、不狡辩，向客户解释原因，并勇于承担责任，提供解决方法，其这些行为自然会给客户留下良好印象，无形中促进产品的销售。另外，其以客户为重的行为理念也很值得其他企业借鉴，当然这也需要企业员工有较高的素质与修养，以及很强的沟通与解决问题的能力。

三、视觉识别系统（VIS）

可口可乐的英文商标“Coca-Cola”本身并没有什么特殊的含义，只因它朗朗上口而取的这个名字，但翻译成中文则有了其饮品的特点：“这个饮料既可口好喝，又能给人带来快乐”，因而吸引了消费者的关注。可口可乐的logo中文字体飘逸潇洒，波浪形飘带充满动感，红底白字，醒目耀眼，在中国，红色代表喜庆，其中文logo迎合了中国消费者的传统观念，可以更为持久地维持消费者的情感诉求。另外，红色代表着激情与活力，明亮的色彩易于吸引人们的视线，让人过目不忘。

可口可乐的英文标志“Coca-Cola”使用斯宾塞字体设计，字体的选择也为可口可乐营造了一种高档次饮品的形象。

可口可乐的瓶子也独具匠心，堪称经典。参考女性的曲线，体现出优雅与性感。

四、听觉识别系统（AIS）

AIS辅助VIS，将听觉刺激与视觉冲击结合起来，加强对人的感官系统的刺激，让人更深刻地记住本产品或企业。

可口可乐在中国旗下有一些签约明星，通过让消费者熟知并喜爱的明星来代言本产品，让明星们说出可口可乐的广告语，可以将观众对明星的喜爱转化为对产品的关注与喜爱。可口可乐的广告歌曲通常传达的是激情与活力，这也很符合可口可乐一系列饮品的特点，曲风嘻哈或R&B，迎合可口可乐的消费人群，并吸引当代年轻人。

11.4　企业文化实施载体

企业文化实施载体，是企业文化理念宣导的渠道和阵地，如果应用得当，将在企业文化建设中发挥巨大的作用。

11.4.1 企业文化手册

企业文化手册是企业文化建设中特质层面的最直接的外化成果，也是企业文化的精髓和重要载体，记录了企业的宝贵文化财富。

企业文化手册的编制过程，是对企业发展历史和成功经验的回顾过程，也是对企业经营实践最精华部分的提炼和总结。通过各层面的识别系统对企业发展历史、传承基因、优秀典范等各内容进行浓缩提炼总结，把企业发展历史中最精华的部分用文字化、图形化、标识化、系统化的方式进行系统展示，在今后相当长的时间，指导企业的文化实施活动，推动企业的发展。

企业文化手册是企业历史发展的文化价值观的成果，提炼了企业发展过程中最精华的精神内容，也浓缩了企业发展过程中的成功经验和理念，向所有员工示范性地提出了基本的规范要求。而企业不断创造的新历史，也不断为企业文化手册提供丰富的素材。

企业文化手册是企业文化中最有个性的展示层面。所以对于企业文化应当编入哪些内容、用什么形式，并无严格规定，企业可以视自己特色和自身需求，充分发挥创造性，让企业最亮点的精华，以个性化方式展现出来。

企业文化手册提炼编写过程中，需要注意以下几点：

一、内容结构要系统，层次清晰，术语定义明确。

二、概念诠释要具体、独到，不能空喊口号、虚浮空泛，更不能仅有豪迈语言，没有行动诠释。

三、具体、务实，重点突出，要有鲜明的个性，不必面面俱到。企业文化与战略相关，但又与战略不同。企业文化相对稳定，而战略却需要经常滚动调整。因此，企业文化手册里面提炼出最根本的价值观和理念指导，但在各职能体系中，可以再根据文化的引导建立各自体系的管理及行为规范或体系标准。

企业文化手册会有两种编制倾向："百科全书"式与"系统凝练"式。

（1）"百科全书"式的企业文化手册，这类手册内容比较全面，包括企业家寄语、企业发展历史、成功经验及荣誉、文化理念（精神层文化）、基本通用类管理制度及行为规范（制度层文化）、企业视觉识别（物质层文化）、行为高压线（即企业禁止的行为等）、特殊规范及要求等。这类手册可以提出明确具体的指导，成为企业的宪法式文件，从而使各项经营管理工作有依据或文化故事等。

【经典案例 104】

《华为基本法》是华为文化的纲领体现。辅助《华为基本法》，还有一册作为行为规范诠释的《企业文化手册》。较一般公司的企业文化手册，无论从内容到结构，华为文化手册体系的内容都更加丰富，范围也更加全面，有着清晰的思路和统一的基本假设。

《华为基本法》主要结构包括公司的宗旨、基本经营政策、基本组织政策、基本人力资源、基本控制政策、接班人与基本法修改六个部分。

- 公司的宗旨：核心价值观、基本目标、公司的成长、价值的分配；
- 基本经营政策：经营重心、研究与开发、市场营销、生产方式、理财与投资；
- 基本组织政策：基本原则、组织结构、高层管理组织；
- 基本人力资源政策：人力资源管理准则、员工的义务和权利、考核与评价、人力资源管理的主要规范；
- 基本控制政策：管理控制方针、质量管理和质量保证体系、全面预算控制、成本控制、业务流程重整、项目管理、审计制度、事业部的控制、危机管理；
- 接班人与基本法修改。

同时，《华为基本法》中通过“基本人力资源政策”部分，对于员工的行为进行详细的规范。比如，“考核与评价”方面的内容是这样的：

首先对基本假设进行阐述：

第六十五条　华为员工考评体系的建立依据下述假设：

（1）华为绝大多数员工是愿意负责和愿意合作的，是高度自尊和有强烈成就欲望的。

（2）金无足赤，人无完人；优点突出的人往往缺点也很明显。

（3）工作态度和工作能力应当体现在工作绩效的改进上。

（4）失败铺就成功，但重犯同样的错误是不应该的。

（5）员工未能达到考评标准要求，也有管理者的责任。员工的成绩就是管理者的成绩。

随后对考评方式进行了具体要求：

第六十六条　建立客观公正的价值评价体系是华为人力资源管理的长期任务。

员工和干部的考评，是按明确的目标和要求，对每个员工和干部的工作绩效、工作态度与工作能力的一种例行性的考核与评价。工作绩效的考评侧重在绩效的改进上，宜细不宜粗；工作态度和工作能力的考评侧重在长期表现上，宜粗不宜细。考评结果要建立记录，考评要素随公司不同时期的成长要求应有所侧重。

在各层上下级主管之间要建立定期述职制度。各级主管与下属之间都必须实现良好的沟通，以加强相互的理解和信任。沟通将列入对各级主管的考评。

员工和干部的考评实行纵横交互的全方位考评。同时，被考评者有申诉的权利。

《华为基本法》对公司的主要管理工作进行了原则性的界定。作为承接，《华为企业文化手册》则将文化体系、公司历史、具体的管理规范与行为规范等进行了细化的诠释。

《华为企业文化手册》的主要内容包括以下几点。

（1）前言：介绍了公司的主要架构、管理模式、华为人的责任与梦想。

（2）致新员工书：阐明了对新员工的希望和要求。

（3）员工手则：基本的行为规范。

（4）人事管理制度：这一部分是手册中内容最多的部分，共有十九部分九十余条，基本涵盖了员工日常人事管理的各项要求，是员工可执行的行为规范和准则的细则。

主要结构包括总则、人员录用、工作准则与规章（行为准则、工作时间、考勤等）、待遇、休假、请假、加班、出差、培训、调职、保密、考核、奖惩、福利、辞职、生活与娱乐、安全与卫生、附则等。

（2）系统凝练式的企业文化手册，更聚焦于企业文化体系本身，围绕着企业文化体系，对企业的使命、愿景、核心价值观、能力要求及素质行为要求等提出纲领的内容，主要作用是阐明方向、指明目标，让各个管理体系和经营体系能够在明确的文化引导下，分别细化其工作准则和相应的要求。

【经典案例 105】

巴斯夫公司的企业文化是通过一本叫作《公司治理》的小册子进行阐述：

1. 使命、远景、价值观和原则

- 使命；
- 远景；
- 价值观。

——实现可持续盈利业绩；

——为客户的成功进行创新；

——安全、环境和健康责任；

——个人和专业能力；

——相互尊重和坦诚对话；

——诚信。

2. 巴斯夫集团合规计划

3. 行为准则

- 工业和工厂安全、健康和环境保护；
- 反托拉斯法规；
- 内幕消息：禁止将所了解到的内部进程信息用于个人目的；
- 贸易禁令及贸易管理制定；
- 保管和处理公司资产以及业务合作伙伴的资产；
- 禁止洗钱；
- 与业务伙伴和政府代表的关系。

从这些主要内容概括中可以看到，巴斯夫作为国际化大型企业，其企业文化兼顾了内部的精神价值观与行为准则和外部的社会责任与经营原则。层次简单、内容明确、结构清晰，从整体上展现出巴斯夫的理念导向和企业形象。

11.4.2 企业内刊

企业内刊发源于西方企业，当时通常被称为“PR刊物”，即公关刊物。最早是为了加强企业对外传播和融洽公共关系而产生，侧重对外宣传。例如，IBM公司的《think》杂志，每期都会有精美的设计、丰富的内容，除介绍IBM的公司理念和文化外，还有关于社会责任、员工的思考等主题。杂志采取免费赠阅的方式，通过丰富多彩的形式将IBM的企业文化和品牌形象潜移默化地传递给员工和消费者。《think》杂志不仅成为企业与员工与消费者有效沟通的平台，并且取得了良好的营销效果。

随着中国改革开放后经济的快速发展，企业内刊也迅速得到了中国优秀企业的重视，出现了很多质量水准很高、有内容、设计精美的优秀企业内刊。比如，中粮集团的《企业忠良》、SOHO中国的《SOHO小报》、万科集团的《万科周刊》都成为承载企业文化、宣导企业价值观和经营理念的优秀载体。

随着企业文化理念和实践的不断发展，企业内刊在文化建设上承担的作用越来越重要。通过企业内刊，企业可以持续地、多角度地、全面地向目标群体传达企业的经营思想、发展动态、实践行为、精神追求、行为责任、技术实力、产品特征、行业形象等综合信息，不断增加对内沟通交流，对外塑造品牌形象的“内—外—内”信息传播与文化体验。充分发挥内刊的功能和优势，是企业文化推进和落地的有效手段。

一本有影响力的企业内刊，不只是对企业自身有着巨大的作用，甚至对整个行业的管理推进都有着不可估量的作用和重要的功能。

总的来说，企业内刊具有四大主要功能：

1. 传播企业文化和经营哲学

建立并传播企业的经营理念、价值理念、管理理念等是企业文化建设的重要任务，企业内刊是企业实现对内对外沟通的有效手段，可以在员工对企业核心理念的认识和情感拥护上进行深度挖掘，使员工的内心情感得到反映，思想得到沟通。在企业内刊的传播过程中，社会形象和员工风采得到充分展示，从而增强员工的自信心和对企业的自豪感和责任感，优化企业发展环境。

2. 聚焦战略、解读战略、服务战略

企业内刊能够充分发挥宣传功能，迅速及时将企业的年度战略、长远战略传递给广大员工。作为一本刊物，内刊承载的内容更易挖掘深度。通过专题报道等形式，可以从各方面、各角度对内容进行全面剖析和解读，便于员工理解和接受；内刊的载体形式更易于沉淀，便于永久留存，便于大家日后翻阅。

【经典案例 106】

加多宝的内刊取名《般若》，作为公司内部传阅最广、阅读量最大的刊物，承载了重要的宣导战略功能。每年年初战略目标发布的时候，《般若》都会第一时间开辟重要板块进行战略宣导，请高管解决战略，以及讨论基于战略的年度重要工作规划，同时也请员工讨论对战略的理解和建议，把战略植根于员工的心中。通过战略宣导统一思想，是企业对内刊的要求，同时，也是内刊服务企业发展的重要功能的体现。

3. 宣导优秀团队和优秀员工，树立典范

企业要倡导什么样的行为，就要奖励什么的行为。企业表彰的榜样标杆，应该是践行企业文化的优秀代表，是企业先进文化外化于行的生动体现。企业内刊可以精心设计采访，深入基层进行调查研究，扩大先进典型宣传的覆盖面，宣传好先进人物，可以运用典型的示范作用和精神力量教育人、引导人、鼓舞人，可以沉淀企业的精神力量，树立起工作实践需要、员工普遍关注，并且值得学习的榜样。

4. 记录企业成长，沉淀历史发展中的宝贵财富

企业的创业历史、发展历史本身就是企业的无形资产，企业内刊充当着记载企业历史的角色，在宣传报道的同时，也完成了对企业历史档案的记录。一部完整的企业内刊资料，便是一部齐全的企业发展的历史档案，是企业奋进、崛起、战胜困难的生动见证，也是企业精神代代相传，并不断沉淀的缩影，企业内刊既是原始资料，又是提炼企业文化的宝库。

企业内刊能够周期性出版以及即时全面地记录，这决定了内刊不但能够较为全面地记录下企业当前阶段的动态及重要信息，同时还能不间断记录和

持续播报，使得内刊能够不断记录企业的成长，形成完整的记录档案。

【经典案例 107】

中粮集团的内刊，叫作《企业忠良》。在这本内刊中，中粮集团的企业文化、经营理念及经营哲学、管理思想、培训发展、员工的情感与思想活动、对企业发展的见解等都会以各种形式在内刊上得以呈现。这本内刊是由当时担任中粮集团董事长的宁高宁亲自改版创刊，宁高宁对这本内刊也高度重视，在内刊开设专栏，每期都会抽出时间为内刊写文章。宁高宁的管理文章，语言朴实，从生活工作中的小事说起，最后都会落到与中粮发展相关的问题，折射出深刻的管理哲学。他在文章《高境界》中写道，“永远用感恩的心态看待你的周围，就不会特别地挑剔别人，也不会对环境总是抱怨不休”，“你要为善，你要助人，你要爱你的家庭，你要做这个社会的好公民。从我们来讲，要有为社会、为公司做贡献而不只是索取的思想”。

很多读者看《企业忠良》就是为了看宁高宁的专栏。

《企业忠良》的诞生源于宁高宁的一手推动。在宁高宁心目中，内刊的理想状态应当是：“一本探讨管理的杂志，可以引导大家对公司的管理理念、公司发展中的共性问题和所在的行业进行深层次的探讨，激发大家的思考，就大家关心的话题，从大家关注的角度，用我们自己的语言来说，来讨论，在理论性、可读性和参与性之间找到平衡点……成为公司内部交流思想的平台和精神的皈依”。

宁高宁不仅每期写专栏，还多次为提高《企业忠良》的质量而举办座谈会，他希望编辑部每期要形成一个主题，哪个企业哪个方面做得好，就要把它作为最佳实践推广；中高层经理人要在作者中有一个基本比例，从总公司到业务单元再到职能部门，每期要有两三位一把手写一些关于公司战略、管理的稿件。

宁高宁同时还给予《企业忠良》以宽松的办刊环境，他的“三不”方针被归纳为：“不怕错，不审稿，也不要太急。”每期《企业忠良》全部由编辑部独立完成，宁高宁看了之后，偶尔给主编写有感而发的小纸条，提一些建议或批评，比如说“色调比较舒服，内容也充实，大家现在的反映也不错”。《企业忠良》几篇案例分析得到了他的赞许，如中粮收购新疆屯河，文章的深度堪比财经媒体。

当中粮进入企业文化转型、再造时期,《企业忠良》在其中发挥了重要的作用。在中粮集团的企业文化转型过程中,《企业忠良》都密切配合，甚至是引导推力，着力体现着文化变革的重要性。

企业内刊的工作流程主要包括选题、采访/约稿、收稿/审稿、编辑/统稿、排版打样、印刷发行、内部总结。

企业内刊的建设中，最需要关注的问题就是内容建设，内刊要能够体现企业文化的性格，体现企业的风格。照搬照抄、脱离实际的内刊是失败的。内刊也并非要对企业一味地歌功颂德，而是要放开眼界、打开思路，凡是对企业发展有利、对企业文化建设有利的，都可以纳入内刊的内容平台。

内刊作为内部媒体，保持思想和理念的独立性尤为珍贵。内刊要为企业服务，但又要客观冷静地分析企业的问题，帮助企业进步。一份拥有独立思维的内刊，是鞭策企业成长和进步的动力。

【经典案例 108】

《海尔人》是海尔集团的企业内刊，初创定位就是“监督教育”。因此在这份内刊中，不缺乏对内部管理的批评之声。《海尔人》最初的批评报道是从员工最关心的食堂开始的。当时为了让员工爱厂如家，工厂常常会在食堂为员工庆祝生日。不久，有的员工反映“生日面太少，吃了一碗，等了很久也没有再上来”,“面是凉的”……于是在当期的《海尔人》上，就对此进行了批评，虽然没有点名，语气也很温和，但刊物一出来，还是立刻吸引了全厂的员工，引发了很多人的议论。员工们认为，这样的批评真实，这样的报道有看头。

自此之后,《海尔人》的批评报道越来越尖锐，尺度也越来越大，直至对管理人员进行点名批评。批评的重点也深入到了管理观念问题，成为“投枪匕首”。只要是不利于企业发展的观念、人、事，都会进行批评。尤其是在启动“市场链再造”过程中,《海尔人》的案例报道成为转变管理人员的管理观念、推动流程再造的利器。在外人看来，这种点名批评甚至有点残酷，而这却正是海尔人敢于脱胎换骨，在激烈竞争中保持优异业绩的核心武器，也成为海尔企业文化建设中的有力载体。

11.4.3. 企业文化主题活动

企业文化活动，是指企业根据企业经营、发展的需要，结合企业员工的需求和特点开展的各种文化活动。主要包括：为提高企业员工的素质和技能开展的学习培训活动、技术创新活动；为培养和提高企业员工艺术审美水平和艺术创造能力开展的文学艺术活动；为丰富企业员工的精神生活、陶冶员工情操的娱乐活动；为培养企业员工拼搏精神、增强体质开展的体育竞技活动；为使员工增强对企业的感情，加深对企业福利环境和文化氛围的依恋，开展的福利性活动；为使员工树立起主人翁意识，强化和确立共同理想和企业意识开展的思想性活动等。

无论何种形式的活动，其目的都是为企业服务，通过丰富多彩的活动形式让企业文化精神落地，更好地根植于员工心中。

【经典案例 109】

加多宝集团的年会，在内部被称为“加年华”，是加多宝人一年一度的“家庭盛会”，主要目的是激扬士气、营造组织气氛、深化内部沟通、促进战略分享、增进目标认同并制定目标，为新一年度的工作奏响序曲。可以说，年会是加多宝全年企业文化工作的一次大检阅，也是企业文化精神沉淀和传承的重要形式。加多宝的企业年会伴随着企业员工表彰、企业历史回顾、企业未来展望等重要内容。同时还会邀请有分量的上下游合作伙伴共同参与这一全公司同庆的节日，增加企业之间的沟通，促进企业之间的共同进步。

年会的重要内容，就是以企业文化为主线，串起一年的文化大事件。每一年，公司都会制作统一的表彰大片、当年企业文化总结短片等，在年会上播放。同时，在统一的企业文化主题规划下，各部门自创形式内容丰富、精彩纷呈的员工节目，既保证年会喜庆、热闹、创意不断，又确保了企业文化传播宣导的效果不走样。

年会上另一个重头戏，是集中表彰当年表现优异的团队和个人，由公司的最高领导进行现场颁奖，让受表彰的员工充分感受到荣誉感，也鲜明倡导了企业提供的理念且树立了标杆。一年的工作中，企业最优秀的团队和个人，都会在这个时刻精彩亮相，成为团队的标准和学习的榜样。一年一度的加年华，也成为学习榜样、分享成功经验的绝佳机会。

加年华上，公司高管会向员工齐贺新春，同时还会以幽默、生动的方式，解读企业文化和来年的新目标，以此提升信心，提高忠诚度，展望新一年，勇于挑战，为再创佳绩，做好充分准备。

11.4.4　充分利用企业自媒体

随着互联网技术的发展，企业自媒体也逐渐成为企业宣传的重要方式。在媒体形态的组合以及传播联动上，形成了自己的体系。这个体系，也同样是企业文化宣导的重要载体。

企业自媒体就是企业可以自主进行内容管理的平台，除平面的内刊、手册外，互联网为企业自媒体提供了新的载体和传播空间。

基本的自媒体包括内部报刊、公司网站、博客、播客、微博、微信、客户端等，这些渠道可以多元并存，既统一管理，又发挥个性，既协同作战，又互相补充。企业自媒体的搭建，打破了公共媒体对于企业传播渠道的垄断，拉近了企业与市场、客户、受众的距离，使企业传播更加方便快捷，也给企业文化的推广提供了新的空间和渠道。

【观点 7】

美国专栏作家马尔科姆·格拉德威尔在《引爆点》（Tipping Point）中提出了这样一个观点：在自媒体发展中，如果能够充分利用意见领袖等具有影响力的人物参与传播有感染力的信息，而这则信息又正好符合当时的社会需要，就会引爆流行。

而微博 / 微信要想充分发挥作为自媒体的影响力，也要遵守在这个条件下的引爆法则。

（1）个别人物法则（the law of the few）：格拉德威尔认为，意见领袖在社交网络中都异常活跃，同时这类人还具有内行以及推销员的一些特质，这类人作为公众人物被大部分人所信任，同内行一样为他人提供意见，而且因为个人影响的原因更加容易被接受。

（2）附着力因素（the Stickiness Factor）：要把消息传播出去，一个重要部分在于怎样确保消息不会从听者的一个耳朵进，而后从另一个耳朵出去。信息有了附着力就意味着它会对人产生影响。你不能把它从你的脑海中赶出去，不能把它从记忆中清除出去。

（3）环境威力（Power of Context）：流行的趋势需要一个发展的温床，当一个环境形成的时候，个人因素就不重要了。环境威力法则认为，人对自己周围环境的敏感程度比他们所表现出来的更为强烈。

作为微博和微信这样的自媒体，上述三个法则比较容易形成，如果运用得当，就会比其他公众媒体更容易产生影响力。

但由于自媒体的外部环境更灵活、更复杂，所以在运营时一定要高度重视以下三个方面的要求。

一、社会环境对企业自媒体的要求

1. 严格遵守公共社会道德规范

企业要在遵守社会公共道德的基础上，利用自媒体宣传公司的文化和企业形象，才能起到良好的作用。在内容管理上，要了解政府对互联网的管理规范，注意发布内容的道德性与境界。在内容管理上一定要严谨规范，所谓传播无小事，只有高度严谨，才可能预防不可逆转的重大失误出现，杜绝公共媒体危机的发生。

2. 严格内部的内容及传播规范

由于自媒体发布容易，且受众范围不易控制，所以在自媒体的管理上，必须建立内部的严格管控机制，对发布的内容和传播提出可执行、可控制的具体规范和要求，避免随意发布而出现不必要的麻烦。

3. 形式内容统一的基础上，发挥各自不同的灵活性

企业文化在利用自媒体传播时，一定要注意内容的统一，避免出现与文化导向相悖的内容，也要避免几个媒体之间出现矛盾。

4. 注意版权，避免侵权情况发生

二、自媒体作为文化载体的自我要求

企业自媒体既是企业文化载体，又是企业文化本身。它除了承载推广传播企业文化的内容外，又在传播的同时创造着企业文化。因为自媒体在传播过程中，快速、凸显个性的传播方式，会对社会公众产生影响，这种影响又反过来直接影响了企业文化的塑造。因此，一个优秀的企业文化自媒体，除要表现出企业文化的内容外，其自身也必须有以下担当：

1. 拥有坚定的信念、强烈的责任感

一个优秀的企业，必定是一个富有理想主义情怀的企业，也是在行动中追求完美的企业，这样的企业也是值得社会公众、消费者和员工信赖的企业。

2. 成熟的价值观，是良好的企业文化自媒体必须拥有的特质

一个具有成熟价值观的企业文化自媒体，应当是有灵魂、有思想、有操守、有方法，能表现成熟价值观的自媒体，能够坚守正确价值观、自信地体现企业性格与魅力的自媒体。

3. 与良好的公共媒体形成良好互动，借势融入公共媒体的影响圈

企业自媒体在独立运营的同时还承担着与公共媒体对接的职责。为公共媒体提供有关本企业或本行业的相关信息，及时妥善处理企业的公共危机，在自媒体运营中与公共媒体对接留下接口，与公共媒体形成良性互动，借势发挥更大的影响力。

企业文化的薪火相传，良好的自媒体建设是传承企业文化、建设企业文化的重要载体。

【经典案例 110】

昔日烟草大王褚时健事业跌入谷底，年逾八旬种橙子东山再起，再没有比这更传奇的故事，能够为跌宕起伏的人生做注脚了。

伴随着这一传奇故事的广泛流传，2012 年，褚时健种植的橙子，第一次进京便火遍京城。一个普通的橙子，被冠以“褚橙”的名字，意外地被贴上“励志橙”的标签，迅速引爆流行。“褚橙进京”事件背后的主要推动者——本来生活网，也得到了广泛的关注。虽然刚刚成立不久，但是作为褚橙网上销售的独家代理商，本来生活网靠着褚橙这一明星产品火速打开了知名度。

美国作家马尔科姆·格拉德威尔在《引爆点》这本书中提到，个别人物法则、附着力因素和环境威力法则是自媒体引爆影响力的要素。而褚橙的营销就完全依照这个路子。

（1）个别人物法则：在自媒体中，意见领袖因为作为公众人物被大部分人所信任，同内行一样为他人提供意见，而且因为个人影响的原因更加容易被接受。

2013 年 11 月 16 日，韩寒发了一条微博："我觉得，送礼的时候不需要那么精准的……"附图是一个大纸箱，上面仅摆着一个橙子，箱子上印着一句话："在复杂的世界里，一个就够了"（韩寒创办的"一个"APP 的口号）。微博一发出，便引来众多粉丝围观。

之后，柳传志、王石、冯仑、潘石屹、任志强等一批企业家们在微博等社交媒体平台也开始主动传播褚橙与褚时健的故事，从而使褚橙成为"励志橙"的代名词。

（2）附着力因素：要把消息传播出去，一个重要条件就在于怎样确保消息在听众第一次听到后就立即产生附着作用，不会毫无痕迹地滑过。信息有了附着力就意味着它会对人产生影响。你不能把它从你的脑海中赶出去，不能把它从记忆中清除出去。这时候之前加诸在褚橙之中的故事，就是产生附着力的重要因素，而其中微博营销和个人影响力的威力就体现出来了。

褚橙不做广告，而是讲故事。褚时健先生的沧桑故事却成为最大的自媒体热点，所以媒体自然会帮助其做足文章。褚橙进京的文章 24 小时内被转发了 7000 多条，王石的评价又诱发 4000 多次转发，11 月 5 日一发售，前 5 分钟被抢购了 800 多箱，一时间褚橙成了励志的图腾。

第三年，当褚橙故事已经在微博用户心中生根之后，褚橙与励志的故事又继续推广：老罗说褚橙，售书送褚橙，新财经订阅电子版还送褚橙，韩寒的 one 也是褚橙，甚至在招商银行网上商城购买还可以分期支付！"二八定律"的效果开始显现，20% 的极少数人影响了 80% 的绝大多数人。

（3）环境威力法则：流行的趋势需要一个发展的温床，当一个环境形成的时候，个人的因素就不重要了。环境威力法则认为，人对自己周围环境的敏感程度比他们所表现出来的更为强烈。

当人们听说周围的人在谈论褚橙、购买褚橙，自然也不免从网上下一单尝试一下。于是微博上看见一小姑娘说，她买褚橙并不是想吃橙子，而买的是褚老的励志概念，买的是健康生活的理念，下面网友回复称赞，这时，褚橙和它背后的励志文化就传播开来了。

12 第十二章 企业文化建设实用理论与工具

工欲善其事，必先利其器。

——《论语》

要把企业文化建设做实做透，利用科学的理论指导并使用有效工具必不可少。

在运用理论指导和工具使用的过程中，需要注意以下几个方面：

1. 各阶段的工作推进时，要时刻关注目标重点，系统协同

在理论及工具应用时，要注意运用过程中各阶段的关联性，有系统、有目标、有重点地使用，不能为了模型而模型，为了理论而理论，为了专业而专业。

2. 理论和工具是为目标服务的，要有针对性地灵活应用

在运用过程中，不能照搬照抄，繁杂的模型和表格，并不代表专业，只有实践证明有效的工具结果，才真正具有专业性。因此，根据企业文化的发展阶段和实际情况，灵活运用各种工具，才能够起到良好的作用。

12.1 丹尼森组织文化诊断模型与调查问卷

认识和测评组织文化是一项艰巨的任务。在企业文化诊断与规划阶段，可以通过丹尼森组织文化诊断、组织文化价值观量表等方法和工具进行。

12.1.1　丹尼森组织文化诊断模型

丹尼尔·丹尼森博士曾在美国密西根大学商学院、瑞士洛桑国际管理发展学院多年任教并进行企业管理理论的研究和实践。他研究了1500多家样本企业，积累了超过40000个有效调查数据，形成了企业文化调查的基准数据库和调查模型。

丹尼森组织文化模型是组织文化诊断重要而有效的工具，如图所示：

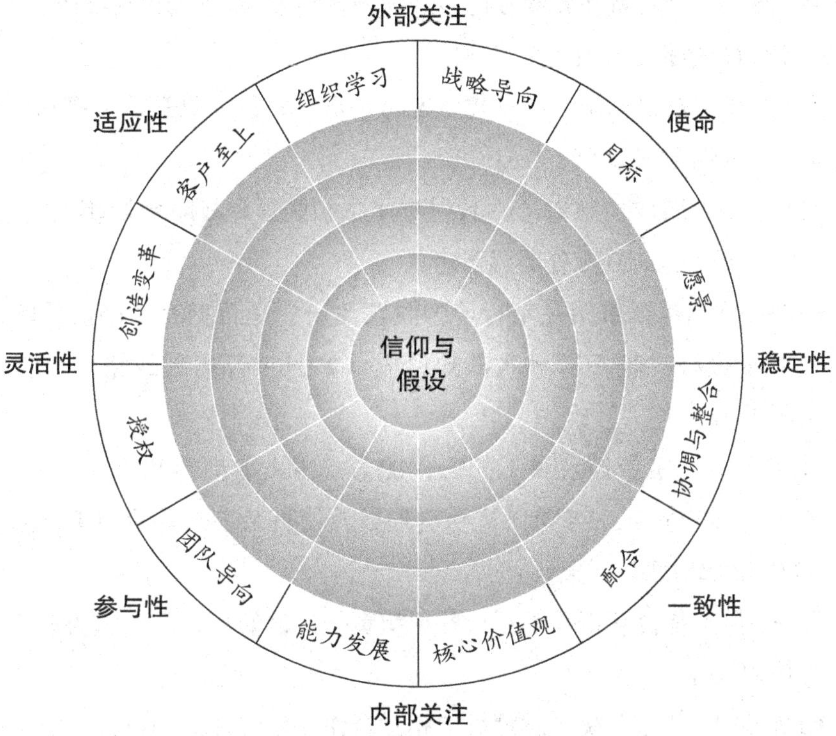

图 12-1　丹尼森组织文化模型

丹尼森的组织文化模型认为，理想的企业文化应该具备“适应性”“使命”“一致性”“参与性”这四个特征，这是企业文化的基本指向。同时这4项中的每一项都可以从三个更小的纬度进行分析，从而衍生出外部关注、内部关注、灵活性和稳定性四个维度，对市场份额和销售额的增长、产品和服务的创新、资产收益率、投资回报率和销售回报率等业绩指标产生重要的影响。

一、理想的企业文化的 4 个特征

（1）适应性，指公司对外部环境（包括客户和市场）迅速做出反应的能力，包括三个维度：

- 创造变革：是否敢于承担因变革而带来的风险？是否学会仔细观察外部环境，设计相关流程并及时实施变革？
- 客户至上：是否从客户的角度出发？是否了解客户，使他们感到满意，并能预计客户未来的需求？
- 组织学习：能否将外界信号视为鼓励创新和吸收新知识的良机？

（2）使命，包括三个维度：

- 愿景：员工对公司未来的理想状况是否形成共识？愿景是否得到公司全体员工的理解和认同？
- 目标：是否周详地制定了一系列与使命、愿景和战略密切相关的目标，可以让每个员工在工作时做参考？
- 战略导向：是否希望在本行业中脱颖而出？是否拥有明确的战略意图并展示决心？是否所有人都知道应该如何为公司的战略做出自己的贡献？

（3）参与性，主要涉及员工的工作能力、主人翁精神和责任感的培养，反映了公司对培养员工、与员工进行沟通以及使员工参与并承担工作的重视程度，包括三个维度：

- 授权：员工是否真正取得授权并承担责任？他们是否具有主人翁意识和工作积极性？
- 团队导向：是否重视并鼓励员工相互合作，以实现共同目标？员工在工作中是否依靠团队力量？
- 能力发展：是否不断投入资源培训员工，使他们能跟上公司业务发展的需要，同时满足其不断学习和发展的愿望？

（4）一致性，是指公司拥有一个强大且富有凝聚力的内部文化，包括三个维度：

- 核心价值观：公司是否具有大家共同信奉的价值观，从而使公司员工产生强烈的认同感，并对未来抱有明确的期望？

- 配合：领导者是否具备足够的能力让大家达成高度的一致，并在关键的问题上调和不同的意见？
- 协调与整合：公司中各职能部门和业务单位是否能够密切合作？部门或团队的界限会不会变成合作的障碍？

二、再将上述 4 个特征两两配对，又衍生出外部关注、内部关注、灵活性和稳定性四个维度

（1）适应性和参与性这两个文化特征注重变化与灵活性。

（2）使命和一致性这两个文化特征体现公司保持可预测性及稳定性的能力。

（3）适应性和使命这两个文化特征与公司对外部环境的适应性相关。

（4）参与性和一致性这两个文化特征强调了公司内部系统、组织结构以及流程的整合问题。

（5）强调灵活的适应性与关注内部整合的一致性存在矛盾。

（6）自上而下的使命与自下而上的参与性之间存在矛盾。

三、不同的文化特征会对公司业绩的不同方面产生影响

（1）外部关注往往会极大地影响市场份额和销售额的增长。

（2）内部关注则更多地影响投资回报率和员工满意度。

（3）灵活性与产品和服务的创新密切相关。

（4）稳定性则直接影响到诸如资产收益率、投资回报率和利润率等财务指标。

12.1.2　丹尼森组织文化模型问卷

表 12-1　丹尼森组织文化模型问卷

说明：本问卷为 5 分量表						
5 分为最符合，4 分为比较符合，3 分为一般符合，2 分为比较不符合，1 分为最不符合						
参与性：						
序号	题目	5	4	3	2	1
1	单位的决定通常是在充分征求各部门意见的基础上做出的。					
2	每个人都了解单位内部情况，在需要的时候能得到所需要的帮助。					

续表

说明：本问卷为 5 分量表						
5 分为最符合，4 分为比较符合，3 分为一般符合，2 分为比较不符合，1 分为最不符合						
3	单位大部分职工都积极参与工作并努力完成分配的任务。					
4	每个人都相信自己的工作能够对单位产生积极的作用。					
5	在单位工作能在一定程度上增长自己的才干、发挥自己的潜力。					
6	每个人都能在某种程度上参与到计划执行的决策过程中。					
7	单位鼓励各部门间互相合作。					
8	职工彼此间进行广泛合作。					
9	工作时，人们像一支团队。					
10	您和同事相处很融洽。					
11	上下级的配合是为了共同完成工作，而不是因为等级制度。					
12	单位是由很多团队或部门构成，人们喜欢以团队进行共事。					
13	人们有组织的工作，每个人都知道组织目标与本职工作目标的关系。					
14	权力下放，每一个人都有权力按自己的方式做事。					
15	单位职权划分清晰，决策能很快推行，而不会因权力问题得不到执行。					
16	人们通过工作锻炼增长能力。					
17	单位为提高职工的技能，有持续不断的教育培训投资。					
18	单位把职工的能力看作提高单位竞争优势的重要资源。					
19	单位经常由于缺少做某项工作的技能而出现问题。					
20	领导可以很快知道基层发生的事情，基层也能很快知道领导者的决策。					
21	您对单位发展的建议和意见能妥善得到处理。					
22	您在工作或生活中遇到的困难会跟您的上级或同事提出来。					
23	领导的为人处世很公平，不会有太多的个人主观意见。					
24	领导给予所需的职权，您有权做出改进工作流程和程序的决定。					
25	领导要求您对工作中的表现和结果负责。					

续表

说明：本问卷为 5 分量表						
5 分为最符合，4 分为比较符合，3 分为一般符合，2 分为比较不符合，1 分为最不符合						
26	领导鼓励您用自己的方法去解决在工作中遇到的困难。					
27	单位优先确保职工持续的学习和技能提升的机会。					
28	您对单位的工作安排都非常愿意认真贯彻执行。					
29	单位内部存在有事互相推诿的现象。					
30	对不合理之处可以充分表达意见和建议，单位会考虑接受这些意见和建议。					
31	您觉得现在的岗位很适合自己。					
32	您认为单位员工是团结一心的。					
33	单位存在有偷懒的人却得到领导赏识的情况发生。					
34	单位有明确完善的奖惩机制。					
35	您的付出能得到相应的回报。					
36	单位对犯错的人无论职位高低都会给予一定的惩罚。					
37	您愿意与单位共同承担风险。					
38	您觉得有时候在单位里面多一事不如少一事。					
39	每个人都觉得积极工作会产生好的工作结果。					
40	工作业务规划很完善，并且多数人都积极参与。					
41	您很乐意帮同事完成非分内的工作。					
42	您觉得工作能够得到认可，有成就感。					
适应性：						
序号	**题目**	5	4	3	2	1
1	您觉得工作的方式灵活多变。					
2	单位对于组织环境的变化有很好的反应措施和应急方案。					
3	单位会不断采纳新的工作方式和改进旧的工作方式。					
4	单位会经常改进服务以获得外界认可。					
5	单位善于进行主动的改革。					
6	单位在获得自身利益的同时注重对纳税人利益的保护。					
7	单位的不同部门经常合作来创造改革。					

续表

说明：本问卷为 5 分量表						
5 分为最符合，4 分为比较符合，3 分为一般符合，2 分为比较不符合，1 分为最不符合						
8	对变革的尝试，总是遇到抵制。					
9	单位根据纳税人的评价和建议做出调整和改变。					
10	纳税人直接影响单位的决策。					
11	单位成员都理解纳税人的需求。					
12	单位鼓励职工紧密联系纳税人。					
13	纳税人的利益常常在我们的决策中被忽视。					
14	单位把失败看作学习和改进的机会。					
15	创新和冒险受到鼓励和奖励。					
16	在我们的日常工作中，学习是很重要的事。					
17	我们确保信息在组织内充分流通和共享。					
18	许多事情以失败而告终。					
19	单位会根据宏观经济的变化而调整自己的计划。					
20	单位经常引导大家学习新知识，而且这种学习很有帮助。					
21	单位有良好的培训计划。					
22	单位各部门的目标协调一致。					
23	单位在进行决策时忽视了纳税人的利益。					
24	您觉得单位对于纳税人的意见很重视。					
25	对外传播的网络健全，保持与媒体的良好联系，有适当的形象宣传以及相关的公关活动来推动单位的形象建设。					
26	您的单位在对外宣传中，很注意对自己形象的宣传。					
使命：						
序号	**题目**	5	4	3	2	1
1	单位内部有长期战略方针。					
2	单位有清晰的发展思路和目标。					
3	单位只考虑了当前利益而忽略了长远利益。					
4	单位有过因为管理不善而导致失败的事情发生的情况。					

续表

说明：本问卷为 5 分量表						
5 分为最符合，4 分为比较符合，3 分为一般符合，2 分为比较不符合，1 分为最不符合						
5	单位有一定的危机意识。					
6	单位有应对危机的预警方案和资金储备。					
7	单位的战略很明确，有正式的记录。					
8	我们有上下一致的目标。					
9	单位的使命给我们的工作说明意义，指明方向。					
10	领导设立的目标是有挑战性的，且可以实现的。					
11	我们不断地向我们的目标前进。					
12	我们懂得为了长远的成功，需要做什么。					
13	我不清楚我们的战略目标。					
14	单位有明确而且有可操作性的工作目标实施步骤。					
15	关于单位将来会是什么样，单位职工有共同的展望。					
16	单位有专门机构负责计划的实施并时刻进行监督、修正。					
17	领导具有长远的眼光。					
18	单位对未来的设想使职工受到鼓舞和充满激情。					
19	我们能够满足短期需要而不损害长期愿景。					
20	短期利益常常使长期愿景妥协。					
21	领导亲自实践他们所倡导的。					
22	单位具有自己特有的管理模式和管理制度。					
23	领导建立了中长期提高自身能力和为纳税人服务的系统。					
24	领导者向所有的职工交流了他对未来的看法。					
25	职工同意并真正坚持贯彻领导对未来的远景规划。					
26	单位上下对未来远景规划有着深切的感受。					
27	未来远景规划的提出在单位上下引起了极大的兴趣。					
28	单位有明确而且有可操作性的发展实施规划。					
29	单位有明确的鼓舞人心的目标。					
30	部门之间经常进行信息沟通。					

续表

说明：本问卷为 5 分量表						
5 分为最符合，4 分为比较符合，3 分为一般符合，2 分为比较不符合，1 分为最不符合						
31	单位确立了明确的使命，为工作提供了指导方针。					
32	单位职工普遍认同组织的发展目标。					
33	领导者制定的目标既宏伟又切合实际。					
34	我们不断跟进完善既定目标的实现。					
一致性：						
序号	**题目**	5	4	3	2	1
1	单位对职工承诺的事情一定会尽力办到。					
2	领导的为人处世很公平，不会有太多个人的主观意见。					
3	您觉得跟领导工作很有成效并令人鼓舞。					
4	有清晰一致的价值观在指导我们的工作实践。					
5	如果您忽略了单位的核心价值观将会给您带来麻烦。					
6	我们有共同的道德规范指导我们的行为，告诉我们对与错。					
7	单位有明确的价值观，明确规定管理规则和职工行为规范。					
8	当达不到共识时，我们努力找到“双赢”的解决办法。					
9	我们很容易达成共识，即使在困难的问题上。					
10	对于做事的正确方式与错误方式，我们有清楚一致的意见。					
11	我们上下一致，对于上级的指示一致服从。					
12	在关键的问题上，我们经常难以达成共识。					
13	我们有预先设定的共同的做事方式。					
14	组织中不同部门的人有共同的视角，能够互相理解。					
15	不同的部门之间很容易合作完成任务。					
16	组织中各层次部门，为完成共同的目标而工作。					
17	与其他部门一起工作，就如同与自己部门一起工作一样。					
18	组织结构明确，控制系统完善，工作完全按照规章制度办事。					
19	单位注重工作的完成和工作结果，职工也看重成就。					

续表

说明：本问卷为 5 分量表						
5 分为最符合，4 分为比较符合，3 分为一般符合，2 分为比较不符合，1 分为最不符合						
20	单位的薪酬福利能够反映出职工的实际能力。					
21	单位像一个大家庭，职工能同甘共苦。					
22	职工只是因为工作而发生冲突，而不是个人之间的矛盾。					
23	单位有自己的明确规定的管理规则和职工行为规范。					
24	单位中层以上干部经常以身作则，用实际行动实现承诺。					
25	您对工作环境很满意。					
26	您的工作能够受到别人的尊重。					
27	您愿意长期留在单位工作。					
28	出现问题时，领导会尽量协助大家一起寻找解决办法。					
29	作为单位的员工，您觉得很自豪。					
30	您觉得自己的利益和单位利益是容易协调的。					
31	您的知识技能在单位能够得到充分有效的发挥。					
32	您对于单位制定的各项规章制度都很认同。					
33	您对于您的工资待遇、福利等都很满意。					
34	单位各部门间分工合作很明确。					
35	领导对待不同收入的职工态度有所不同。					
36	领导与职工相处融洽。					
37	领导善于处理各种人际关系。					
38	您觉得协调不同部门之间的工作并不困难。					
39	您很喜欢参加单位举办的各种文体活动。					
40	领导对于他们所倡导的也身体力行。					
41	工作中如有不同意见或想法，有畅通的渠道沟通解决。					
42	领导经常与下属沟通，并善于采纳不同的意见。					
43	为了集体的利益，你通常会牺牲个人利益。					

【经典案例 111】

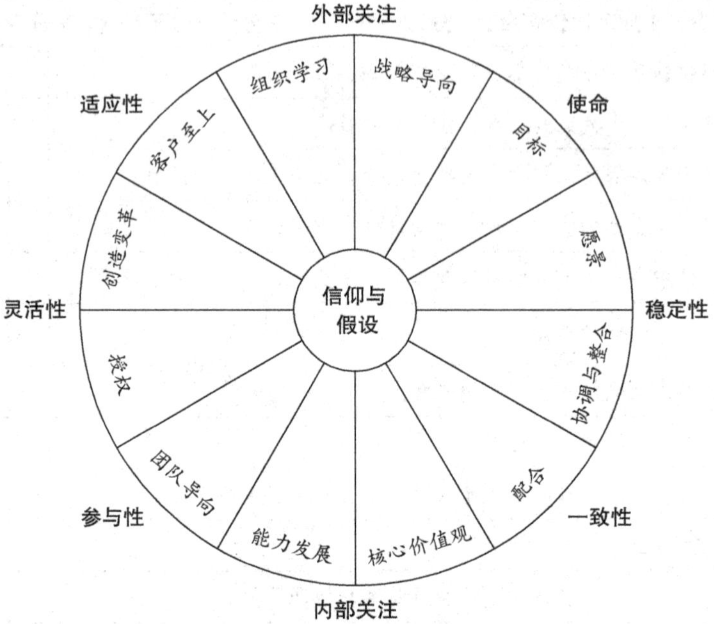

图 12-2　青岛啤酒丹尼森组织文化模型

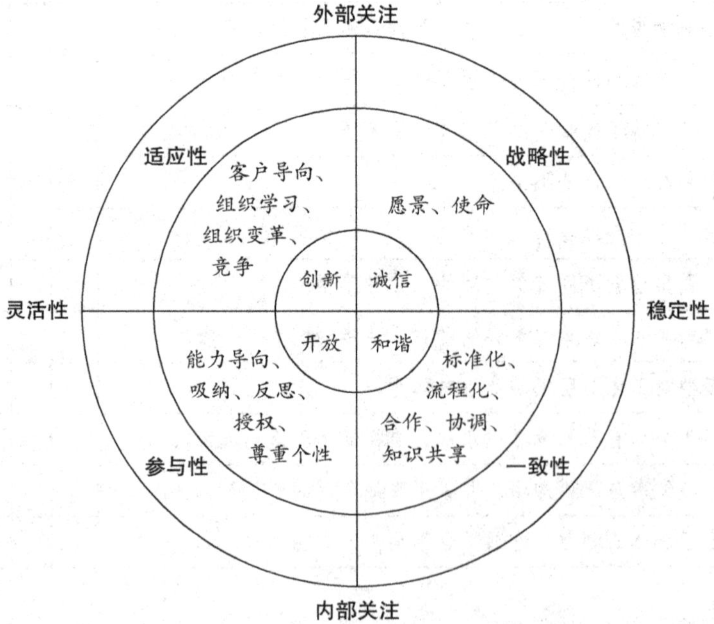

图 12-3　青岛啤酒文化细胞剖面图

青岛啤酒在进行企业文化变革时，利用了丹尼森组织文化模型对企业以及文化的现状进行诊断和分析，做出了实证的研究，并因此获得了《哈佛商业评论》管理行动金奖。

一、选择过程：在选择企业文化的工具时，公司着重从三个方面进行了思考

（1）丹尼森组织文化模型的优势在于，拥有全球基准数据库，在对企业的实地研究中和大量数据的积累对比中，提炼出了12个与公司绩效联系最为密切的文化维度，直接将企业文化与绩效引导相联系。

（2）青岛啤酒的需求点在于，企业文化工作开始较早，目前面临着全面创新和提升的需求，一要解决文化与绩效更紧密相联的问题；二要解决企业文化成果的有效评估问题。

（3）由此可以看出，绩效是一个非常明显的交叉点，同时，在诊断模型上，双方达到了相当高的吻合度。

青啤公司自己的团队研究出的公司文化细胞剖面图，已经对文化与公司运营的关系进行了探索。在解释的8条中有6条涉及了文化与经营的直接关系：

通过对比可以看出，双方在几个基本特征区域的理解基本相同，只是在具体维度上有所差异，在对公司文化与经营绩效关系的研究上，总的思路比较吻合，所以引入这个模型的风险相对较小，同时丹尼森模型的诊断正好符合青岛啤酒的企业文化发展阶段。

二、实施过程分析

这次的诊断分析，除在借助其核心数据库和最后的共同对结果解读阶段寻求了专业顾问公司的咨询支持外，其他环节均是由青岛啤酒团队自行完成的。主要环节包括：制定网上答题系统、调查前的培训、答题过程中的沟通、结果的对比分析、调查报告与高层的沟通、行动方案的制订、行动方案的实施。

三、应用效果分析

（1）对公司文化及发展的现状有更清醒理性的认识；

（2）在采取工作举措时，更有针对性。

四、应用效果的客观使用

（1）不能夸大丹尼森模型的作用。模型诊断只是找问题，是一种定量

分析，必须与定性分析相结合才能看到企业的具体问题。希望引入一种工具而解决所有企业文化工作中的问题是不现实的。

（2）解决问题需要企业内部各个系统联动。这个模型的 12 个维度涉及企业运营的各个方面，仅有企业文化团队的工作是远远不够的，需要在高层的领导下，由企业文化管理团队协调统领，使各部门共同发挥作用。

（3）企业文化是动态发展的过程，情况随时变化，所以一次调查不可能一劳永逸。

12.2 文化价值观诊断量表

组织文化价值观是企业文化建设的最重要的核心内容。价值观不仅有外在适应、内在统合的功能，而且也是组织文化的实质内涵。价值观必须作为文化体系的核心内容进行诊断，但价值观本身是内隐的，很难通过表象进行直接提炼。因此，对于这部分内容进行准确诊断，是在企业文化的诊断阶段最重要的内容之一。

台湾大学郑伯埙教授对海峡两岸上百家企业的研究，通过对组织认同、组织承诺、组织态度、组织关系与组织操守五个方面进行量表测量，以分析组织价值观的导向和现状，已成为组织文化诊断非常重要的工具。

表 12-2 组织文化价值观诊断量表

项目	分数				
	5	4	3	2	1
I. 组织认同					
• 我喜欢这家公司的理由，是因为它的价值观与我相似。					
• 我对这家公司有依赖感，是因为它表现出来的价值观与我相似。					
• 在这个公司里，我感觉到自己有自主权，而不仅仅是一名员工。					
• 我常对朋友说，我服务的公司是相当理想的工作场所。					
• 自从加入这个公司，我的价值观与组织价值观越来越相似。					

续表

项目	分数				
	5	4	3	2	1
• 我会很骄傲地告诉别人，我是这个公司的一分子。					
• 对我而言，公司的战略方向是非常重要的。					
II. 组织承诺					
• 对我而言，为了获得更多报酬，正确表达自己的态度非常重要。					
• 除非得到更多报酬，否则我没有理由花费额外的努力为公司做更多贡献。					
• 如果公司的价值观与我的不同，我会离开公司。					
• 我私下对公司的看法与我公开表达的看法不一样。					
III. 组织态度					
• 我会主动为其他人争取更多的福利和权利。					
• 我执行或开展工作时，会专心一致、全心全意。					
• 我会主动服务或帮助顾客和来访者。					
• 我会主动提供新的知识给同事，或鼓励他们进修，来激励他们。					
• 我和我同事工作效率良好，常常做出超出标准的工作结果。					
• 我们的工作士气高昂，从不觉得厌倦。					
• 为了提升工作品质，我常常学习充实自己。					
• 我会主动对外介绍或宣传公司，澄清他人对公司的误解。					
• 我会尽量控制个人情绪，以免影响工作。					
• 我会积极参加各种学习培训，甚至占用休息时间。					
IV. 组织关系与组织操守					
• 我和我同事经常向主管打小报告。					
• 公司内部经常争权夺利、钩心斗角，造成组织矛盾。					
• 公司里的人总是拉帮结派。					
• 公司里有很多人假公济私，利用职权谋取个人利益。					
• 我会经常留意公司的各项政策、规定等各方面的发展动态。					
• 公司很多人利用公司资源处理个人事务，如私用公司复印机。					
• 公司很多人上班闲聊，不干正事。					
• 公司很多人上班时间处理私人事务，如炒股票、外出办私事等。					

12.3 企业文化核心要素提炼思路及问卷

组织文化塑造阶段最重要的工作是对文化关键要素的提炼和总结。这个工作需要在科学的管理理论指导下，通过访谈、问卷调查等方式，找到那些引领企业走向成功最关键的要素，并与内部、外部环境结合在一起，进行理性、客观的分析，找到企业成功最关键的因素，提炼出最精华的部分，形成核心价值观。

在核心要素提炼过程中，可以从企业的历史、现状、未来三个阶段，依据问题主题和求解方式，进行提炼。

经过科学解构，当组织最根本的共同默认的假设被识别出来，经过提炼、总结形成了企业文化的核心要素，这时就可以系统地对企业文化进行重新架构，形成企业文化的系统内容了。

1. 企业文化核心要素提炼思路

范畴	生成与发展	发展与现状	发展与未来
问题主线	从哪来？	是什么样？	到哪去？
问题求解	文化源头与脉络文化生成方式与特点，发展阶段与影响因素等。	文化架构与特征文化、组成要素、与企业发展关系、优劣势等。	理想状态 需要变革的领域 变革的步骤与措施 效果跟踪与监督检查。

图 12-4　企业文化核心要素提炼思路

2. 企业核心文化要素提炼问卷

表 12-3　企业文化核心要素提炼问卷

1. 如果让您描述公司，您会用哪 10 个词？ 2. 在公司里，您认为什么最重要？ 3. 在公司里，什么样的人应该得到晋升？ 目前情况是怎么样的？ 理想情况应该是怎么样的？ 4. 在公司里，什么样的行为应该得到奖赏？ 目前情况是怎么样的？ 理想情况应该是怎么样的？ 5. 在公司里，什么样的人最能适应目前的状况？适应的人是什么样子？ 6. 在公司里，什么样的人最不适应目前的状况？不适应的人是什么样子？ 7. 在公司里，最常出现的词汇是什么？ 8. 在公司里，最令人激动的仪式是什么？ 9. 在公司里，目前有哪些不变的真理？应该有哪些不变的真理？ 10. 在公司里，有哪些传说或模范故事，特别是关于企业领袖的？ 11. 公司实现更大发展的关键是什么？ 12. 这些年支持公司发展的精神力量和观念是什么？公司目前良好的风气是什么？ 13. 这些年阻碍公司发展的观念是什么？公司要克服的不良观念和风气是什么？ 14. 你认为公司目前最高领导层的个人信念、人生追求、品质特征及领导风格是什么？ 15. 公司要实现理想目标和更大发展，需要吸收哪些新观念？ 16. 员工所应共同遵守的价值观或道德准则是什么？其中最重要的 5 个是什么？ 17. 请描述公司的使命。 18. 请描述公司的愿景。 19. 请提出公司的宗旨，包括对消费者、对客户、对员工、对股东或出资人、对社区或社会、对外部供应商 / 经销商及各界合作伙伴。 20. 您所知道的公司的格言有哪些？或者您认为公司应该有什么样的格言？

【经典案例 112】

GE 公司在 1985 年企业改组后，把企业价值观与四个主要管理实践结合起来，形成了价值观要素和六大准则。

价值观要素：

市场领导：数一数二的原则。

远高于一般水准的投资回报率：韦尔奇不愿意制定不具有弹性的数据目

标，但是 GE 在这次首先打破了这个原则，要求股东权益回报率必须达到 18%~19%。

明显的竞争优势：避免激烈竞争的最佳方式就是提供无人可及的价值。

GE 特定优势的杠杆作用：GE 在需要大量投资、维系力和管理专业知识的大规模、复杂的事业领域已有深厚的基础，譬如喷气式发动机、工业涡轮和高风险贷款等。在中小型企业占优势的快速变化产业，GE 的优势还需要提升。

因此韦尔奇提出了六大准则：

（1）掌握自己的命运，否则将受人掌握；

（2）面对现实，不要生活在过去或幻想中；

（3）坦诚待人；

（4）别只是管理，要学习领导；

（5）在被迫改革之前就进行改革；

（6）若无竞争优势，切勿与之竞争。

这些就是 GE 公司得以持续成长的根本。

12.4　企业文化规划的层次结构与影响因素清单

企业文化要想成为持久而稳定的精神力量，并不断转化为企业发展的推动力，就要有严谨的运作和管理，才能真正让企业文化落地。

所以在企业文化建设之初，就要理出一个清晰的思路，分析在企业文化运作管理中，有哪些影响因素和组织关联，必须纳入整体考虑。

1. 工作层次

在工作层次思维路径中，要明确最重要的工作执行关键点，每个点与提炼出来的文化价值观要素如何对接和设计。

同时要关注的是文化层面的工作要与运营层面的工作紧密结合起来。

在完成了工作层次分析后，还需要把重要的工作节点和结构梳理清楚。

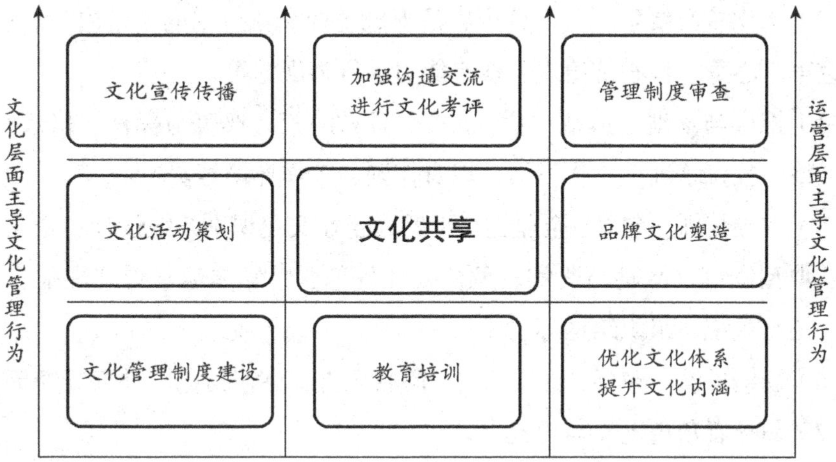

图 12-5 企业文化规划的工作层次

2. 企业文化运作结构关系

在这个结构关系中，要厘清企业文化运作过程中的各方面的影响因素，以免在建设推进中出现遗漏。

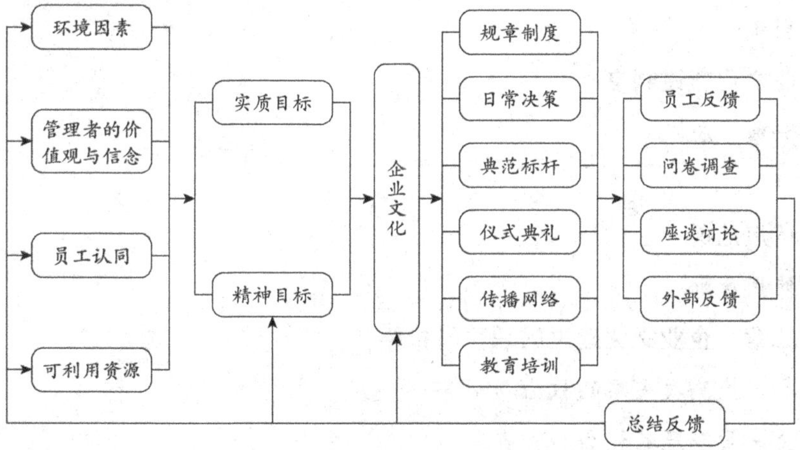

图 12-6 企业文化运作结构关系

3. 企业文化规划工作的影响因素清单

根据上图，总结出企业文化工作规划过程中，可能受到以下各方面的影响。

（1）企业文化的影响。包括：环境因素、管理者的价值观与信念、员工认同、可利用的资源等。

（2）目标体系。包括：实质目标、精神目标等。

（3）文化核心要素。这部分内容是形成企业文化体系的核心内容。包括：使命宣言、愿景、核心价值观、核心能力、行为规范等。

（4）推广与落地。包括：规章制度、日常决策、典范与标杆、仪式典礼、传播网络、教育培训、工作习惯、以身作则、工作环境等。

（5）宣导传播。包括：企业文化手册、企业文化识别系统设计、企业文化培训、典型案例、激励与奖赏、危机处理规范、自媒体运营管理规范、人才发展、招聘系统、组织结构等。

（6）总结反馈。包括：员工反馈、问卷调查、座谈讨论、外部反馈等。

（7）领导者角色定义与规范。

12.5 企业文化管理制度的基本内容

企业文化建设管理制度是企业文化制度层面的保障。主要内容可参考以下纲要目录。

企业文化建设制度

第一章 总则

1. 目的

2. 适用范围

3. 使用原则

第二章 企业文化建设的职责与权限

1. 公司最高决策层的权力与义务

2. 公司管理层的权力与义务

3. 公司各部门负责人的权力与义务

4. 企业文化推进负责部门的职能

5. 企业文化推进负责部门的权力与义务

6. 全体员工的权力与义务

第三章 企业文化建设的管理原则

1. 合法合理原则

2. 可持续发展原则

3. 对战略紧密对接

4. 全员参与原则

5. 不断完善原则

第四章　核心内容

1. 使命

2. 愿景

3. 核心价值观

4. 管理理念

5. 行为规范

6. 社会责任等

第五章　制度文化管理

1. 制度执行的要求

2. 制度审批权限

3. 制度更新流程

第六章　意识与言论

第七章　对外宣传网络工作要求

第八章　内部宣导要求

第九章　企业文化主题活动管理要求

第十章　关于合理化建议

第十一章　管理与回顾

第十二章　奖惩

12.6　企业文化手册撰写方法及常用工具

1. 企业文化手册的主要内容

企业文化手册是企业文化理念最重要的载体，是企业文化全部内容的权威体现。在手册中，要浓缩概括企业文化的所有内容体系。

一本标准的企业文化手册内容完备，自成体系，整体协同，可以包括以下内容。

序言概论部分：主要阐述企业的发展历程、未来发展方向，以及企业最高决策人的寄语。

企业简介：对企业的概况、主要产品、获得荣誉等进行介绍。

背景阐述：包括对文化特征、宗旨、定位、指导思想等进行介绍。

企业文化体系：这部分是手册的主体内容，系统介绍企业理念识别系统，企业行为识别系统，企业形象识别系统，包括企业使命、企业愿景、企业精神与核心价值观、管理理念、经营理念、企业社会责任、企业 VI 系统、员工行为规范，企业之歌等内容。

案例部分：能够体现企业文化理念的典型案例，可以加以意义点评或启示。

附则部分：对手册的相关说明及使用原则。例如，执行时间、解释权、手册修订等，还可以附有“签收回执”，说明：“我本人已学习理解本手册全部内容，并严格遵守。”最后是持有手册的员工签名，以显示手册严肃性。

2. 撰写步骤

第一，提炼理念。提炼确定整个企业的理念体系。

第二，策划书名。“企业文化手册”可以作为书名的副题，除副题外再取一个贴切个性的书名正题。比如，部分企业文化手册书名正题如下：

华为企业文化的纲领性文件被称为《华为基本法》、中粮可口可乐企业文化手册的名称为《激情成就精彩》、海尔企业文化手册《我是海尔我微笑》、中建八局企业文化手册《筑魂》等。

第三，确定架构。写书之前，先要确定整本书的架构，全书分为几篇几章几节几部分，是一级目录、二级目录、三级目录还是四级目录？篇章之间要有机相连，使全书成为一个整体。

第四，选择图片。好的企业文化手册图文并茂，增加阅读性和审美感，而不仅仅是干巴巴的文字。企业文化的 VI 设计在这里可以得到很好的应用。

第五，案例采集。案例是为了增强员工对企业文化的形象理解，同时也可以通过案例，树立典型的榜样行为。案例采集最好是企业内部员工践行企业文化的优秀行为，作为榜样，为企业所有员工提供了行为的导向和标杆。案例要贴近理念，言简意赅。主题确定后，可进行全员征集。

第六，篇首语或篇尾寄语。可以由企业高层领导撰写，其目的是为了增加对企业文化的解读。

管理无定式。上述的方法及步骤仅仅是一种参考，还需要根据企业实际情况和要求，进行创意撰写，最终达到企业文化建设的良好效果为指导的目标。

12.7 企业文化管理的绩效考核指标

表 12-4 企业文化管理的绩效考核指标参考要素

分类	指标	定义
目标与规划	制定规划	制定科学清晰、可持续推进的企业文化建设战略目标与规划。
	规划实施	对各项任务分解清晰，有阶段评估和反馈，能够合理配置资源。
制度建设	组织保障	建构企业文化推进的组织架构，明确责任分工，合理配置资源，有指导、监督、评估和反馈。
	制度保障	建立并完善企业文化建设的长效机制，包括量化的考核指标、激励制度、日常管理机制等。
	预算管理	纳入预算管理，做好成本控制。在预算内保障企业文化整体活动的推进。
	人员保障	建立专业团队，具有专业能力与培训能力，有效提升员工凝聚力。
	其他保障	进行系统化管理，建立企业文化知识共享平台，创建学习型组织。
企业文化识别体系	理念识别体系	具有独立完整，与公司整体形象匹配的理念体系，容易理解和接受，得到员工认可。
	行为识别体系	建立统一规范的行为准则，并落实到人力资源各项政策中。
	视觉识别体系	建立系统规范的视觉识别体系，体现在企业各层面，符合公司 VI 要求。
企业文化培训	企业文化课程体系	系统全面简述企业文化的内容，融入公司发展及业务运营要求。
	培训队伍	建立兼职企业文化培训讲师队伍，达到每个部门有一位合格的兼职讲师。
	培训覆盖率	新员工入职培训覆盖率 100%，全员覆盖率 100%。

续表

分类	指标	定义
	培训机制	建立完善的企业文化培训要求及规范管理制度、评估制度。
	培训效果	员工对企业文化认知率不低于98%，理解度不低于95%。
企业文化传播	内刊	全年不少于四期，每期需要有一个重点企业文化主题，对企业文化理念进行阐释。
	自媒体	建立企业文化微信公众号，配合整合体宣传推广企业文化。全年不少于24次，单次阅读量不少于100人次，总阅读量不少于30000人次。
	员工活动	全年组织年会一次，企业文化主题活动4~6次，员工满意度不低于96%。
企业文化激励机制	建立荣誉体制	建立年度评估机制，把企业文化纳入重要内容。
	标杆宣传	年度评优工作顺利开展，对企业文化优秀团队和个人的事迹进行广泛宣传。
	员工关爱与成长	积极推进员工关爱体系，帮助员工学习与成长。
企业文化发展体系	与人才发展制度对接	将企业文化核心理念纳入人才发展的重要指标，建立考核标准和方法，确保晋升管理符合企业文化要求。
	个人改进计划	将企业文化核心价值观纳入个人成长与发展指标，有评估、有跟进。
	文化子系统建设	确保各下属的企业文化建设同步进行，符合公司企业文化建设的整体要求。
凝聚力	认同度	员工高度认同并深刻理解企业文化。
	参与度	员工广泛参与企业文化活动。
	协同度	跨部门合作协同度高。
	满意度	员工对企业文化评价度高。
	领导力	管理者以身作则，认同并践行企业文化。
执行力	战略执行	员工对企业战略认知度高，并认真执行。严格按照战略要求践行工作职责。
	制度执行	员工认可并遵守各项制度，严格执行相关的工作及管理流程。
	行为一致性	工作行为能够与企业文化要求一致，充分体现企业文化的核心价值观。
	工作提升	工作完成质量和效率双高。

续表

分类	指标	定义
创新忠诚	创新能力	员工创新能力提升，合理化建议采用率提高3%。
	社会责任	员工积极履行社会责任，企业社会责任履行情况良好，无负面影响。
	员工成长	员工素质提高，个人发展有上升空间，精神面貌整体良好。
	组织氛围	工作氛围积极，员工的工作积极性不断提升，充分践行企业文化导向。

12.8　企业文化认知度与认同度调查问卷

表 12-5　企业文化认知度与认同度调查问卷

目的：为了了解企业员工对企业文化的认知、理解和认同程度，借以改善公司的管理、激励制度，最终实现以企业文化来驱动公司的发展。 范围：公司内部试用期满的所有中高层管理人员（股东身份人员不在此列） 问卷抽查比例：100% 结果统计：网络填写，由人力资源统计 评分说明：A 非常同意　B 同意　C 不确定　D 不同意　E 非常不同意
第一部分：企业文化认知度与认同度 1. 我清楚了解公司的文化。 2. 我可以讲出公司的优势与不足。 3. 我对公司宣传的各种典型人物或故事都很熟悉。 4. 我很熟悉公司的品牌形象和广告主题语。 5. 我清楚了解公司所倡导的价值观。 6. 我非常欣赏公司的文化价值观。 7. 我认为公司提倡的企业文化价值观正是我做事的准则。 8. 我很喜欢公司的工作氛围。 9. 我很欣赏公司产品的品牌和形象。 10. 我为公司的企业文化感到自豪。 11. 我愿意为公司的企业文化建设奉献精力和创意。

12. 我对外会积极主动宣传公司的品牌形象。 13. 我愿意为公司的各种企业文化活动出谋划策。 14. 我积极地参与公司的各种企业文化活动。 15. 我会主动地维护公司的品牌形象。 16. 我认为自己与公司是命运共同体。 17. 我觉得自己与公司有共同的目标、共同成长。 18. 我把公司当作自己的家。 19. 我愿意自觉遵守公司的一切规章制度。 20. 我的言行举止努力与公司企业文化的要求相一致。
第二部分 对企业文化建设工作的评价 1. 我认为公司的企业文化标识及宣传体系，能够让人一眼看到就有很好的印象。 2. 当我在外面的某个特定场合，看到了公司的标识或产品时，会感到非常亲切。 3. 我认为作为公司的员工，我们都有着与别的公司员工不一样的精神面貌。 4. 我对公司企业文化建设投入的设施与硬件（如活动场地等）很满意。 5. 我认为公司每年的年会联欢，作为企业文化宣传的平台，做得非常好。 6. 我认为企业通用管理制度与公司文化比较符合。 7. 我认为公司的激励制度与公司提倡的企业文化比较符合。 8. 公司企业文化所倡导的细化到行动准则，是非常有效的。 9. 我认为公司企业文化建设运行机制的完善程度和满意程度是比较高的。 10. 企业使命、愿景的宣导是到位的。 11. 公司的战略目标能够清晰地传递给各层级的员工。 12. 员工对公司企业文化核心价值观的理解、认同与传播工作是满意的。 13. 我认为公司经营理念的宣传、诠释和推进工作做得比较到位。 14. 我认为公司的核心价值观与管理制度和员工的工作行为，都是一致的。 15. 企业文化要与战略密切结合，我认为现阶段的企业文化建设做得比较好。
以下是开放式问题： 16. 请您评价公司高管层的文化与企业文化是否相符？为什么？如有不符，体现在哪些方面？ 17. 如果您认为员工感觉与企业文化还有不一致的地方，是什么，请列出至少三项。 18. 您认为企业文化对工作的价值和推动作用有哪些？请至少列出三项。 19. 请您评价您以及与您一起工作的团队成员。对企业文化的认同度是什么样的？ 20. 据您的了解，公司全体员工对公司的企业文化建设工作整体认同程度是什么样的？

致谢

这本书的出版首先要感谢人力资源专家贺清君先生和中国法制出版社的潘孝莉女士。在他们的鼓励和精心组织下，我才会有信心和动力，把长期的管理实践提炼和总结，试图进行系统的经典案例分析，为企业的人力资源管理提供实战经验分享。

感谢方正集团总裁兼 CEO 谢克海先生，给予我极大的支持和认可。

感谢中国人民大学杨杜教授，从理论到实践都给予了我极大的帮助、指导和鼓励。

感谢各位 HR 同行伙伴，我们一起携手，完成这项非常有意义的事情。

感谢我的家人给我不遗余力的支持。

最后，尤其要感谢我的团队伙伴李静、高芳等在本书创作中的付出。

夏楠

图书在版编目（CIP）数据

HR 企业文化经典管理案例 / 夏楠著 . —北京：中国法制出版社，2018.8
（2023.3 重印）（名企 HR 经典管理案例系列丛书）
ISBN 978-7-5093-9628-5

Ⅰ . ① H…　Ⅱ . ①夏…　Ⅲ . ①企业文化 – 企业管理 – 案例
Ⅳ . ① F272-05

中国版本图书馆 CIP 数据核字（2018）第 164042 号

责任编辑：潘孝莉　马春芳　　　封面设计：柏拉图创意

HR 企业文化经典管理案例
HR QIYE WENHUA JINGDIAN GUANLI ANLI

著者 / 夏楠
经销 / 新华书店
印刷 / 北京虎彩文化传播有限公司
开本 / 787 毫米 ×1092 毫米　16 开　　　印张 / 16.75　字数 / 257 千
版次 / 2018 年 8 月第 1 版　　　2023 年 3 月第 3 次印刷

中国法制出版社出版
书号 ISBN 978-7-5093-9628-5　　　定价：59.00 元

北京西单横二条 2 号　邮政编码 100031
值班电话：010-66026508
传真：010-66031119
网址：http://www.zgfzs.com
编辑部电话：010-66022958
市场营销部电话：010-66033393
邮购部电话：010-66033288
（如有印装质量问题，请与本社印务部联系调换。电话：010-66032926）